本书由陕西省财政厅“地方高校家庭经济困难学生就业能力评价及赋能路径研究”项目（2022年）资助并支持出



# 青春的足迹

## ——陕西科技大学青年校友访谈录

主　编　郭　强
副主编　田少宁　郑美红
编　委　张凯凯　殷立雄　李　鹏
张　科　郭道冉　刘　飞
王云云　张康康

西安交通大学出版社
XI'AN JIAOTONG UNIVERSITY PRESS

**图书在版编目(CIP)数据**

青春的足迹：陕西科技大学青年校友访谈录 / 郭强主编. —西安：西安交通大学出版社，2024.3
ISBN 978-7-5693-3234-6

Ⅰ. ①青… Ⅱ. ①郭… Ⅲ. ①陕西科技大学—青年—校友—访问记 Ⅳ. ①K820.7

中国国家版本馆 CIP 数据核字(2023)第 086588 号

**书　　名** 青春的足迹：陕西科技大学青年校友访谈录
QINGCHUN DE ZUJI SHAANXI KEJI DAXUE QINGNIAN XIAOYOU FANGTANLU
**主　　编** 郭　强
**责任编辑** 侯君英
**责任校对** 牛瑞鑫
**装帧设计** 伍　胜

**出版发行** 西安交通大学出版社
(西安市兴庆南路 1 号　邮政编码 710048)
**网　　址** http://www.xjtupress.com
**电　　话** (029)82668357　82667874(市场营销中心)
(029)82668315(总编办)
**传　　真** (029)82668280
**印　　刷** 西安五星印刷有限公司

**开　　本** 720mm×1000mm　1/16　**印张** 15.25　**字数** 261.9 千字
**版次印次** 2024 年 3 月第 1 版　2024 年 3 月第 1 次印刷
**书　　号** ISBN 978-7-5693-3234-6
**定　　价** 89.00 元

如发现印装质量问题，请与本社市场营销中心联系。
订购热线：(029)82665248　(029)82667874
投稿热线：(029)82668525

# 序 言

Preface

六十五载沧桑砥砺，万千桃李薪火传承。作为新中国第一所轻工高等学校，陕西科技大学1958年在首都北京应运而生，历经"三次创业、两次搬迁、一次划转"的曲折与奋斗，始终与党同心同德、与人民同向同行、与时代同频共振，书写了一部筚路蓝缕、乘风破浪、扬帆远航的光辉篇章。

校友是学校最靓丽的"名片"。65年来，学校培养的18万余名优秀人才满怀拳拳爱国之心，高擎"三创两迁"精神火炬，将"至诚至博"校训精神融入血脉，以自强不息、艰苦奋斗的昂扬姿态，创造了卓越成就和业绩，以求实创新、锐意进取的精神状态，赢得了社会的广泛认同和赞誉，成为学校扎根西部、奉献社会、服务人民的最有力注脚。

落其实者思其树，饮其流者怀其源。编写《青春的足迹——陕西科技大学青年校友访谈录》一书，旨在用温暖的笔触和生动的语言，深度挖掘校友们成长成才过程中的闪光点，以"小故事"讲述"大情怀"，用"工笔画"绘就"大写意"，激励一代代的陕科大青年走好初心如磐、矢志奋斗的接力长征路，为学校"三步走"发展蓝图添砖加瓦，为实现中华民族伟大复兴增光添彩。

本书紧扣青年需求和社会关切，以"当事人讲当年事"的形式，全景展现了校友们在学习、工作期间的青春奋斗故事。书中所集仅为恒河沙数、繁星璀璨的校友群体中极其微小、极其平凡的一部分。全书分求职就业、学术科研、创新创业、公益服务等4部分，共40篇访谈内容。访谈对象代际特征明显，覆盖“70后”“80后”“90后”等各年龄阶段群体；涵盖领域广，涉及政府机构、科研院所、企事业单位等各领域各行业的典型校友代表。他们中有的立足行业需求，在平凡的工作岗位上默默耕耘、潜心奉献；有的勇攀科研高峰，践行“广大科技工作者要把论文写在祖国大地上”的铮铮誓言；有的争做时代“弄潮儿”，在创新创业的浪潮中奋勇搏击；有的“自找苦吃”，在基层一线、在党和人民最需要的地方建功立业……全书以浅显直白的文字、朴实无华的遣词、娓娓道来的叙事，深切表达了校友们对母校师长的感恩之情和美好祝福，真情寄托了校友们对学弟学妹们的殷切期许和诚挚祝愿，是影响陕科大学子世界观、人生观、价值观的生动教材，对他们做好未来职业规划，走好迈向社会的第一步，具有重要指导意义。

校党委副书记郭强同志作为本书的首倡者及主编，高度重视、直接指导编写工作；学工部副部长田少宁同志、辅导员郑美红同志作为本书副主编，开展了大量工作。其中，田少宁同志负责了书中10万余字的文字撰写任务；学工部、校团委、校友总会办公室、校史馆等部门主要负责同志和材料学院部分师生，负责了前期校友采访和资料整理等工作，为本书的编撰提供了丰富的第一手资料，在此向大家致以诚挚的谢意！

受时间和能力限制，书中不妥之处，敬请广大读者批评指正。

陕西科技大学青年校友访谈录编委会

2023年6月

# 目 录

Contents

## 求职就业篇



## 学术科研篇

## 创新创业篇



## 公益服务篇

# 求职就业篇

# 陈芬：<br>从“川妹子”到“酒界女神”

编者按

陈芬，女，四川成都人，1998 年本科毕业于陕西科技大学（原西北轻工业学院）食品科学与工程专业。

大学毕业后陈芬进入沱牌舍得酒业股份有限公司，师承我国生态酿酒宗师、中国酿酒大师李家民大师，对中国白酒影响因素如水质、土壤、气候、生物与微生物有深入研究与实践。2019 年 9 月她研制的酱香型白酒“君道酒”获 2019 年布鲁塞尔国际烈性酒大赛唯一酱香金奖。

在白酒行业摸爬滚打 20 余年，她参与了 30 余项科研项目，精通白酒的生产工艺和香味融合，深谙中国白酒的品质及文化底蕴，并对中国白酒的未来进行了拓展性研究，研发了葡萄酒、果露酒、养生酒、保健酒等一系列健康白酒、果露酒产品，并将各类产品的优点运用到白酒的酿造及产品设计上，成为国家白酒一级品酒师，获得“中国酒业工匠之星”等多项殊荣。

## 缘起　奋进　坚持

陈芬从小生长在四川，一个名酒聚集之地，拥有五粮液、泸州老窖、剑南春、沱牌舍得等著名的酒类品牌。“润物细无声”，也许是从小受到熏陶，自儿时起她就对酒有着无限的好奇和憧憬，传承和创新白酒的“种子”早已深埋于心。长大后，她对白酒的热爱愈发浓厚。“一定要把美酒研究好，发扬中国酒文化！”陈芬立下了坚定的目标。

高考结束后，陈芬在专业选择上遇到了困难，要学白酒应该上哪个专业呢？这个问题当时让陈芬和家人纠结了许久，经过慎重思量后，陈芬最终选择了食品专业，专业内涵比较广泛，包容性比较强。那个年代，食品专业比较好的高校有两所，一个是西北轻工业学院，另一个是无锡轻工业学院，了解到西北轻工业学院的前身为北京轻工业学院，学校办学积淀很深，专业影响力在行业内很强，她便选择了西北轻工业学院。

大学生涯中，最让陈芬痛苦的课程莫过于物理电工的画图了，这门课晦涩难懂。陈芬付出了很大努力，向老师和同学们请教，教室里，时常能看到她一个人埋头苦学的身影。除了物理电工，还有微生物代谢、机械设计……这些课程理论深厚，与生产实际结合紧密，但要学好却要付出很大精力。难怪毕业的时候，很多用人单位遇到西北轻院的毕业生都争着抢着要，学校的人才培养也以“专业理论厚实、工程训练扎实、思想作风朴实”的“三实”作风在行业内被大家津津乐道。

当年的陈芬懵懂青涩，也是到了工作岗位后才发觉这些课程非常有用，落实到具体生产实际当中，要把智能化生产系统运用到传统白酒的酿造上去，需要看懂一系列工程工艺图，完成符合白酒酿造的工艺设计。如果不是当初在学校打下的坚实基础，陈芬在企业的发展也没有那么顺利。

大学毕业后，陈芬就下定决心要回到家乡四川，在酒行业施展自己的才干。一直以来她都坚守着自己的初心，心中只有一个目标——做酒。这一做就是 20 多年，在这期间她一直都从事技术工作，奔着酿好酒的目标，从酒原料的供应到质量检测，每一道工艺她都亲自规划，不断探索，始终保持着兴奋与激情。

术业有专攻，在这个行业里打拼，最重要的是专业对口，这在食品行业里是非常关键的。

第二个就是这个行业的灵魂——品酒和勾调。灵敏的感官至关重要，比如你的鼻子灵敏，肠胃也比较健康，闻香品鉴能力突出。陈芬从小就不吃辣椒、花椒，她开玩笑称自己是四川的“另类”。没有麻辣的刺激就能很好地保护味觉的灵敏性。正因如此，等到她深入这个领域时，特别是调酒的时候，能够更好地识别出酒的酸、甜、苦、辣、涩。要想在这个行业内长远发展，这是必须具备的基础条件。

## 前路几何，一探便知

毕业后，陈芬入职的第一个公司是四川六朵“金花”之一的沱牌舍得酒业。一开始很多关于“白酒是夕阳产业”的声音萦绕在陈芬耳畔，即便到了今天依然层出不穷。历经 20 余年，时间和实践证明白酒并没有成为夕阳产业，反而愈发蓬勃发展。在中国五千年文明发展史中，白酒的地位无可替代，它是礼与情的精神共鸣，人们把酒言欢、借酒抒情，中国酒已经成为中国人道德、思想、文化独一无二的综合载体。

布鲁塞尔国际风味评鉴所执行总裁点评中国白酒时提到“少了中国白酒，特别是老酒，就缺失了世界烈酒最卓越的味道之一”。在馆子里和三两好友欢聚，酒是气氛烘托的必需品。葡萄酒，小酌怡情，但正规宴席上还是离不开白酒。白酒行业总体来讲处于健康良性发展态势。谈起对白酒未来的展望，陈芬觉得年轻人可能比较喜欢啤酒、红酒，但当他们越来越成熟，白酒却是标配。

“无酒不成席，无酒不成宴”，一顿饭纵然有山珍海味，倘若缺少了美酒佳酿，就会显得乏味枯燥。随着社会经济水平的提高，人们的追求层次也越来越高，白酒的发展趋势一定是向着高品质细分方向发展，未来的白酒企业也会朝着层次化、中高端化发展。

## 从未停歇的努力

陈芬在国家大型企业、酒类 A 股上市公司沱牌舍得酒业工作了 20 余年，师承李家民大师，他的每一个头衔都是响当当：生态酿酒宗师、中国酿酒大师、中国首席品酒师、国家级技能大师、中国当代发明家、中国杰出质量人、中国首届酒业科技领军人才、四川省学术和技术带头人。

水滴石穿，陈芬将“热爱”二字真正融入自己的工作中。作为首席大师嫡传弟子，多项国家级科研及产品研发中都可窥得见她的身影。她的气质和她的职业形象完美契合：一身干练的工作服，高高束起的头发，急匆匆的脚步，但眼里总是闪着自信的光芒。

能让一个人闪闪发光的除了天赋还有努力。在陈芬的不懈努力下，她考取了中国白酒高级品酒师，成为葡萄酒、果露酒国家级评委。干一行就要爱一行，爱一行就要干一行。从小就对酒有深刻理解和认识的陈芬又一次凭借着自己的扎实的专业能力和过硬的综合素养，帮助所在企业推出一个又一个好卖的品牌。

为了增强与消费者的沟通，陈芬开通微博互动平台，积极打造品质宣传窗口，善于交流沟通的她很快掌握了互联网语言，创新了白酒宣传独特模式。微博运营过程中，她阅读了大量书籍，亲自主笔 2 年时间，凭借的就是对白酒的热爱和较强的文字能力。身为质量座谈第一讲师，她与公司经销商、消费者坚持 7 年开展好质量座谈会，时刻走在行业的前沿。在这条路上，她仿佛从不知疲倦。

事业进步靠积累，更靠创新。在公司西昌扶贫项目——凉山原生态复合香型养生酒项目推进中，陈芬一天都不曾缺席。酒可以发挥当地特色农作物苦荞的优势，但陈芬认为作为文化载体的酒不能仅局限于一种农作物，一定要突破生产、地理等因素，结合企业自身特色优势，融合“卡沙沙”这一特殊彝语特点，打造集生态、地域、文化为一体的酒文化品牌。经过不断调整，陈芬团队打造了以当地出产的燕麦、苦荞清香型白酒为主，浓、酱协调的复合香型健康白酒，并辅以当地原生态名贵菌类黑松露等药食两用原料，酒体舒适怡人，入口柔、绵、回甘、凉爽，令人难忘。这款产品从立项研发到推出成品仅用了三个月，而这三个月里的陈芬常常连饭都顾不上吃，着魔似地沉浸在工作中。

2019 年 1 月 10 日，该款养生酒凭借独特的地域文化和酒体特色在 1919 平台预售的第一天就大获成功，接到了大量订单。预售那天，她的心提到了嗓子眼，看到养生酒受到好评，逐渐打开了市场，她终于解开了蹙着的眉头。

当年 4 月，凉山一位客户更是直接下单 1200 万元，市场平稳发展起来。随着对白酒越来越难以自拔的痴迷，陈芬想要到更高的平台上研究白酒。恰在此时，上海海银金控旗下的“中国贵酒集团”向她递来橄榄枝，陈芬成为该集团的技术研发负责人。此后，她开始了更忙碌的生活，每个月都是坐着飞机到全国各地评估企业及评酒，甚至在飞机上刚写完上一个品牌的品鉴报告，又要赶往下一场品鉴会。

热爱就会让人不知疲惫，让人闪闪发光。儿时的理想在长大之后开花结果，2019 年，在世界顶级赛事——布鲁塞尔国际烈酒大赛中，经过 104 位世界级专家品评，陈芬所调制的 5 款酱香产品在众多优秀产品中脱颖而出，在这被称为烈性酒的“奥运会”中，她调制的白酒惊艳亮相，一举夺得金奖。这一次，她让世界看到了一个川妹子对白酒的热爱，更让中国白酒在世界舞台上闪闪发光。

酱香型白酒还有很多未知领域，陈芬即将开始对酱香型白酒进行低度化研究，这无疑是未来的发展趋势。对新派酱香风味的研究需要有独特的视角，茅台风味固然有它的特色，如何研究更有特色的产品，并加以固化是未来需要探索的课题。陈芬表示，酱香还没有一款好的养生酒，她还会进一步利用专长来研究好喝又健康的养生酒。

20 余年，陈芬一直在白酒行业里不断探索，对白酒满腔热爱成为她源源不断的动力源泉。陈芬和白酒的故事还在继续，正如同年份越久酒香就越浓郁，她的热爱也会在年复一年的探索中愈加醇香、厚重。

# 周成武：
# 以愿为基，耕耘情怀

编者按

周成武，男，河南信阳人，2004年硕士毕业于陕西科技大学机械制造及其自动化专业。研究生毕业后进入陕西鼓风机(集团)有限公司，2019年，离开陕西鼓风机集团，加入陕西科强融合创新研究院有限公司。因为想要寻求改变，他毅然放弃工作了16年的单位，选择了一段新的开始。

他有着永不停歇的进步意愿和高瞻远瞩的独特眼光，更有着一颗敢于改变、勇于挑战的“大心脏”。每一次选择的背后，都是耕耘的积累和人生的蜕变。

## 千锤百炼， 苦尽甘来

2004年全国普通高校毕业生280万人，其中研究生16万人、本科124万人、高职高专毕业生140万人。这一年，周成武与同届97位研究生一同从陕西科技大学毕业。

天空湛蓝，阳光璀璨。他望着这座城，似乎不舍离开。于是，留在西安找工作的意愿愈发强烈。时光不止，把日子往后推了又推，逼迫着他做出抉择。对于当年的西安来说，研究生学历并不多见。周成武深知，找到一份工作轻而易举。然而，拥有一份适合自己的工作才是他真正想要的。无数想法争相冒出，他考虑着优劣，不断权衡，最终，他选择了刚刚起步的陕鼓集团。1996 年陕鼓集团成立，并于 2003 年和 2005 年分别成立工程产业和服务产业。新产业的加入让陕鼓大家庭四处弥漫着激情与热血，年轻的血液也将在此处迸发活力。陕鼓集团前期主要做通风机、压缩机、鼓风机等设备，发展后期逐渐转变为做工程、做服务、做运营、做投资。

新机遇往往伴随着新挑战，工作易得，发展难得，从产品设计到技术管理，一成不变从来不是周成武的本色。曾经单枪匹马闯荡北京找工作的经历，在后来的日子里一直启发着他，不困于现状，始终以积极的态度去寻求自我能力的提升。

2001 年，周成武本科毕业。彼时，大城市机会遍地丛生，从来都不缺乏追随者。周成武也不例外，他怀着满腔热血，奔赴首都北京。当他回头再看那个年代，一些场景仍是历历在目。那时候，周成武也不过是一个刚刚毕业的大男孩。北京的天空很大，把一切都衬得渺小而卑微。一次，他到一个参加人数达到三千多人的航天产业工厂面试。望着堆起来已有半人高的简历，他暗自搓手，难掩惊慌与失措。旁边所坐的皆是北京一些高校的毕业生，他挺直的背脊突然变得无力起来，一声又一声的叹息从心中油然而生。

密密麻麻的人群发出各种嘈杂的声响，周成武格外安静地垂着头，仿佛静止一般。偶尔有人投来异样的眼光，他也丝毫不为所动。这般失望并非是第一次感受到，只是突然之间被无穷放大，猛烈地捶打着他。他试着冷静下来，考虑着自己的优势：三年学生会工作经验、英语四级证书、中共党员、熟练的计算机技能、诸多实习经历，自己还算满意的综合素质……几乎什么都没有落下，他的眼神开始坚定而沉着。“自信一点吧，你什么都不差，生活喜欢勇敢的人。”内心的声音不断响起，他重燃激情，重温起自己的自我介绍。

面试是个人能力与工作要求相匹配的过程，尚还年轻的周成武终究没能得到这份工作。但此时的他，已经开始区别于从前，对个人能力有了更清晰的认识，积极勇敢的态度被完全激发出来。于是，他并未就此停止尝试，依旧一个人和北京“周旋”。

这一年出现了中国体育史上激动人心的大事件，北京获得 2008 年第 29 届奥运会主办权，举国上下，全民欢腾。沉浸在幸福中的北京也没忘记这个从 1159 公里外来的青年小伙，后来，周成武成功与中国航天科工集团有限公司签订了工作协议。

机会终于来临，北京街头汽车奔腾，人群热闹，他却转身离开了。他放弃了留在北京，而是返回咸阳，选择继续攻读研究生。天地广阔，极具包容性，他看见了自己的优势，却也发现了自身的浅薄，他需要继续深造，以更专业的姿态迎接未来更严肃的挑战。

自此以后，他始终觉得“一帆风顺”这个词离现实生活太过遥远，踏实地去发挥自己的才能更为可靠，即使难免遇到波折，终究也是拥有了一份自己独有的力量。

在陕鼓集团，16 年来的扎实奉献，成为他一步步向上的阶梯，周成武在自己的道路上发出光亮。2013 年任职市场部副部长，2016 至 2018 年在煤化工销售部担任副总监。职位升迁的背后，是一次又一次的改变与适应，是一夜又一夜的繁忙与坚守。

## 寻求改变，忠于自我

人世间，恒不变者，乃变化也。2019 年 1 月 4 日，周成武离开了陕鼓集团，加入陕西科强融合创新研究院有限公司。诧异声此起彼伏，他的内心却更加确定，这条路是他想要的。

究其缘由，他只是淡淡地说道：“很大程度上是因为自己想要改变。”周成武与研究院的缘分，与他自身的情怀和能力密不可分。

现在很多高校，包括一些科研院所，科技成果产出已经很多了，但无法有效地转化为生产力，在市场上得不到应用，几乎难以发挥它的价值。就像有米而无巧妇，难以成炊。由于工作原因，他见过太多遗憾的场面，满怀期待与骄傲的眼神慢慢变成不甘、失落与委屈，何其悲哀！他心疼那些数以年计的研究成果遭受他人置之不理的打击，于是，他萌生了给高校和企业搭建产学研转化平台的想法。

好的产品与方案从实验室走向生产，产出效益，营销的过程至关重要。让他人从认识到认可，每一步都需要精心策划。恰巧周成武曾负责过城市技术开发，对整个体系，尤其是知识产权这一方面，能够有针对性地结合起来，基于这一专业能力背景，他最终接受了研究院的聘请。周成武在研究院主要负责市场招商、项目引进和运营工作。

这个行业，属于国防科技产业融合。从 2017 年开始，国家针对“军转民”、“民参军”、军民两用技术产业化、军民资源互通共享等重点领域，突出解决深层次和重点、难点问题，向更广范围、更高层次、更深程度推动军民融合发展。军方做小核心、大协作。核心技术由自己把控，其他的一些非核心技术，常常选择交给民营企业来做，包括实验、研发、材料及工艺等。这些年国家鼓励民参军，技术、研发、金融、人才等资源都向这方面倾斜。自从周成武加入后，研究院连续两年举办退役军人创业大赛，引来一大批企业报名参加，其涉及的领域都与国计民生相关。

## 学生时代的活跃分子

学生时代的积累与沉淀，汇聚成向上的力量。“活跃、充实”是周成武对自己大一大二生活状态的总结。

周成武一直专注学业。当时他不断提醒自己：高中的时候，生活几乎只围绕着学习，而到了大学，再无人督促学业，就容易只对参加课外活动感兴趣，而放松了汲取知识。于是，他要求自己，参加实践锻炼就必须多拿出课余时间去学习，别人玩耍、放松的时候，要经得住诱惑，坚持去学习，一定要补回该有的学习时间。

参加学生组织与社团活动，对他个性的塑造和能力的锻炼都有很大作用。周成武在大一大二期间加入记者站、计算机协会，担任勤工俭学部部长，成为学生会副主席，在自己感兴趣的地方，有一份热，发一份光。在这一过程中，他不但服务了他人，还学会了与人打交道，收获了一位又一位良师益友。

拥有广泛的兴趣爱好能拓宽人生道路。在学校的时候，周成武很喜欢打篮球。一方面，体育锻炼有益于身心健康，另一方面，这也是与人打交道的一种途径。无论是前锋还是后卫，学会与别人相互配合，才是取得胜利的关键，单打独斗者一般很难成功。在陕鼓集团工作时，他组建了一支球队。那时候他们公司举办的文体活动比较丰富，遇到竞技类项目大家都奔着胜利而努力。“别小看一项体育运动，这可是一个组织健康运行必不可少的环节。”活跃的周成武，融入了活跃的陕鼓集团，也带动公司氛围向着活泼、和谐的方向发展。

周成武的成长经历其实很平凡、很简单，但勇于改变，敢于挑战，是他的生活姿态。这样的校友有千千万万，他将会是你，是我，是我们。

# 党睿：执着努力亦随遇而安

**编者按**

党睿，女，陕西渭南人，2009年硕士研究生毕业于陕西科技大学化工过程机械专业。师者，传道授业解惑也。毕业至今，她已经在陕西省最北部的高等院校——榆林学院任教十余年。

喜欢和机械设备打交道的党睿并不乐于人际交往。但由于毕业时特殊的就业环境，走出校门，党睿无奈走向了不擅长的教师岗位。或许当时的她怎么也不会想到，后来的自己会对这片土地爱得深沉，会爱上教室里的三尺讲台，会成为和蔼、深受学生喜爱的党老师。

真正幸福的人，不是在理想的环境中过顺利的生活，而是不论走到哪里，都会有自己热爱的路，党睿便拥有着这样一种智慧。

## 误打误撞当老师

党睿的工作历程并不顺利。2009年，走过了十余年求学路的党睿，眼看着就要踏入工作，却遇上了席卷全球的金融危机。国内的就业形势非常不乐观，很多大厂受形势所迫，不得已大批量裁员。在这样的背景下，找工作成了一件让所有毕业生都焦头烂额的事情。

到了校园招聘的时候，原本企业如云、热闹非凡的校招，只有寥寥几家公司走进了陕科大的校门，招聘的岗位相较于往年也大幅缩减。就业的危机感笼罩在每一位毕业生头上。而这样的危机感也随着毕业期的临近逐渐成为现实，也改变了很多人对自己未来职业的规划。

党睿虽然没有明确的工作目标，但她的性格已经牢牢锁住了她的就业方向。对于这个严谨认真却不喜交际的女孩来说，在工厂中同程序、数据打交道的工作再适合她不过。但是，这样的想法在就业大势面前如同泡影，一戳就破。带着危机感，毕业前那段时间党睿尝试着找了几家还在招聘的公司。但是每一个岗位都如同千军万马过独木桥，竞争前所未有的激烈。党睿也没能得偿所愿地寻到一份合适的工作。

奔波了很久的党睿每每垂头丧气地回到宿舍，看到的是宿舍里同样情绪低落的三个姑娘，在激烈的岗位竞争中铩羽而归。所幸教育行业没有受到金融危机的重创，后来受到身边同学的影响，包括党睿在内同宿舍有三个人都拿到了高校的录用通知。

最终党睿去往了位于陕西最北部的一所高校——榆林学院。对于其他人来说，教师是一份既稳定又高尚的职业，但在党睿眼里，这并不是一份合适的工作。性格内向的她，自签约起就开始担心如何与学生相处了。

## 一段从不适到热爱的旅程

党睿的家乡在渭南，八百里秦川最宽阔之地，四季分明，气候温和。渭南距离位于黄土高坡的榆林有着 600 多公里的路程，虽然同在陕西，但气候却截然不同。

如今的榆林经济实力已经提升到了陕西省第二，气候宜人，市区一片繁华的都市风情。榆林的迅速发展让人很难忆起十几年前的这里，还被一片贫瘠笼罩着。党睿第一次去往榆林时，在轰鸣的火车声中挤攘了十余个小时。那时的榆林尚未发展起来，这黄土高坡和毛乌素沙地交汇的地方，车窗外是一望无际土的颜色，狂风裹挟着黄沙不断地冲击着列车及周边星星点点的植被。而渭南地处渭河平原，四季分明的气候和这里有着天壤之别。

对这个只身一人，远去他乡工作的年轻姑娘来说，这样的环境自然是难以适应。尽管她对工作环境并没有太高的要求，可来到工作的地方，还是产生了不小的心理落差。

那年《阿凡达》上映，在国内好评如潮，独在异乡的党睿也想去看。十几年前还没有网上订票，没有地图导航，想要看电影只能自己去街上寻找影院。在这个人生地不熟的城市，她转了很久，也没有得偿所愿。不知道那时榆林没有电影院还是她没有找到，最终党睿也没看成心心念念的电影。

然而，这些还不是最让党睿难以适应的。高校教师这样一份工作，才是党睿走出校门以后最大的困难。传道、授业、解惑，教师这样一份高尚的职业令很多人向往。可是在党睿心中却有一道难以逾越的坎，那就是教师免不了和学生相处。更喜欢仪器和数据的党睿，素来不擅长和人打交道，而每一届百余人的班级，每一位学生都有自己独特的性格，如何跟他们处理好关系，是她不喜欢却又不得不面对的一件事情。最开始，党睿一心想着要“逃离”这里。她给自己规划了考博士的路线，国内的就业形势也在好转。党睿想要借着博士学历，换一个地方，换一个工作。

确实，改变自己是最难的。成为一名教师，本就没有相关教学经验的党睿，感觉每天有如山的压力堆积在肩上，繁重的教学任务压得她喘不过来气。那时候榆林学院处于成长期，党睿所在的学院还没有化工过程机械的专业教师，相关教学任务都是聘请外面的专业老师来完成。

她曾经一周最多上了 18 节大课。教师在讲台上所承受的疲惫感要远高于下面听课的学生，连着几节课下来很容易嗓子干哑，腿脚酸痛。而党睿又不同于普通的老师，初出茅庐的她没有经历过久站和接连不断的讲课，她常常会趁着课间，赶紧喝几口水润一下沙哑的嗓子，坐下揉一揉酸涩的腿，可总会感到刚开始休息，上课铃又无情地敲响了。这位年轻的老师又不得不抖擞抖擞精神，努力甩去身上的疲惫，继续投入课堂。

青年教师上课时难免会拘谨，党睿也是如此。那时这位年轻教师特别羡慕从容自如的老教师，她想象着要是自己也有丰富的经验该多好，这样就可以从容不迫地备课、讲课。她也特别羡慕擅长沟通的教师，不仅能拥有更轻松欢快的课堂氛围，还可以减少备课的压力。可是作为一名老师所需要的阅历和天资，那时的她都不具备，只能埋头苦干，才能讲好每一节课。开始的工作虽然忙碌，但是融洽的工作氛围让党睿倍感温暖。学院的领导和老教师们很关心新入职的老师，常常分享自己在教学上的经验，耐心地传授与学生交流的技巧等。

高校老师不用朝九晚五，周末还有双休，这样的表象让不少人羡慕不已，可党睿并不是这样的，结束了白日的讲课，晚上还要连轴转地备课，结束了周内疲惫的生活，周末仍需不停地批改作业、准备教案、制作课件、熟悉授课环节……

最开始党睿上每一节课都需要准备很长时间，往往两个小时的教学，都是她夜晚和周末四到八个小时的努力成果。那段时间的每个深夜，关掉月光下那盏泛黄的孤灯，党睿便一头栽到床上，沾枕即眠。清晨一至，昨日的疲惫尚未散去，新一天如山的工作便已经如潮水般涌入。

渐渐地，每次课程开始不久，党睿都能把花名册上一长串学生姓名和一张张青春萌动的脸庞对上号。学生找党老师修改论文，常常晚上八九点钟才将论文发给党睿。如果将论文放到明日批改，学生往往第三天才能够有时间将新的一稿完成。为了给学生留出充分的时间，党睿常常接到论文便会加班修改，在自己睡觉前将修改后的论文返给学生。

“现在想想，能坚持下来，自己还挺厉害的。”每当回忆起那段时间，党老师的脸上总能浮现起自豪的神情。渐渐地，她发现自己已经习惯了榆林学院的工作和生活，慢慢地爱上了这个职业，爱上了这片淳朴热烈的土地。

人生总会有分叉路口，也就意味着总会在不同的得与失之间成长。党睿从不会对自己曾失去的东西耿耿于怀，在新的道路上，总能着眼于自己所拥有的一切，活在当下。

如今的党睿，已经带过了十多届学生。十多年的教学历程中，她遇到过积极好学的学生、顽皮捣蛋的学生、性格内敛的学生，甚至是有心理障碍的学生。这位和蔼可亲的老师面对不爱学习的学生也不会一味地批评，遇见有困难的学生也不只有鼓励这一种办法，不同性格的学生都有不同的教育方式，所谓因材施教而已。传道授业解惑，现在成了党睿最喜欢的事业，她也获得了不少优秀称号。

曾有人问她，如何成为一名优秀的老师？党睿想了想，没有给出确定的答案。也许，年轻的党睿还在探索之中。不论生活如何安排，她都努力一步步向前，一切美好和成功也就变成水到渠成。

## 一闪而过的迷茫

多元化的社会下，迷茫是学生一成不变的话题。对学生时代的党睿来说，也是如此。回忆起大学时光，党睿也曾有过面对未来不知所措的迷茫感。在彷徨和焦虑面前，她选择了用当下的努力，填补未来的空白。在她眼里，无论将来会如何变化，自我提升一定是以不变应万变的法宝。

研究生期间，党睿总会积极地跟着导师申报校级或省级科研项目。为了顺利完成科研项目，党睿总会将与科研相关的课程再学习一遍，以便拥有更扎实的知识基础。经常到图书馆借阅相关书籍做知识补充也就成了她研究生阶段最重要的事情。

当时，学校刚搬迁到西安，各项设施还处在完善过程中。学校的临时图书馆坐落在最南边的教学楼一楼，寻找书籍远远比不上如今的智慧图书馆系统方便。党睿要把自己需要的书籍列在纸条上，交给图书馆的老师，由老师代为寻找。由于暂时性的场地限制，图书馆只开放了部分学生常用的书籍以供借阅。党睿借阅书籍的次数很多，也成了图书馆的“常客”、老师眼中的熟人。她经常还需要一些保存在书库里不对外公开的书籍，图书馆的老师也会带着党睿进入书库，寻找她所需要的资料。简单的环境、淳朴的工作方式，那一段时光虽然迷茫，但至今让党睿感到充实、温暖。

这种一丝不苟的科研态度和孜孜不倦的学习精神，使她在迷茫中完成了自我的提升，更为她后来入职榆林学院，开展教学和科研工作打下了厚实的基础。2016 年，党睿参与完成的科研成果成功入选陕西高等学校科学技术奖。

每当出现对未来的焦虑，党睿总是告诉自己，无论未来如何，努力提升永远是条正确的道路。迷茫虽不可避免，但在党睿的脑海里，迷茫、彷徨每每都是一闪而过，取而代之的是“一以贯之的努力和不得懈怠的人生”。

## 结　　语

如今，党睿已在榆林安家，彻底扎根在这片土地上。在学校里，她也成为深受学生喜爱的党老师。她的课堂气氛轻松活跃，教学内容也通俗易懂，再也不是那个只会将一堂课都埋进知识中的青涩的新老师了。

时间改变了很多，这些年榆林发生了翻天覆地的变化，现在她回家看望父母、亲人还是要坐火车，但高铁省时省力，比十多年前方便太多了。这座城市基础设施更完善了，交通更便利了，环境更美好了：曾经满大街找不到的电影院，现在出门就能看到，曾经艰难的回家历程，现在也可以轻松完成，曾经的尘土飞扬、漫天黄沙，现在也慢慢地消失在成荫的树木之中……那年的金融危机改变了党睿的求职计划。在这个一开始不喜欢的地方、不适合的岗位上，她走过了十余年，并且最终热爱于此、安家于此、献身于此。

人生常常不是在顺风中前进，不如意之事十之八九。“行到水穷处，坐看云起时”，党睿似乎从来不纠结于失去，而是用积极和乐观的生活态度，让青春在不断适应、不断挑战中熠熠发光。

# 姚磊：
# 通往卓越的路，来源于无数次挑战

**编者按**

姚磊，男，陕西渭南人，2008年本科毕业于陕西科技大学光信息科学与技术专业，后进入信息产业电子第十一设计研究院科技工程股份有限公司担任项目设计经理。清醒的个人认知和独到的眼光让姚磊对自己的职业生涯规划分外清晰，谈及自己所处的行业，姚磊说道："工程设计是一个需要不断学习和进步的行业，也是前景十分广阔的行业，我对它充满了信心。"

## 不起眼的经历

"难"有时只是一个阶段性的感受，当一个人持续去做困难却正确和有意义的事情，就会在能力和水平上不断地迈上新的台阶。但如果只是在原地踏步，不仅不可能有进步，甚至还会有被淘汰的危险和可能。

为了进一步挑战自己，提高英语水平，姚磊在大一时就报名参加了大学生英语竞赛，也因此，姚磊养成了英语阅读的习惯，得益于自己的坚持，最终他在竞赛中取得了不错的名次，这次竞赛极大地鼓舞了姚磊学习英语的信心，之后他也顺利通过了英语四六级考试。当他谈及学习英语的秘诀时，姚磊认为多读、多说、多写三者缺一不可，最重要的是把记忆与理解紧密结合起来，两者不可偏废。只有在记忆的基础上进行理解，理解才能透彻，“熟读”，要做到“三到”：心到、眼到、口到；只有在理解的参与下进行记忆，记忆才会牢固，“精思”，要善于提出问题和解决问题。

记得大三那年的一天中午，姚磊吃着早上剩的一大半面包，舍友在宿舍里愉快地喝着胡辣汤，“招聘兼职，神奇便利店，无论购物还是路过，都包你开心。”垫在胡辣汤碗下的招聘传单深深地吸引了姚磊。这个宣传标语至今让姚磊记忆犹新，老“土”中带着一丝押韵，颇有数来宝的感觉。便利店离学校需要骑车子 1 小时，姚磊快速地蹬着脚踏车，压过校门前的落叶，晒得金黄色的叶子被轮子碾压地咔咔响……

经过一番面试，姚磊开始了他的便利店兼职，接下来的兼职生活，更是让他获益良多。老板会给来店的小朋友准备糖果，令小朋友们非常开心；年迈的老夫妻路过进来歇歇，老板会给他们递上温水，和他们聊天；流浪的小猫小狗，老板也准备了食物，让它们路过时可以填饱肚子。姚磊渐渐明白，其实这里哪有什么“神奇”啊，只是老板的爱心，让这一家小小的店，充满了温暖和欢乐，让来这里的人都感到了快乐，便显得“神奇”了。

## 大城市还是小城市， 何处是归途

人生总是会面对很多的选择。在不同的人生阶段，选择和谁成为朋友；上大学的时候，选择什么专业作为自己的方向；对于爱情，选择和谁一起共度余生；对于自己的未来，究竟该选择哪一座城市……

就城市的选择而言，在 20 来岁的年纪，我们似乎总是很难抉择。姚磊认为，关于这个问题，需要立足当下与自身实际，从两个方面进行思考，一方面是个人的发展，另一方面是社会的发展。

大城市为了城市年轻和有活力，在政策布局和环境上往往对年轻人更加青睐，不仅市场需要年轻的血液，大城市的自身发展也少不了年轻人的旺盛精力。

“我们都是时代里的一粒沙。”每天天还没亮就起来挤地铁，争分夺秒，眼前总是黑压压的一片人排队挤地铁，时常体验不需要动也能被两边人夹起来挤上车的感觉。每一次坐地铁都好像经历了一次人生，当列车到达每一个中转站，每一个人都在争分夺秒赶往下一个站点，他们的表情和眼神都不一样，但唯独信念相同，那就是每个人都努力打拼、奋斗的初心。虽然这些人可能从不会和他打招呼，或许还比较冷漠，但那些人都和他一样，永远对梦想充满炙热的信念。这种感觉是大城市熙熙攘攘的环境中独有的。

逃离“北上广深”一直喊了很多年，但每一年总有一批接一批的年轻人远离家乡来到大城市求职。这群人也被称为“漂族”，其中很多人在某座城市“漂”了多年后，才明白自己适合什么，想要什么。

“大城市就业机会更多，每一颗螺丝钉都能发挥作用。”相比小城市，大城市汇集了更多世界上排名靠前的优秀企业，无论是上市公司，还是创作团队都有很多。如果你是一名程序员，大多数互联网大公司集中在北京、上海、深圳等大城市，回到了小城市，根本没有施展拳脚的机会。一个更大的平台，能使人获取学习机会，还能和一些优秀的人接触，从而激发更多赋能的可能性，这对个人工作能力的提升就非常有利。

“小城市安稳，生活压力小。”在小城市，公务员、事业单位、国企、教师、银行职员等扛起了人才的大旗，如果进入的是体制内，生活确实非常安稳，而且相对于大城市较为公平的竞争，职场更加讲究人情世故和乡土规则。生活消费方面，买房大部分是出于刚性需求，而且大部分有新房情结，极少数的人买房是出于投机需求。

“选择大城市生活，追求更具包容性、工作机遇更多的社会生活。”

“选择家乡或者离家很近的小城市，追求稳定、和家人在一起的生活。”

无论哪一种选择，都逃不过一定的取舍。这些取舍的核心是：你内心想要的究竟是什么？大城市有大城市的节奏，小城市有小城市的乐趣，无论选择留下还是离开，留下奋斗的足迹，都是最好的选择。

## 考研还是工作，努力不分三六九等

考研和找工作之间应该怎么权衡呢？这是大多数毕业生都会面临的问题。姚磊上大学的时候，无论是专业课上还是社会实践中，他都学习了很多东西，但他发现，考完试以后，专业课的东西就会很快被遗忘，姚磊当时就觉得自己要去工作，他认为很多东西是要在工作中不断学习才能获得的。

但是现在来看的话，学历的重要性不言而喻。“如何看待选择？”“如何分析选项？”“如何做出适合自己的选择？”姚磊结合自身经历，给出了他的答案。

如何看待选择？读研还是就业这个选择的本质是选择何种方式来度过本科毕业后2～3年的时间。一方面，这是继大学四年之后又一成长的黄金时期，因此要认真选择；另一方面，不论选择哪一条路，认真对待，都会有所收获。在成长的过程中面临无数次选择，提升决策能力是一个人生涯成熟的重要标志，可以把这次选择当作一个自我成长的契机。

如何分析选项？读研可以让一个人获得在一个领域更系统、更深入的学习机会，获得相关学习资源，提升学历，校园时光充值3年，暂缓就业压力等。但并非所有专业都适合读研，部分研究型工作需要研究生，而对于实践型工作，本科学历往往就够了。再来看就业，近年来高校毕业生人数逐年攀升，受多重因素影响，毕业生择业更加求稳求优，“有人没活干，有活没人干”这一错配现象普遍存在。客观条件下，需要适当调整就业观念，先就业再择业，结合自身条件，树立合理的就业预期。

如何做出适合自己的选择？在这一问题上，一方面要时刻思考清楚，自己最希望收获的是什么，是提高学术能力还是积累工作经验，哪个选项更能提供这些收获？另一方面要充分了解个人的兴趣、性格、能力，适合继续深造、从事研究生相关学习及科研活动或是直接工作、在工作中成长？读研和工作是两种不同的生活方式，需要基于对自身的了解，思考志趣所在。

其实无论生在哪个年代，年轻人生活的主色调就是焦虑与希望并存。生活的特点就是变迁与跳跃，这种变化与不确定性有人喜欢，有人惧怕。但唯有行动才能有力地消除焦虑，在每一个看似普通的选择面前保持不放弃，我们终究能成为这个伟大时代的一部分。

# 党军：
# 常常是最后一把钥匙打开了门

编者按

党军，男，陕西渭南人，2010 年本科毕业于陕西科技大学无机非金属材料工程专业。1985 年，在陕西省渭南市澄城县一个小村庄里，党军出生了。在不知不觉中度过了自己童年时光后，15 岁时这个少年第一次对自己的人生有了危机意识，命运的齿轮就此开始转动。

3 次高考、3 次四六级考试、3 次面试、3 次工作变动……平凡的党军在 25 岁时终于拿到了北京户口，在这座繁华的大都市里，终于有了属于自己的一席之地。

党军说："我之前常听人们说要坚持到没有希望之时，这是一句很坚定的话，但其实还能再坚定一点，在没有希望之时也要坚持。"

## 波折的求学之路

从第一次对世界有了更清晰的认知，从第一次对自我和当下产生危机意识，党军用了十余年走出了农村，走向北京这个广阔的舞台。要说他有什么成功的秘诀，那就是"坚持"二字。高考两次落榜之后，是否还有第三次攀爬的动力？面试中的一败再败，会给自己带来多大的打击？身后白雾茫茫，身前没有灯光，就在这样的境况下，党军数着步子鼓舞自己，缓慢而坚定地走在路上。

危机意识的产生使他决定开始改变。

党军曾听过一句话："别轻易对他人下定义，你不知道他到底经历了什么。"人与人的经历是不同的，因为经历不同，思维方式、为人处世的方法，甚至是学习的基础都大相径庭。对他自己而言，就是农村走出的孩子和城市孩子的不同。

在农村孩子的童年里，有碧水青天、鸡犬相闻，有伙伴的嬉戏、父母的唠叨，有吃苦的精神、结实的体格，但唯独缺乏了一样很重要的东西：对世界的认知。当党军肆意地在田野里撒欢时，城里的孩子大多已经在父母一遍又一遍的教导下，明白了学习与高考的重要性。坦率地讲，他不知道是什么突然让自己产生了危机意识，也许是电视机里的只言片语，也可能是老人讲述外面世界带给他的憧憬，或者只是上天突然在他的脑海中种下了一颗种子。他决定开始改变，这也是其人生的第一次重要转折点。

在初中，党军的成绩在年级中段，这个排名相当于只会一些最基础的知识。到了高中开始努力学习后，他越发了解自己所学知识的匮乏，各个科目几乎都是从零学起。不过他并没有退缩放弃，基础差，就用更多的时间去补。日复一日的努力，让党军渐渐跟上了大家的步伐，可是最大的"拦路虎"——英语出现了，这个重基础、重过程的学科，他学起来吃力不说，还收效甚微，一度让他出现了畏难情绪。在过往十几年里，别说学习，他甚至从未听到过一句标准的英语，这让党军天然就缺乏对英语的自信，只能勉强跟着大家学习。

高中的学习节奏紧凑，高考的压力如影随形。在党军还没有反应过来的时候，三年转瞬即逝，高考很快就到来了，然而满怀信心的他却以两分之差落榜，没有达到二本线。他并不想勉强去一个学校，于是决然地选择了复读。这一次，他将所有科目一一推倒重来，但除了英语。大家普遍认为英语基础差的人提分太难，党军也将重心移到了其他科目之上。努力是有成效的，大大小小的考试见证了他的汗水。新的一年里，他的每次考试都能达到一本线以上的水平，可没想到的是，老天爷再次跟这个倔强的少年开了一个玩笑，在高考中他又一次发挥失常，以两分之差没有达到一本线。

第一次，他对自己产生了怀疑，甚至想随便去上一个学校算了，中断这段噩梦。可是他终于还是没办法骗自己，这绝不是他想要的。很快，党军开始了第三年的高考冲刺。

痛定思痛，党军决定向英语发起总攻，前两次高考，50 分的英语成绩无疑是其最大的障碍，这一次他不想再逃避。日背夜练，伴着鸡鸣与烛火，他就像是战场上的士兵一次又一次地发起冲锋……

一年后，他以 124 分的英语成绩，踏上了去往陕西科技大学的求学之路。

世界上没有克服不了的困难，除非是你自己选择了放弃，在绝望之中也要坚持；不要轻信他人的判断，不要受舆论的影响。“葡萄的味道，尝过才知道。”

## 别问自己要什么，问问社会缺什么

在大学，党军学的是无机非金属材料专业，2010 年毕业的时候，中铁一、六、十一、十五局都在陕西招人，只招无机非金属材料一个专业，他觉得机遇来了。

这是一个怎样的机遇呢？

那些年土木工程专业比较火，连带着面试对建筑方面知识的要求比较高，但其实专业课没有一点跟专业沾边的内容。不过既然社会有要求，党军觉得就应该提高自身的能力，技多不压身。他一边学习一边兼职，仗着自己年轻，每天的日程都排得很满，甚至连中铁十一局面试的简历都是朋友帮忙投的。

没想到，这样快节奏的生活差点错失一个机会。因为劳累，每晚十点多他就会入睡，有一天醒来他才发现收到了中铁十一局头一天晚上发来的面试短信，要求早上八点到，而此时已经七点多了。半个小时内前往南二环，他心知已经不可能按时到达，但仍坐上了公交车，到达后已经是早上九点，而他的名字果不其然已经被叫过。

负责面试的考官给了这个赶来的青年一个机会，这样，他得以和下一拨面试者一同面试，进去之后考官的第一个问题是：“你为什么迟到了？”

这个问题卡住了党军，他觉得自己没法回答因为早睡没有看到消息。事实上你没有任何理由，没看见就是你自己的事。

就这样，因为没看见短信他最终错过了这次机会。并不气馁的他又向中铁十五局递交了简历。

中铁十五局的面试官晚上有应酬，为了投递这份简历，他在寒风中等到了晚上十二点。这次的面试一切顺利，但面试官是一个注重在校成绩的人，和党军一同递交简历的另一位朋友拿到了录用通知，而他以几分之差再次被刷了下来。

又是连着两次失利，但这次党军没再怀疑自己，因为他深深地知道，运气有的时候不站在你这一边，但是它不会永远不青睐你，有的时候没抓住的机会，可能是因为它原本就不属于你，不要因此而气馁，做好准备，迎接下一次机会。通往人生的平庸与失败的路只有一条，那就是你自己选择放弃。

8月份，北京的中铁六局来了，在西安只招一个人，来面试的长安大学的学生、陕科大的校友排了很长的队，但是最终他凭借着对于建筑知识的了解及丰富的兼职工作经验成功吸引了面试官的注意，经过一番交谈，他最终被录用。10月份，公司为他解决了工作和户口上的所有问题，党军的职业生涯正式开始了。

这次面试的成功，是他人生第二个重要的转折点，让他在北京扎下了根，也教会了党军一个重要的道理：不要问自己要什么，要问社会缺少什么。

作为社会、企业的一分子，自己的命运与企业的命运相辅相成，当你能够站在社会和企业的角度思考问题，充实自己的时候，你就会成为任何地方都需要的人才。工作以后，他考取的证书已经有厚厚的一沓，工作内容虽然一变再变，但总是朝着更好的方向前进。在这个过程中，为了进一步地加深对仪器的了解，他又重新翻开了《高等数学》和《概率论》的课本。

暂时遇到挫折的时候，不要放弃，你为未来做的准备，终有一天能够用到。活到老，学到老，任何时候都别忘了要给自己“充电”。

大学的时候党军上过一堂创业培训课，其中一段话他铭记至今：“思路决定出路，脑袋决定口袋。无论你要做什么，都应该有自己的思路，不要以为从成功的人那里听了一些故事，看了几本成功学的书籍就觉得照着做自己也能成功。这个世界上没有可以套用的万能公式，兵无常势，水无定形，人生的智慧是动态的。”

党军曾经也纠结过考研还是就业这个问题，在当时，考研已经成为大趋势，他的班级总共23个人，有16个人坚定地选择了考研。最终他没有选择考研，因为在经济腾飞的历史大潮中，就业形势非常好，权衡之下，他决定立刻投入工作之中，而研究生还可以以后再考。

现在回望，党军当初的考虑是正确的。在来到北京工作稳定了之后，他一边工作一边考取了北京理工大学的研究生。

深造还是就业？就业还是创业？去哪个城市？我们一生中都会遇到非常多的抉择，站在人生的岔路口，应该灵活地获取信息，冷静地分析，然后大胆地迈出步伐，走自己的人生路。

## 职场风云，工作从转变心态开始

在刚刚开始工作的一两年中，很多人都会有心态上的失衡：有的是对待遇不满意，认为自己配得上更好的；有的觉得工作环境不好，专业不对口，想要跳槽；还有的是对制度不满，感觉他人素餐尸位，想要大刀阔斧进行改革……

对于这种情况，作为过来人，党军的建议是：高调做事，低调做人。

工作这件事，有点像佛偈三种境界：第一种，看山是山，看水是水；第二种，看山不是山，看水不是水；第三种，看山还是山，看水仍是水。山和水一直都在，但是只有当你经过成长之后，才能够看到山水之后的自我，经过时间的沉淀，有了更深的理解，你才有发言权。在工作刚开始遇到困顿的时候，坚持下去，说不定能豁然开朗，守得云开见月明，那时才知道自己到底适合不适合这份工作。

如果说学校是个小社会，那么职场就是真正的社会，高调做事，低调做人，才能让你在这片汪洋里如鱼得水。

“高调做事”指的是认真工作，工作内容一丝一毫都马虎不得，如果有分歧，就讨论解决，切不可马虎涂饰，欺骗自己。

“低调做人”是指在工作以外的事情中保持谦虚的态度和求教的精神，高调的、引人注目的做人方式很容易让你陷入无谓的争端，消磨你的精力。

## 一件小事

上大学时，党军曾经参加过一次社团的面试，没有通过，那是他的伤心处。但现在回头看，似乎当时被拒绝是不可避免的：一个农村的孩子刚刚来到城市，只知道读死书，身上穿的衣服不漂亮，言谈吞吞吐吐，就连人家提问时的站姿也不能维持好，摇摇晃晃……

这次被拒绝，是党军大学中记忆最深的事，他也开始有意识地改变从小养成的不良习惯。与人交流，一定挺腰站直，目不斜视，从最基本的身姿展现出你的定力，让人感受到你的认真与尊重；自信，无论别人相信不相信自己，自己一定要相信自己，这样眼中才能有光，自信的人眼中的世界是不一样的，效果堪比美颜滤镜。

自重者，人恒重之，仪态也是人生需要修炼的重要一环。

内在很重要，可是如果你的外在表现很糟糕，那么没人会去探索你的内在。就好比能力很重要，但如果没有学历这块敲门砖，你很难获得展现能力的舞台。

## 一些建议

之前提到，人生没有一成不变的公式，凡事需要自己琢磨。不过好消息是，如蚁人寰里也有一些放之四海而皆准的定理，一些值得牢记的经验教训。回顾自己的职业生涯，党军有两点想说。

第一点：作为即将毕业的大学生，如何找到自己的方向，在考研、创业、就业等一系列抉择中做到最好？

“凿井者，起于三寸之坎，以就万仞之深。”想要解决这个问题，要做好这几件事：以优异的成绩顺利毕业；找到自己的兴趣予以发掘，找寻可能；理清自己的资源进行整合，寻求帮助；确立自己的目标，矢志不渝。

在完成这几件事后，党军的建议是：尽可能多地搜集信息，掌握信息的人就掌握了成功的命脉。在古代京畿地区，最有权势的人就是掌握望楼的人，在那个信息传递缓慢的时代，望楼的烽烟旗语就是信息的汇总，看一眼天空就掌握了一整片地区。现在也是一样，尽你所能地搜集信息，与自身情况相比照，想创业就必须了解创业政策、行业前景，要就业就必须了解工作内容、发展方向。也许有的时候整个社会的经济背景不景气，但是绝不代表社会不需要新鲜血液，只是这个“人”字从人数的“人”变为了人才的“人”。机会一直就在那里，看你能否发现，而你掌握的信息越多，你观察事物的双眼就越明亮。对上帝来讲，全知即全能，对我们而言，信息即是能力。

第二点：如何能够不留遗憾地过好这一生？

党军的建议是：永远不要放弃，不要说坚持到没有希望，而要说在没有希望的时候也要坚持。每一个人在生活里都会遇到困境甚至是绝境，心理压力大到像是有一把重锤每分每秒都在砸下，身体绵软无力，头脑晕眩不清，似乎很难坚持下去了。但正是在这个时候这样的坚持才值得尊敬，就好比盛世中的英雄只会令人感到乏味一样，在绝境之中的坚持，才能真正地绽放光辉。每一个打不倒你的苦难都会变成你的养料，生活中，常常是最后一把钥匙打开了门。

# 杨贵：以近知远，向未来望十年

**编者按**

杨贵，男，天津人，2010 年本科毕业于陕西科技大学材料物理专业。毕业后顺利进入了天马微电子股份有限公司，从事一份与自己专业对口的工作。顺着自己规划的道路，两年后从生活节奏紧张的上海辞职，回到了家乡天津。在天津如愿地找到了一份自己喜欢的销售工作，并在此岗位上一步步晋升。

杨贵总喜欢规划未来，总是清楚自己要干什么。从择业到选择地区，从入职到辞职。杨贵的工作生活一直按着自己的路线行进。尽管身边有很多不理解的声音，但是杨贵一直坚持着自我，做自己喜欢的事情，走自己想走的路。

高考最后一笔落下，我们的生活里便没有了非做不可的任务，没有了老师的鞭策，没有了家长的催促。常常，我们站在人生的道路上，四周如同弥漫着浓厚的白雾，迷茫中的我们曾经历过四处碰壁，经历过不知所措，也经历过因循苟且的生活。

面对未来，怎样走自己的道路？让我们一起走进杨贵的故事。

## 达人远见，眼前的豁达和远方的卓识

2006年，杨贵踏入了陕西科技大学的校门，作为第二批来西安上学的陕科大学子，他是学校“三创两迁”艰苦创业的见证者。那个时候的学校，除了迎新大道做了硬化路面，其余地方还都是原始的土路。从咸阳搬迁到西安，是陕科大的第三次创业，硬件环境还需要不断提升和完善。百废待兴的建设环境无疑给学习、生活带来不便，但是对杨贵而言，大学四年是他一生最快乐的时光。在他眼里，丰富多彩的校园活动和学习氛围远比物质生活快乐得多。

这个刚从书山题海中解脱而出的少年来自天津，挤进拥挤的绿皮火车，忍受二十多小时的嘈杂人声和机车轰鸣，才终于从那个繁华的城市来到大西北。杨贵的父母曾在国企工作，20世纪90年代那场遍及全国的下岗大潮，他们也没能幸免，这个家庭也就此丧失了稳定的收入来源。刚进入大学的杨贵，学费还都是从亲戚、朋友手中凑来的。经济上的拮据并没有影响到杨贵的心态，纵然家庭和学校的条件都没有那么富足，他仍然能够乐在生活之中。采访中，杨贵还向我们展示了自己身上那件T恤衫，毫不介意也说这件衣服才三十多块钱。尽管他现在经济能力、生活条件等方面都早已富足，但仍保持着艰苦朴素的作风。这并非出自忆苦思甜的情怀或者居安思危的智慧，而是他有些质朴、有点与众不同的生活态度。

我们都有自己独特的境遇，却常常随波逐流地追求着大众所认可的生活方式。或许拥有了自己的立场和远方，才能收获生活的快乐与豁达。杨贵对未来有自己的规划，对人生有自己的看法，对生活有自己的态度。这似乎是他快乐的源泉，也是他种种与众不同的出发点。达人远见，豁达之外，杨贵眼里总会有自己远方的生活，总能清楚自己要走的路线。

在未央湖畔生活的四年里，这个向来不偷闲的学生，成绩却没有人们想当然的那样出类拔萃。成绩平平和努力似乎是两个相悖的词汇，但却同时存在于杨贵身上。他不喜欢按部就班的教学计划，他学到的东西是书本和课堂上学不到的。另外，杨贵也认为自己并不是学习理论知识的材料，和人打交道才是他的强项。

杨贵的大学规划中，是能够在4年中努力建设自己。外有能令人赞叹的荣誉，内有能让人信服的能力。他的成长，始于热爱的学生工作。班里和支部的每次活动，都有杨支书招呼和组织同学的声音。学生会办公室晚上的灯光，总会有杨主席挥笔洒墨的背影。青草艳阳下的足球场，也常有他挥洒下的汗水。大学的前两年，杨贵担任了团支书、学生会主席，同时他还是学院足球队的一员。

大三是每个大学生容易迷茫的阶段，面对着考研还是就业的抉择，被迫直面自己未来的职业与人生。而杨贵在属于他的道路上，稳稳地向前行进。大二结束后的学生会主席竞选，杨贵放弃了继续留任的机会。人际和工作能力有了一定的锻炼之后，他想要进一步拓宽自己的眼界。到了大三，杨贵的家庭条件慢慢好了一些，加上当时陕西的物价水平较低，这个大三学生就常常跑去西安周边的市县见识世界。读万卷书，行千里路，这段时间的旅行经历不仅让杨贵丰富了自己的视野，同时还给他的大学生活添上了一笔浓墨重彩的快乐。

临近毕业，到了校园招聘的热季。2010 年时，网络远比不上如今发达。微信等平台还没有发展起来，企业信息搜集于当时而言是一件工作量相当大的事情。但是杨贵还是不辞辛劳地将能接触到的每一个企业的信息都研究了一遍。在此过程中有很多适合的工作，但是杨贵并没有停下寻找的脚步。多数大四学生在不断比较公司间的优劣，而他则是有的放矢地去搜索心目中满足自己标准的企业，一个前景广阔的行业，一个理想的城市。在他眼里，找工作并不能简单地看行业当下的繁荣与否，更多的是看未来的发展。

最终，杨贵选择了位于上海的天马微电子股份有限公司。但是，他的选择遭到了家人们的一致反对。杨贵出生于天津的一个小镇，镇上保留着灰砖黛瓦、斗拱檐枋的古朴，也遗留着恋家的传统思想。这样的思想不仅出现在家人身上，也潜移默化地印在了杨贵的脑中。杨贵并没有打算一直在外地发展。

在他对未来的展望中，他将在上海工作三年，然后带着经验和阅历回到家乡，在天津找一家同类的工作，谋求工作发展和家庭间的平衡。但是这样的规划很难被家里人理解。毕竟换工作并不是一件容易的事情，工作了三年的地方是否会愿意离开，即便离开后是否能找到好的工作，都是未知数。无论怎样的解释，家人们反对的声音总是不绝于耳。好在朋友们很支持他的决定，也给了他极大的信心和动力。

成功入了职，但生活并没有按照杨贵的计划往前推进。杨贵在上海工作了一段时间之后，习惯对未来规划的他逐渐意识到，自己从事的这个岗位将来会有一道不可跨越的难关。那时杨贵所从事的行业，处于一个比较亟待发展的尴尬阶段，技术上被国外同行垄断，想要突破却又遥遥无期，难上加难。

以一知万，以微知明，习惯向未来观望的杨贵预料到了行业发展的困境。尽管当时行业还展现着繁荣的景象，杨贵也为了适应岗位付出了极大的努力，并且工资待遇非常优渥，但是工作了两年的杨贵还是选择了辞职，提前回家乡天津发展。

回到了家乡，杨贵选择了一份知识产权代理的销售工作。知识产权代理行业刚刚起步不久，拥有一片大好的前景。除此之外，杨贵在大学时期就对销售工作感兴趣，外向的他擅长人际交往。因此，知识产权代理的销售工作完美契合了杨贵的需要，是一份再好不过的工作。但是这样的工作又遭受到家人的反对。这次，身边有了更多不理解的声音。在上海的工作已经小有所成，工资、待遇都远比天津的这份工作高。在上海，工作虽然是生产线上的默默无闻，但总好过做销售所忍受的风吹日晒。可杨贵还是顶着一众反对，选择了最适合他的职业。

离开熟悉的岗位，一切从头再来。从开始的初级销售员，一步步努力，如今杨贵已经成为一名高级销售员，手下也带领着一支团队，事业小有所成。在他的工作历程中，虽然有着一些小小的困难，但是顺利多过坎坷。

“达人远见，不与物争。”杨贵的故事里没有狂风巨浪，也没有大喜大悲，但是充满了对生活的豁达和对未来的规划。向着自己的目标，走自己的路，这样的生活才是最平淡的成功。

## 纸上得来终觉浅，学习不止于校园

常常有人感慨自己在学校里学习的知识，在工作中很难用得上。在杨贵看来，这是一个屡见不鲜的问题。毕业后，是否从事自己的对口专业是一大问题，即便专业对口，想要跨越理论和实践之间的鸿沟，更不是一件容易的事。但是，这并不否定校园学习的意义。

杨贵在校的成绩处于不上不下的位置，距离人们公认的优秀，还有着很长的一段距离。这个喜欢和人打交道并明确了就业目标的学生，学习上对方法和技巧的重视远大于知识本身。

杨贵刚刚进入知识产权代理销售这个行业时，对知识产权并没有全面的了解。进入公司有三个月的实习期，实习期结束后将会给每一位求职者 30 分钟的展示时间。用半个小时的表现来决定每一位的去留。可是仅仅依靠着公司所培训的内容，是远远不够的。企业传授的东西零散而杂乱，每个人都必须通过自己的学习来争取最终留下的机会。在杨贵的记忆里，那是一段非常痛苦的时间。

公司里的学习与学校不同，这里没有知识渊博的老师授课，没有条理清晰的学习大纲。实习生们像一只只无头苍蝇一样四处乱撞，必须努力撞出成果，才能顺利得到最终的录取。这样的情况下，每个人所能依靠的只有十多年求学过程中所积累的学习能力。心理压力远大于学习的辛苦。经过一段时间的艰苦努力，杨贵最终成功被公司录取。但是学习远远没有结束，踏入工作后的学习不仅仅在于一文一字，还有一言一行。

杨贵最开始进行知识产权管理推销的时候，面对的都是目标公司的核心人物。对于刚刚工作不久的他来说，对方散发的强大气场总能压得他喘不过气来。杨贵所面对的都是在自己公司或者行业具有一定权威的人，年龄比他大，阅历比他深，见识比他广。最开始见到客户时，总是不自然地带着仰望视角看待对方。

这样的敬畏让杨贵的工作寸步难行。如果不能气定神闲地与客户交流，又怎能让对方相信自己的能力，又怎能让对方放心地将知识产权管理的任务交到自己的手上呢？

那段时间，杨贵每一次推销结束都会将那几个小时的情景在自己的脑海里一遍遍回访，思考每一句话的表达、每一张表情的管理、每一个回答的技巧。同时他还找了很多有关人际交往的书籍。理论知识为辅，在实践中不断调试自己的一言一行。

如今的他，已经见过了形形色色的人。有高高在上的成功者，有柴米油盐的普通人，也有奔波疲惫的劳动者。不同的人形成了不同的交流方法，也不会因为生活的不同而有心理上的交流障碍。

在杨贵看来，学习不仅仅是学校里的事情。寒窗苦读十余年，我们与书本为伴。到了入职的那一刻，离开了书本和一行行铅字，我们的学习并没有结束，而是以另外一种形式重新开始，学习是一生的事情。

## 成长路上的三个人

杨贵的职业成长中，先后遇到了三个印象深刻的人。从青涩到成长再到如今的成熟，三个人在他的职业生涯中，都留下了浓墨重彩的一笔。让他从一个青涩的学生，成为一个技术成熟、能力超群的社会人。

刚踏出大学校园的杨贵，还带着学生时代的纯真。然而在他刚进入职场时，便遇到了一个“影响”他一生的第一个人——他的上司。一个世俗、老道又十分自私自利的人。在杨贵眼里，上司的自私刷新了他的认知，也让他感受到了社会并不如校园一样简单，而是充满了形形色色的人。在被迫和这样一个精致的利己主义者相处了两年之后，杨贵在后面的职场生活中，也就对各样的人见怪不怪了。再次遇到类似的人，也有了应对的方式。他的上司以一个负面教材的作用，让杨贵快速地褪去了学生的青涩。

第二个人是在上海工作期间遇到的一位老工程师。老工程师入职时间比杨贵还晚一段时间，可没想到对设备的熟悉程度要远远高于杨贵。学识渊博之外，老工程师还是一个细心、和蔼的人。他经常在工作上帮助杨贵，所讲授的经验，有不少和杨贵学习的理论相悖。但是，却出奇地好用。老工程师不仅告诉杨贵应当怎样做才能更好，还会耐心地将这其中的原因一点点剖析。“知其然知其所以然”，这是老工程师常常教导杨贵的。仅仅同事一场，很多老师傅习惯以命令的口吻，要求新人按照他们的经验做事情，还不时地对他们的青涩喊骂几句。杨贵遇到的这位老工程师的细心和耐心让他感动，也激起了杨贵不断学习、不断精进的动力，也是在他的影响下，杨贵在技术和能力上更加成熟。

第三个人是他当今的老板。刚回到天津时，他是杨贵所在公司的业务总监，也是那所公司的核心领导人物之一。后来从原公司辞职，创立了自己的公司，做相同的业务。杨贵也追随他到了新的公司。

在遇见这位业务总监以前，杨贵一直以为努力和个人能力是成功的核心要素。一个人努力闯荡，辛苦拼搏，便会拥有自己的一片天空。但是，在这位业务总监的影响下，他深刻认识到团队的重要性。起初，无论是生活中还是工作中，只要遇到困难，这位上司都会鼎力相助。在这样的帮助和引导下，杨贵逐渐融入了公司，慢慢地成为核心团队的一部分。

也是在这样的团队经历下，杨贵也习得了管理团队的技能。如今杨贵也带领着自己的销售团队，团队内在工作上的精诚合作、在生活中的互帮互助。从团队的力量到团队的氛围，杨贵都在努力建设，也因此拥有了一群关系密切的同事、朋友。

销售是一项与人打交道的工作，每天都要接触不同的人。这些年，杨贵接触的人数不胜数，但是这三位在杨贵的成长中起到了很大的作用。无论是伤害、教导还是影响，杨贵善于从他人身上总结经验和吸取教训，这也是他一步步成长的重要原因。

向未来展望十年，才会有自己的目标，才能找到自己的路。杨贵在大学生活和社会工作中，也曾和我们一样，有过不知所措的迷茫。没有人可以预测未来，对于未来的无知是我们迷茫的根源。但是杨贵的生活，每次都能在短暂的迷茫过后，找到自己的道路。

我们常常因迷茫而不知所措，却又无法避免迷茫。或许，我们只是一直在等，像那个农夫，坐在树前，等待兔子的到来。我们有时应该像杨贵一样，主动地向未来看一看，多尝试一些。在不断地成长中，寻找喜爱与厌恶，才能在眼花缭乱的世界中看到属于自己的生活，锁定自己的成长之路。

# 姜晓辉：所有的底气都是自己给的

**编者按**

姜晓辉，男，湖南娄底人，2010年本科毕业于陕西科技大学材料化学专业。星空不问赶路人，岁月不负有心人。毕业10余年，姜晓辉一直从事着与光电相关行业的工作。十几年的职场积累，让他具备了丰富的工作经验、扎实的专业基础知识及对光电显示领域发展的前沿思考。

姜晓辉对母校有着深厚的感情，毕业以来一直很怀念校园生活，略有遗憾的是当时对英语的重视程度不足，现在需要一边工作一边加强英语的学习。他坦言现在负责的许多项目都需要与欧美人开会交流，整个沟通过程都是纯英文的，对于英语水平有很高的要求。在姜晓辉看来，大学4年是青春岁月中最宝贵的一个时期。未来，在努力工作的同时，他希望能成为一名在职研究生继续深造。借此次访谈，姜学长希望大家珍惜校园时光，坚持学习，积攒足够的底气去支撑自己的勇气。

## 光影变化，四年稳步前行

平渡桥旁的夹竹桃开了又谢，陕科大湖面的冰消了又结，四季轮回，姜晓辉的惊喜、失望、沉寂、确幸、成长，也构成了他4年的青春记忆。回望四年时光，姜晓辉表示，大学期间不仅结交了来自全国各地的朋友，还通过与不同的朋友在生活与学习上的相处，在待人接物和为人处事的方法上有了自己独到的见解。学业上，除了扎实掌握专业理论知识外，姜晓辉最注重的就是实验。实验是将理论与实践结合，将理论转化为实际的关键，他说："一定要把握住每一次实验机会。"每一次的实验，不仅能熟悉实验仪器的使用方法，还能更深入地理解理论，使理论与今后的实践更好地结合，最终整合成自己的专业思维体系。

生活中，姜晓辉积极参与各项活动，在活动中他学会了与不同个性的人打交道，"还是要多与人交流，掌握沟通的技巧。毕竟说话也是一门学问嘛!"学长幽默地说道，面对活动中可能会随时发生的各种情况，久而久之便学会了灵活应变，也积累了一定的应对方法和经验。"虽然大学所学的知识与工作应用有差异，但是通过系统的学习，运用大学学习时形成的良好思维方式及处理问题的方法，对职场上的快速成长有着很大的帮助。"

姜晓辉大二那年是学校搬迁至西安的第三年，新校区的许多建设都处于逐渐转好的阶段。但再难，陕科大也没有苦了学生的教育，学校领导班子带头勤俭办公，随着学校筹措、节约部分资金后，陕西科技大学一步步好起来。

青春正当时，纵然疾风起，人生不言弃。姜晓辉没有放松对自己的要求，他稳稳地抓住了4年时间，最终以优异的成绩毕业。学校的厚重底蕴丰富了每一代科大人的内心世界，涵养了每一代科大人的精神内涵，也为姜晓辉日后的工作学习提供了充分的养料。

## 行业初探， 找寻合适道路

姜晓辉的专业是材料化学，对口的就业单位大多数属于光电行业，"其实在光电及相关的行业，很多人才都是从咱们科大毕业的。"当时他了解到西北大学有京东方(京东方科技集团股份有限公司)的招聘会，是一家为信息交互和人类健康提供智慧端口产品和专业服务的物联网公司，和自己学的专业对口，他就抱着试一试的心态去投了简历。

"我的运气比较好，不久就接到通知要求第二天去参加笔试和面试。"为了面试姜晓辉做了大量的准备，"机会总是留给有准备的人。"他在网上搜集了各项关于京东方的资料、提前预设了面试官可能会问到的问题、多次熟悉自己的简历资料等。据姜晓辉回忆，面试问的内容相对比较专业，很多都涉及专业课的知识，会问到实习经历、实习做了什么、实习过程中某些工序的原理等。“一般都是快速面试，主要考察表达能力、反应能力、团队合作意识、解决问题的方式方法、主观积极性等。”最让他印象深刻的一个问题是说京东方简称 BOE，其中 O 代表什么意思？“好在我提前了解了公司的相关资料，快速准确地回答上来了，好多人都被问住了。”细节决定成败，毫无悬念，姜晓辉顺利通过面试，成功入职，获得了手机、电脑屏幕的工艺研发岗位。

据姜晓辉介绍，京东方是国企，规模比较大，福利待遇很好，整体工作环境也还不错。入行第一年，少不了下生产线通宵加班，“毕竟是制造业，刚入行这些都很正常，累是累了点，但是值得。”姜晓辉在基层干活的过程中，接触到了很多不同于学校的环境、设备，正所谓实践出真知，他在不断摸索的过程中也学到了很多知识与技能。5 年后，出于对家庭及未来发展等因素的考量，姜晓辉选择离开京东方去往武汉，担任华星光电技术有限公司工程师。在京东方 5 年的工作经历，为他顺利进入华星光电工作提供了很大帮助。随着行业的不断发展，分工逐渐细化，需要的知识更全面、更专业、更深入。2010 年姜晓辉刚刚进入这个行业的时候，整个行业处于刚开始发展的阶段，许多东西都是一点点接触、一步步挖掘出来的。

到了武汉，又是另一番风景。“我在华星光电主要负责汽车相关的电子屏幕光学开发，经常与欧美客户打交道，客户习惯看逻辑思维分析，许多工作需要更细致、更有针对性。”华星光电非常看重员工的学历层次和工作业绩，身边基本都是硕士、博士，这不免让姜晓辉产生了很大压力。“在这种环境下，很多东西需要你自己主动掌握，我的工位上永远有几本资料书，便于随时查找。”逆水行舟，不进则退。压力使然，姜晓辉斗志昂扬，在自己热爱的岗位上稳扎稳打，不断进步。

“公司和学校不一样，在学校里面，有老师督促你做实验、写论文，辅助你达到毕业要求；但是在公司，你的身份从产品的接受者变成生产者，需要快速转变心态。”姜晓辉不断调整心态，主动沟通，无数次的更改方案，一遍又一遍地尝试，最终达到客户满意的效果，这其中的无奈与煎熬都是对姜晓辉的考验。

## 几经磨砺，收获另一种风景

12 年的职业生涯，并非一帆风顺。“其实对于我们来说，每天都会有困难，关键是看怎么去解决。”姜晓辉一直认为面对困难时的心态很重要，他讲到了前期和宝马探讨的一个项目，“这是一次全新的尝试，之前从来没有接触过，完全没有任何相似的经验可以参考。”面对全新的项目，要求高、工期紧，他只能硬着头皮一步一步摸索。他们先跟客户进行了详细交流，全面了解其实际需求和喜好。推动厂内技术检讨是一个很大的工程，毕竟按部就班来得更容易，打破原有的固定观念实属不易。姜晓辉和他的搭档们从未来趋势入手，分析收益、风险，通过调研报告和实践数据说明为什么要推进技术检讨，以及下一步应该怎么做。“真的是从各个方面逐个攻克，合作创新，说服顾客。”姜晓辉坦言，解决这些困难的过程往往能碰撞出新的火花，激发出新的灵感，找到全新的思路。

一往无前的姜晓辉也遇到了事业瓶颈期。从事研发十年，他面临着选择继续研发路线还是转到管理路线的问题。最终，他决定转岗。

“从研发到管理，是思维方式的又一次转变，也是一个新的挑战，需要从自身职业发展规划的角度仔细考虑。”在姜晓辉看来，管理要通过团队去做事，完成任务。所以管理者，可能要识别体系流程问题点，去落实下属的执行情况，然后进一步辅导，建立高效团队。“二者的处事方式不一样，需要快速适应新的工作氛围，掌握一些沟通交流技巧的同时，要更加重视时间观念，讲究效率。”毕竟是干研发出身，思维逻辑很强，可以更有规划、有条理地去完成管理任务。除了自己摸索理解，姜晓辉也积极参与公司内部的培训课程，每月三四次的集中学习，也给了他不少启发。“培训多是浓缩精简的内容，会留出时间来让大家消化，自己看书，写学习心得，思考怎么更好地应用于实践。”姜晓辉表示一段时间下来收获非常大，思维模式也在慢慢转变，但压力也会更大。“调整到管理岗位以后更要通过实践学习武装头脑，充实自己，才能在下一次做得更好，收获更多的经验，取得更好的回报。”

大学 4 年，如果利用好的话可以完成许多事情，“鼓励大家多多接触社团活动，及时抓住机会。但是学习一定不要落下。英语要学好，多与人交流，掌握沟通技巧。”

“做事业，交朋友，长本领，练胸怀。”这是姜晓辉在京东方任职期间的体悟，这 12 个字简练又不失深意。姜晓辉勉励在校学生，一定要将自己所学与国家战略结合起来，现在国家大力发展芯片、半导体、材料等行业，这些领域前景广阔，希望青年学生放慢脚步，坚持初心，为自己的未来，走好每一步。同时也祝愿母校越办越好，在“三创两迁”精神指引下，培养更多国家栋梁之材。

岁月漫漫，只有坚持不懈，才能决胜千里；只有不断沉积，才能厚积薄发；只有不负年华，才能未来可期。

# 李鹏伟：
# 路途漫漫，兴趣是最好的指引者

**编者按**

李鹏伟，男，陕西宝鸡人，2011年本科毕业于陕西科技大学无机非金属材料工程专业。从小生活在农村的李鹏伟一直有个大学梦，第一次高考落榜后复读，次年考入陕西科技大学材料科学与工程学院无机非金属材料专业。

凭借扎实的专业知识和高效的沟通能力，这个充满梦想的男孩在校招期间成功入职利比玻璃制品(中国)有限公司，并一路晋升到公司管理层。2015年，借着兴趣的指引，他转行到特斯拉(上海)有限公司就职。半路起家，凭借勤奋刻苦及过人的耐力，短短几年，对汽车专业知识几近空白的他再次升职为高级工程师。

## 从头再来的勇气比金子可贵

李鹏伟出生于宝鸡，虽然是在农村长大，但家庭条件还算不错。爸爸是企业的工人，有稳定的收入。幸福的童年可以治愈一生，从小家庭生活的温馨有爱让李鹏伟成长为一个阳光少年。虽然不存在经济问题，但毕竟是农村，需要干的农活还是很多，每逢假期，他都会帮家里人干各种农活。多少次汗流浃背，多少次烈日毒晒，让这个温暖的男孩也体会到了农民的不易，也是从那个时候，“考大学走出去”的念头在他的心里扎下了根。

李鹏伟坦言，自己并不是一个天资聪慧的人，所以在学习上需要格外下功夫。正是因为对自己有清楚的认知，所以他从小就养成了踏实刻苦的习惯。可是天不遂人愿，第一次高考，他落榜了。此时摆在这位少年面前两条路，要么去读大专，可李鹏伟的内心非常地不甘；要么就复读，可是复读一年，结果就一定好吗？要是再差强人意，又怎么办？白天一个人静静地坐着思索万千，晚上辗转难眠，不服输的李鹏伟终究还是决定再搏一搏，不想为自己的青春留下遗憾，这一次，他要背水一战。

高考的结果让李鹏伟有了些许安慰，他最终还是成功超越了自己，此时的他想站在田埂上大声呼喊，告诉去年的那个男孩，他的选择是正确的，可看到周围有人，李鹏伟只能作罢，将这份喜悦藏于心中，温暖自己千次万次。

## 稚嫩少年在科大初成长

成绩出来以后，在填报志愿时李鹏伟和家人产生了分歧，家里人想让他学医或者当老师，希望他以后能有一份稳定的工作。父母的阅历比较丰富，便总是苦口婆心地劝着他。可是李鹏伟不为所动，他清楚地知道自己想要什么。

斟酌再三，他选择了陕西科技大学的无机非金属材料专业。这是他与科大缘分的开始。初见乍欢，久处亦怦然。出于对化学的兴趣，李鹏伟选择了这个专业。随着学习的深入，他发现自己对该专业的兴趣越来越浓厚。中学时期就钟爱化学的他在大学里找到了属于自己的那一束光，前进的方向就此清晰明朗。

在大学期间，时常可以在课堂上看到一个奋笔疾书的男生，偶尔眉头紧锁，却从未停下追随老师的目光。四年来，每一堂课李伟鹏都不曾偷过懒，笔记本上密密麻麻的文字和公式都是他这节课最大的收获。“好记性不如烂笔头”，记住老师上课讲的重点内容才能在考试前有条不紊地复习，李鹏伟一直保持着这个好习惯，在数十年以后的工作中也依然继续着。

回忆起大学四年，他还总感觉当时意气风发的篮球少年正在操场上恣意挥洒着汗水。除了日常的学习，当时的李鹏伟最喜欢的就是打篮球了。自从进入材料学院的体育部，他就像是发现了新大陆，这段挥汗如雨的运动时光为略显乏味的学习生活增添了不少色彩，也因此认识了很多好朋友，他们经常一起参加篮球比赛，聚在一起谈天说地，起初的李鹏伟并不是一个善于言谈、敢于表达自己的人，但随着和篮球队伙伴们的深入交流，这种氛围也慢慢地融化了他，他也开始和大家分享自己的事情。真诚交友、认真做事的李鹏伟得到了大家的认可，这段经历也促使他在后来的面试和应聘中勇敢真诚地表达自我，为面试成功打下了坚实的基础。

谈及大学时期的遗憾，李鹏伟至今还记忆犹新。大三的时候，他跟着老师做一个玻璃基板上镀膜的实验，按照既定的浓度比例和用量去做，最后出来的产品性能非常好，但当他仔细回想实验的过程和步骤时，却发现由于没有记录数据，做实验时的温度还有试剂的具体用量等都记不准确了。这次实验也成为他的遗憾，在他的青春里留下了深刻印记。吃一堑长一智，从这以后，李伟鹏无论是做实验还是后来的工作中，他都会记得及时做好笔记。一支笔、一个本子，是他大学时期养成的良好习惯，也是他知识的堡垒。

“至诚至博”的校训一直深深烙印在李鹏伟的心中，无论是在大学的学习时还是后来的工作中，他都一直用其来鞭策自己，勤于思考，有刨根问底的耐心和持之以恒的决心，而这些特质也成为他性格中的亮点，为之后的就业带来了很多益处。大学和社会看似有些许脱节实则关联甚多，在学校里需要学习的不仅仅是一些基础知识和专业理论，更是综合能力的全面提升。

李鹏伟一直对科大怀有感恩之心，4 年时间，美丽的科大校园里，他不仅拥有了扎实的专业知识储备，更是抱着虚心进取的态度不断提升自身学习的能力，如果说高考前的他对学习的研究还是一片懵懂，但大学里的李鹏伟，挣脱了高中的“填鸭式”学习模式之后，无论是学习策略、学习资源还是学习手段，他都有了深层次的探究，而这种能力也一直被他用在之后的工作中。

## 崭露锋芒，李鹏伟的职场初体验

“知之者不如好之者，好之者不如乐之者。”兴趣是最好的引导者，李鹏伟在其牵引下视野也逐渐地开阔起来。仅仅局限于自己的专业知识显然是不够的。专业分流后，他的专业方向是陶瓷，但这并没有成为他的限定。他经常会去旁听玻璃专业的课，基础课程是一样的，一些专业方面的问题不太一样。在学习上，他从来都不是一个按部就班之人。

后来学校招聘会上有一家规模和待遇都比较好的玻璃行业的外资企业，李鹏伟决定试一试。他凭借着较强的逻辑思维能力及良好的英语口语能力，在一众人中脱颖而出。“不打没有准备的仗”，招聘会期间，他提前了解到面试的时候可能会涉及的一些和专业知识相关的专有名词，做好记录和整理，当提问到有关玻璃的专业知识时，虽说他不像学玻璃专业的同学一般滔滔不绝地谈论，但也能说出一二，而这一二往往是重点。强烈的兴趣牵引、对本专业较为纯粹的热爱，以及清晰的逻辑思维和良好的表达能力使得他一举应聘成功。

初入公司，身为实习生的他勤奋好学，胆量过人。当时一位老师傅突然辞职，而他手里还有一个项目正在进行，就在这时，李鹏伟积极申请认领这个项目。后来在职场拼搏很多年以后，他还是很感谢当初那个初出茅庐却勇敢无畏的自己。李鹏伟笑着说："要说当时的艰难，那肯定非常艰难啊！"初出茅庐的自己很难服众，专业知识和生产工艺经验的匮乏，对项目流程的生疏，以及人员之间的沟通协商，这些对当时的李鹏伟而言就像是一座又一座的大山。接受项目后，首先就是专业知识方面的欠缺及工艺流程的梳理。既然决定接手这个项目，李鹏伟便觉得一定要尽自己的全力推动项目顺利开展。

时间有限，对于专业知识的匮乏，他经常去"泡"图书馆，举一隅不以三隅反，理论和实践是有所差距的，向专业老师请教之余，李鹏伟还经常去问工地上的工人师傅，哪怕一个最简单的器械的使用，他也想搞清楚。此刻的他就像是一个极其渴望新知的幼苗，在等待着知识雨露的浇灌。压力化作了动力，别人是朝九晚五，但他时常奔走在项目一线，说他是朝六晚九一点也不过分。李鹏伟觉得自己需要学习的东西太多了，所以他一直不停歇自己的脚步。努力没有白费，李鹏伟负责的项目在规定的日子里完成了交付，他的品质能力、积极的工作态度、不怕吃苦的精神，受到了公司领导和同事们的一致赞扬。

这一次李鹏伟脱颖而出，大家看到了他的实力，他也从"职场小白"晋升为"职场能手"。困难重重的时刻，李鹏伟也依旧坚持记录的好习惯，本子上记录着密密麻麻的文字是他新学到的知识，是他的汗水与喜悦交织的工作，一支笔、一个本子，撑起了那段难熬的日子。

## 始于兴趣，成于热爱

带着这股劲，李鹏伟在这个外资企业干了 5 年。在这期间，他成长了很多，对于玻璃行业已经轻车熟路了。日复一日，年复一年，一直从事着相同工作的李鹏伟觉得自己好像慢慢失去斗志了，每天按部就班，也少了探寻的兴趣。李鹏伟渐渐找到了新大陆，他开始时不时地关注汽车行业的发展。当时的自己对这个行业的专业知识几乎是一片空白，但脑海里不断涌现出的探索欲望让他兴奋不已。经过一段时间的深思熟虑，他坚定地走向自己喜欢的领域。2015 年他应聘特斯拉（上海）有限公司 EHS 环境健康安全管理岗位，凭借之前工作岗位上累积的丰富经验和深厚的阅历，他成功通过面试，顺利入职。

然而，这只是开始。真正入职后，困难接踵而至。EHS，是环境管理体系和职业健康安全管理体系的整合，也是每个生产制造公司都会有的职位。对于从未涉猎的李鹏伟来说，需要学习的东西比较复杂，囊括着不同专业的交叉知识。从头再来一遍并不可怕，但难道真的要放弃吗？真的要放弃自己熟悉的行业转行吗？李鹏伟一遍遍地问着自己。

在泥泞中迎难而上是他一贯的做法，这次他亦选择如此。如何画好图纸？如何迅速掌握有关这个职业的相关知识……一系列问题困扰着艰难转行的李鹏伟。垃圾箱里堆砌着揉成团的纸张，紧紧蹙起的眉头，此时无声胜有声，这一切似乎在诉说着李伟鹏的诸多不易。车到山前必有路，好在大二时期的李鹏伟就曾经关注过这一职业，当时也稍微学习了一点，虽然谈不上有多么专业，但也不算是全部空白。可毕竟是半路出家，需要学的东西实在是太多了，李鹏伟只能脚踏实地去摸索。勤能补拙，在遇到困难时，向前辈们请教之余，一个人琢磨钻研也是非常重要的。时常深夜他还在学习，半夜 1 点还亮着的灯光，书页的婆娑声，陪伴李鹏伟走过那段最为艰难的日子。既然选择了远方，便只顾风雨兼程。不轻言放弃不仅是他的座右铭，更是他处事的态度。

可是他的职业生涯并没有因为他的努力自此一帆风顺。除了相关专业知识的欠缺，经验不足也让他一度陷入窘境。对于这个职业，他始终是了解得太少，相对于前辈来说，他更像个“职场小白”。尽管他从不偷懒，努力地学习专业知识，请教老师，可由于经验的缺失，他还是掉入了一个又一个的坑里。多次的失败也让他渐渐有了挫败感，可是骨子里的傲气不允许他低头，他也从来没有想过要放弃。每掉入一个坑中，他不断调整自己的心态，抛去当下的烦闷，仔细分析自己的问题所在，通过不断请教、琢磨，一点点明白自己存在的问题。

“成功的花，人们只惊羡她现时的明艳，然而当初，她的芽儿，渗透了奋斗的泪泉，洒遍了牺牲的血雨。”用汗水和努力浇灌的花朵终于在几年后迎来了绚烂的开放，李鹏伟的职位也一升再升。现如今，他早已不是当初的“职场小白”，在公司相关项目中已经能够游刃有余，并成为公司的高级工程师。这一路上的风景，是他最大的底气。

## 在喜欢的领域不断探索

当热情褪去，李鹏伟会重新规划自己的未来。在当下，如何科学合理地调整职业状态，如何有效选择并且努力去追寻自己喜欢的事业一直是他探索的事情。不管什么时候，都一定要有目标，这样的话，前行的道路就会清晰很多，李鹏伟就是这样一个目标清晰的人。他时常会思索自己近 3～5 年的一些规划，是不是应该再去别的行业看看，开阔自己的视野，不能总是局限于一个方面。

不愿过安逸的生活，李鹏伟总想着去闯荡，趁着年轻趁着风华正茂。和多数恋家的陕西人不同，李鹏伟有自己的思想，大学一毕业，他就决定去离家较远的公司入职。人生是自己的，父母的意见只能作为参考，未来的道路要如何走、怎么走，可能刚刚离开学校的李鹏伟还没有那么清晰的认识，但是他觉得年轻人应该多去闯荡，不应该被地域局限，就如他自己一样，从 2011 年毕业后，就开始了自己的“闯荡生活”。

回想起这 11 年的经历，收获颇丰，从刚开始的遇事慌乱到如今的云淡风轻，他的心态逐渐变得成熟，但一直未曾改变的是大学里积极上进、勇于探索的样子。刚参加工作的三五年，他有一种专业知识上的优越感，对自己所学专业对口的行业有一点归属感，想要扎根于此。随着工作面越来越广，在不断解决问题和追求更高目标的同时，李鹏伟也发现了新的兴趣点，他愈发清楚了自己的心之所向。想要花更多的时间和精力在自己感兴趣的领域，这也是自己前进的不竭动力。

如果能将兴趣与自己谋生的工作相挂钩，那会是一件非常幸运的事。李鹏伟从来都不是一个满足于现状的人，或许在大多数人眼中，当时在玻璃外资企业的职位已经很不错了，他又努力上进，如果再继续朝着这个方向努力将来一定大有作为，现下的放弃多少是有点可惜的。对于李鹏伟而言，他清楚地知道自己想要的是什么，并不是一份稳扎稳打的工作，而是一份自己真正喜欢并且愿意为之一直去探索、去努力的事业。和多数想要工作安稳的人不同，他一直在不断地探寻着，找寻兴趣的落脚点。

## 立足当下， 让自己少点遗憾

在一次大学同学聚会上，互诉思念之情以外大家都在讨论着自己近几年的发展状况。饭桌上叹气、遗憾的声音层出不穷，同学们都在说自己当初要是怎么样就好了。可是那些都只是“如果”，有些遗憾也就只能成为遗憾。李鹏伟深受触动，他觉得自己一定要抓紧机会，遇到感兴趣的事情就一定要努力尝试。

术业有专攻，如是而已。李鹏伟认为在大学期间一定要学好专业知识，这样在走向工作岗位后，才能有更大的底气。但只具备专业知识还是远远不够的，公司需要的是全能型人才。所以在大学要注重自己多方面能力的培养，在社团组织或者一些比赛中锻炼自己。兴趣往往是最好的指引者，他建议学弟学妹们在四年的学校生活中，要多关注自己的兴趣爱好，如果有机会、有平台的话也一定要多发展，厚积而薄发，现在的储备是为了未来某一天的脱颖而出。

善交益友，广交朋友。大学时期的友情非常珍贵，李鹏伟毕业 11 年后依旧和当年打球的伙伴们互诉衷肠。志趣相投的朋友会给自己莫大的帮助，也会让自己成为一个有价值的人，成为人生旅途中互相温暖的人。

坚定自己的选择。选定一个专业就去努力学，不要理睬外界质疑的事情。热门只是一个现象而已，并不完全代表着就业形势。先就业，再择业。李鹏伟谈到，刚开始第一份工作大多是跟自己专业相关的。但是不一定学什么就得做什么，在工作岗位上锻炼自己的能力并且了解到一些行业的相关情况后，便可去追随自己喜欢的领域。大学期间，更多的是培养一种思维的方法和学习的能力。在他看来，不用着急忙慌地将自己所学专业否定。一个专业的存在一定有其自身的价值，闲暇时分，可以多去了解所学专业的就业方向，明确自己感兴趣的就业方向。

兴趣一直是最好的牵引者。天资聪颖并不是一个必然条件，即便没有天赋异禀，脚踏实地的我们也能去看自己想看的风景。“海阔凭鱼跃，天高任鸟飞。”这一路上努力的痕迹成为李鹏伟记忆中的最美风景，无论何时，“三创两迁”精神的指引使他保持着初时的热情，艰苦奋斗，自强不息，亦是遇到困难时绝不放弃的魄力。年轻就该有从头再来的勇气和积极探索的魄力，趁着青春，不妨多努力一点。

# 王冬冬：<br>比起“天道酬勤”，我更喜欢“厚积薄发”

编者按

王冬冬，男，江苏盐城人，2011 年本科毕业于陕西科技大学国际经济与贸易专业。现任中国南玻集团股份有限公司香港南玻贸易有限公司新兴市场办事处主任。大学 4 年，在保证成绩的前提下王冬冬积极参与学生工作，主动创新；就业 10 余年，他与南玻集团结下了深厚的情谊，在人生的各个阶段尝试不同岗位，充分发挥自身价值，不断成长锻炼。他认为，原地踏步就意味着退步，成长道路上王冬冬从未停止奋斗，披荆斩棘，坚守初心，稳步前进，上到更高的台阶。现在，让我们借本次访谈，走进王冬冬的故事。

## 南玻沉淀 11 载

2011 年，王冬冬在大学的校园招聘会中脱颖而出，以“新生力”(当时公司对所有应届毕业生的统一称谓)的身份加入当时已是玻璃制造行业翘楚的南玻集团。“我记得从 2011 年妇女节当天开始到公司实习。”他当时去的是南玻集团在东莞的一家子公司——东莞南玻光伏科技有限公司。当时只有这一家子公司需要国贸专业人才，王冬冬所学的专业又正倾向于海外销售方面，专业基本对口，恰巧这家单位有海外业务岗位的需求，因此王冬冬比较顺利地拿到了录用通知书。一年之后，东莞子公司与集团总部之间的职能部门——太阳能事业部缺乏合适的人选帮助集团更好地管理下属子公司，人力资源部门认为王冬冬能力突出同时又属于新生力量，便推荐他调到事业部去工作。

王冬冬在事业部一直从事营运监管工作，负责协助领导核对子公司的制度政策，关注生产运营状况同时负责建章立制的一些内容及工厂的考核等。工作内容琐碎杂乱，类似于学校辅导员的工作，需要处理各项事宜，因此需要提前做好充分的准备以面对可能遇到的各种情况。5 年以来，他为事业部作出了不少的贡献，进一步拓展海外业务。2017 年年底，集团总部成立了海外事业部，急需一批既有海外业务洽谈经验又有事业部工作任职经历的精兵强将去开疆拓土。公司的人力资源人员再一次找到王冬冬，“其实是有点犹豫的，但这确实也是一个很好的锻炼机会。”从一个刚适应的环境又调到了一个全新的环境中去，王冬冬思考再三选择接受这次调动。由于部门刚刚成立，许多机构建设不太完善，王冬冬他们总会承担一些全新的板块，“虽然都是负责营运监管，但在海外事业部也做过一些人力资源方面的工作，涉及招聘面试包括组织去各大高校开设招聘会等。”他也借此机会多次看望母校，同时受邀为学弟学妹做分享会，“科大发展建设得越来越好了，看到更多‘后浪们’充满朝气地走出校园，发掘更多可能，由衷感受到学校的进步。”王冬冬一直很惦记母校，感恩当年的师生情，想念人文楼前的一草一木。他始终秉持着“三创两迁”的精神，在自己的岗位上乘风破浪。

在海外事业部工作了一段时间，王冬冬认为营运监管岗位不能再给自己带来挑战和机遇，出于个人职业发展的需求和规划，他向领导提出调岗申请，希望回归到业务本身。“感觉营运监管的新鲜感和挑战程度没有谈业务那么直接，每天对着报表、文件等也有一些无趣。”南玻集团作为玻璃建制的龙头企业之一，内部岗位较多，可以满足员工的轮换调岗需求。所以从 2021 年开始王冬冬又回到了业务口，调往香港南玻贸易有限公司负责海外销售，主管欧洲、南亚、美洲和非洲这几个新兴市场的业务开拓。

步入社会的第一个 10 年，王冬冬在南玻集团不断尝试新的挑战，不断探寻新的职责。积累、沉淀，找到归属，也在深圳安定下来，未来，他希望把这份情怀坚持下去。

## 行远自弥，踔厉奋发

一直以来，王冬冬对于公司的工作时长、休假安排各方面都很满意。“正常状态下每天的工作时间不到 8 个小时，双休，不需要经常加班。”南玻集团还有自己的工会，定期组织一些关爱员工的活动，工作方式相对轻松愉快。但初入社会肯定和校园生活有一定的区别，人际交往更复杂，压力来源也更广阔。大学期间身边多是同学、老师，日常相处属于互相关爱的氛围；工作以来，同事、客户的关系比较复杂，彼此之间都是工作对等的状态，需要自行适应不同领导、客户的风格。这种人际关系的处理压力跟学校是截然不同的。“大学 4 年，彼此从陌生到熟悉，以后也会保持联系；就业 4 年，岗位会有变化，也会有委屈的瞬间。”说到这里，王冬冬表示他很欣赏新一代青年人追求个性与自我的处事风格，“都在说‘00 后整顿职场’，其实很多时候我会羡慕他们没有那么多顾虑的洒脱和敢想敢做的勇气。”工作几年后的王冬冬对于按劳分配有自己的见解：“你想要 1 万元的薪酬，能不能匹配得起相应的价值；你得到了 1 万元的薪酬，又能不能匹配得起你想要的生活。想要的一切都需要匹配的实力，公司人来人往都有考核，也就意味着面临淘汰的可能性，顶住各方面压力给自己和家人一个向往的生活算是我们打工人的最终目标吧！”

从学生时代的无忧无虑到走上社会的辛酸复杂，王冬冬总能顶住压力、克服困难。由于对接的客户有一大部分来自海外，彼此所在时区不同，存在一定的时差，王冬冬经常主动加班。“销售类的工作需要和客户保证长期沟通，涉及海外客户肯定是需要迁就一下国外时间的。公司也有很多同志更辛苦，需要长期驻扎在当地，当然时间上相对更方便一点。”王冬冬在国内办公，很多时候需要克服时差问题，调整自己的作息安排。王冬冬坦言他喜欢洽谈业务时的挑战性和与客户相处时的交流感，虽然过程中可能会面对各种情况，但拿下单子那一刻的满足感和成就感更让人欣喜，他也在不断地沟通交流中积累经验、锻炼能力。

每一颗钻石在被发现之前，都要经受埋藏尘埃的寂寞时光。王冬冬亦然，无论是常规业务还是处理突发事件，他早已游刃有余。如今的他已是香港南玻贸易有限公司新兴市场办事处主任，相信他将展现出更璀璨的光华。

## 坚持学习，抵达更多可能性的彼岸

“玻璃制造这个产业在我看来是长盛不衰的。”王冬冬如是说，“因为玻璃的主要成分是二氧化硅，比较稳定。加上玻璃材质具有不吸水、轻薄、高透性、干净、轻便等特性，未来的潜力是无穷的。”随着科技的不断发展，玻璃的应用有无限可能。王冬冬负责的海外市场，正属于蓬勃发展的阶段，集团也希望公司越来越好，定期为员工提供培训。“对于员工而言，对公司的这种认同感、归属感会更强；对于企业而言，员工的业务能力提升对公司发展更有好处。”公司与员工互惠互利，这其实也是一种投资，绝大多数企业愿意花钱对员工进行培训。

培训讲师由对外聘请改为员工主讲，加上自己人对企业更加了解，也能更好地达到一种传帮带的目的。“每个岗位的员工都可以培养自己的下属，这样一来，原有岗位的员工满足晋升条件后就可以让自己培养的下属填补自己的岗位空缺。”大型的企业会越来越注重人员流动，这也是企业确保队伍不断层的方式，避免出现青黄不接的局面。据王冬冬介绍，不同的子公司会开展不同的培训活动，集团一直都很愿意也很注重员工培训，也在上面投入了很多财力、物力。他所在的子公司目前推行一个月或者两周内设有一些大大小小的短期培训，帮助新成员快速了解公司的企业文化、产品知识、内部组织架构等，也能让员工之间更好地熟悉起来。

邀请企业内部员工担任讲师也在一定程度上促进了员工发挥特长，对于员工自身来说也是一种提升。“可以把它看作是一种良性‘内卷’，优秀的人‘内卷’起来其实对于他自己或者他所处的公司都是个好事：个人能力越来越强，公司也有更厉害的精兵强将，这样一来可以创造更多的价值。”近年来，“内卷”一词愈演愈烈，也遭到了一些过分解读，但王冬冬始终能够正确对待。邀请内部员工在各自擅长的领域开展培训，就像寡头垄断一样，强者越强，进一步激发兴趣。他从不做无意义的“内卷”，系统学习，积极参与不同类型的培训，努力弥补自己不擅长的板块。对于王冬冬而言，“内卷”不是内耗，把知识技能学到手才是王道。在集团领导学习硅酸盐相关内容的鼓舞下，王冬冬也有更高的使命感：全球制造还得看中国，他想让全球人民用上中国的好玻璃，用上南玻的好产品。

一路走来，王冬冬总在为能抓住机会做着各种准备，不断学习、沉淀、锻炼、提升。“大鹏一日同风起，扶摇直上九万里。”他也希望在机会的青睐下看到更多的可能。

## 学长有话说

王冬冬的校园生活在当时是比较充实的，大一到大三都在学院学生会干服务工作，大四担任新生的班级助理。算是和小伙伴一起为自己感兴趣的事情付出努力了，虽然丰富，但他也有一些遗憾。“我觉得我的时间规划能力不是特别好，深入参与各种学生工作确实比较充实，但需要有良好的作息习惯和时间规划能力来支撑。”王冬冬表示一个良好的习惯非常重要。无论是生活习惯还是学习习惯，都需要对时间进行把握和规划。

“大学其实是一个非常好的培养习惯的时期。首先你得有一个清晰的目标，无论是升学还是就业，或者说想去考驾照，先有一个明确的目标，哪怕是一个个小的目标，这样才有为之奋斗的动力，进一步激发自己的潜力。就像高考一样，每天去学校拼命学习，只为了一个更好、更合适的出路。很多人上大学之后就没有了明确的目标，过一天算一天，这样的情况，无论做什么都不能保证效率。这些目标、处事习惯对步入社会后培养良好的职业素养是至关重要的。”

此外，王冬冬强调丰富自身阅历格局也是大学期间至关重要的一环，“自福慧图书馆整修完成后，资源库更加丰富，但很遗憾我去图书馆的日子并不多。”他记得之前在学校公众号看到了一篇关于借书数量最多学子的表彰文章，“很佩服，也很羡慕他，利用好了这个资源去提升自己，希望更多的同学可以抓住这样的资源去进步。优秀的前辈们把所有的知识信息浓缩成一系列文字，没有人去读是一种遗憾。”“腹有诗书气自华”这句话诚然不假，见识提升后整个人的状态和气质也会发生变化。短期内可能看不出来，慢慢地和同龄人之间的差距就显现了，也就知道一些生活中的现象可能就是概率问题，许多人的一些情绪是源自心理的一些因素等。王冬冬认为“多读书，读好书”这句话放之四海而皆准，也永远不会过时。

还有一点是关于锻炼，王冬冬表示人跟人的基因是有差异的，有的人天生保证五小时睡眠就足矣，但对于大部分人来说，一定强度的运动会帮助我们保持精力。也就是说养成一个良好的运动习惯，对于将来走上职场也是非常有帮助的。“运动会使人分泌多巴胺，使人更加自信，更积极阳光地面对事情。”王冬冬在工作压力比较大的时候就会去海边跑步，坚持了一段时间后，他就去参加马拉松，从开始的10公里到半马，再到后来的全马，王冬冬逐渐在跑步中找到定位，更好地管理健康和情绪。他认为这是自己最大的经验，希望学弟学妹们能够找到喜欢的运动项目并坚持锻炼。

无论校园生活抑或是社会工作，王冬冬一直向着自己规划的方向坚定前行，培养自己的处事风格，脚踏实地，越过一座座高山。坚持他所热爱的，热爱他所坚持的，一切交给时间。厚积薄发，来日方长！

# 肖军：种一棵树最好的时机是十年前，其次就是现在

编者按

肖军，男，湖南娄底人，2011 年本科毕业于陕西科技大学无机非金属材料工程专业。毕业后，他凭借突出的能力进入中国最大的日用玻璃生产商之一华兴玻璃股份有限公司。他从底层员工到市场销售工程师，一路披荆斩棘。因迫于寻求改变，拓展能力，他又先后进入陶丽西（苏州）陶瓷釉色料公司、高新技术企业广东精英无机材料有限公司进行深造。如今，陶丽西（苏州）陶瓷釉色料公司已成为向亚洲陶瓷市场提供最优质产品的釉料公司之一。希望广大轻工类学子能从他的求职过程中得到启发。

## 敢于求变，永不设限

2011 年，肖军与大多数应届毕业生一样，迷茫、期待、担忧……他在各个公司校招的帐篷中穿梭，仔细浏览着一个又一个公司的招聘要求、薪资待遇、发展前景等。最终在一个广东的公司展示牌前，他停下了脚步。

“华兴玻璃股份有限公司成立于 1987 年，是中国最大的日用玻璃生产商之一，是一家集玻璃包装产品和设备的设计研发、生产制造、深加工、销售及服务为一体的日用玻璃产品制造企业。经过几十年的发展，在全国拥有 15

家全资子公司及1家玻璃成型机械设备公司，总部位于广东佛山；总资产82.67亿元，10000余名员工，年产能超400万吨；客户遍及全球五大洲，100多个国家和地区，年销售额达84亿元，中国国内市场占有率为20%。华兴玻璃已成为国内玻璃瓶、玻璃罐等玻璃制品的行业龙头企业。”默读完这家公司的介绍后，肖军在心里暗下决心：“没错！就是它了。”

因家乡在湖南，肖军一心想去南方发展，在五花八门的校招简介中，他把地域与公司前景放在了首位，所以在众多录用通知书中他选择了位于广东佛山的华兴玻璃股份有限公司。由于当时心里没底，他还投了其他几个跟专业对口的公司。最后凭借着突出的能力，肖军成功拿到了好几个公司的录用通知书，其中也包括了他最中意的那家公司。在华兴玻璃股份有限公司待了不到一年，他慢慢意识到这并不是他想要的工作环境，肖军认为在这里进步的速度有限，最终他选择了离开。临走时，面对同事、领导的挽留，他内心有诸多不舍，初入职场的经历宝贵且难忘，但为了今后有更好的发展，他还是选择了告别过去，重新启航。

从迷惘中走出的灵魂最为清醒，当时的肖军无比清楚自己究竟想要什么，通过什么样的方式能让自己得到提升。辞职，对于一个迫切需要稳定工作的刚毕业的大学生来说，简直是想都不敢想的，但肖军不这样想，他果断地辞了职，后又进入了另一家外企公司。这是一种怎样的选择呢？

陶丽西集团，1963年成立于西班牙瓦伦西亚。如今在全球24个国家设立有33家分公司，在100多个国家有自己的忠实客户。作为建筑陶瓷行业最佳合作伙伴及最佳陶瓷原料供应商之一，陶丽西致力于提供整套解决方案并且服务于全球陶瓷领域生产商。目前陶丽西在中国广东、山东、江西、福建、四川、辽宁等地设立了办事处，客户遍及全国13个省市。陶丽西(苏州)陶瓷釉色料有限公司成立于2002年6月，是一家高自动化的生产型企业。核心产品为陶瓷釉料、色料、数码喷墨墨水、印粉及陶瓷领域内涉及的各类添加剂，陶丽西(苏州)陶瓷釉色料有限公司已成为亚洲陶瓷原材料行业的领导者，致力于为亚洲陶瓷领域的客户提供最优质的产品、服务和全套解决方案。

与他最初的想法差别不大，当时陶瓷材料行业发展前景广阔，从玻璃到陶瓷，都是自己所学的专业。陶瓷釉色料是色剂、颜料、颜色釉和某些具有特殊效果的釉料的总称，在日用陶瓷、陈设艺术瓷、建筑卫生陶瓷、电瓷和一些化工瓷等方面都有重要的广泛用途。随着陶瓷工业的发展，特别是近年来建筑陶瓷的突飞猛进，对美化其外观的釉色料的要求也在不断提高。肖军对这所公司产生了浓厚的兴趣，经过重重面试选拔，成功进入了该公司。

在他看来，选择一份工作就如同选择一种生活，需要考虑的因素有很多。

首先是兴趣与热爱。如果只是为了前景与薪资，就去选择一份自己不太喜欢做的工作，那么就算被录用了，后期也会对此失去动力。肖军身边诸如此类的例子也不少，每当他听到有人抱怨工作时，他就无比庆幸当时那基于自身喜好的选择。“当时企业在校招时第一批在各个学校招了 150 个管培生，在陕西科技大学一共招了十几个。在那 100 多个人里，我觉得我们学校在所有被招的学生中，人数虽然不是最多的，但是表现绝对是最好的。”肖军自豪地说道。

在陶丽西陶瓷釉色料公司工作的这些年，他从最基层开始学习，由于一直保持积极上进的心态，善于学习各方面的知识，踏实奋进，才一步步达到销售工程师的高度。无数个做市场调查、跟进客户、收集客户信息的日子，数不清的实地考察与各地的奔波，让他的业务能力迅速成长了许多，履历也逐渐丰富起来。当然，自身对这份工作的兴趣也是支撑他坚持下去的动力。被问到如何在职场快速学到东西，提升自己，肖军表示“要把自己当作‘文盲’一样去学习与接纳”，这样才能获得更大的提升，不能好高骛远、眼高手低，任何人都有值得自己去学习的地方，不论是一线工人，还是基层管理人员、同行，把姿态放低一点，多跟别人交流学习，善于发现别人身上的闪光点，从中总结经验，提升自己。

当时的肖军并不属于外向话多的人，而作为销售工程师最需要去克服的正是这点。进公司培训，不久后就到了中期决定去留的时候，人事总监把肖军叫到办公室谈话，当时的总监很直白地说出他的问题所在，并表示他的性格可能不是很适合该岗位。听完这番话，肖军并没有退缩，他坚定地告诉总监：“人的性格很多时候出生就定了，很难去改变，但却是可以改善的，既然我选择了这份工作，我就有信心把它做好。”人事总监听完后很是惊讶，对他的决心表示了赞许。事实也证明了他的选择没有错，那家外企在当时全球有 34 家分公司，而他凭借自身实力与努力成为集团中销售额最高的员工。很多时候我们要敢于去突破舒适圈，才能获得更大的成长与提升。冲出舒适圈，遇事主动争取，不为自己设限，成为他晋升路上一路披荆斩棘的秘诀。

其次就是行业与公司的前景。向好的发展前景能让从业者有更清晰的职业规划，也能提供更广阔的平台，让从业者有更高的上升空间。肖军的公司属于西班牙企业，全球分公司众多，但在中国只有苏州一家，不过在其他地区有很多代理站点即办事处。他所在的岗位在国内公司有 50 多人，全球总共有 7000 多人，公司也经常会去一些高校招聘应届毕业生，升迁的职位越高，与领导接触的机会越多，对英语的要求也越高，发展的道路也越宽。

再次就是大家都很关心的薪资待遇问题。肖军之前所在公司的薪资结构由社会保险、业绩奖金、工作底薪构成，每个月最后可以拿到7000多元，薪水根据职位和能力而定，平均工资为每个月3500～8000元，这在十几年前已经算是很不错的了，他自己和家人也表示很满意。目前，肖军一年的收入已经是原来的四五倍。公司也会经常组织出去聚餐、唱歌、打篮球或者一些户外活动，其中有很多活动是领导组织的。同事内部的沟通很频繁，关系融洽，协调的也很到位，不会出现争名逐利的场面，同时，领导与员工之间的互动很好地促进了和谐的关系。“大家就像朋友一样，很友好。”肖军对此表示很欣慰。

面对严峻的就业形势，当代大学生首先是要增强自身的核心竞争力。要找准定位，调整好心态，审清形势，确定就业范围。还要增强自身素质，变压力为动力，适当的时候合理调整，降低期望值。既要有理论素养，还要有适应社会环境、企业环境、家庭环境的能力，要有汲取新知识的学习能力。所以，我们必须把自己当作“文盲”来看待，在社会中不断地接受新的知识。金融风暴不可怕，可怕的是没有信心在社会中去竞争、去接受新的知识。谁能经得住考验，谁就是最终的胜利者。

## 刻在骨子里的科大校训与“三创两迁”精神

最初选择无机非金属材料工程这个专业，肖军并未有太多犹豫，读一所大学的王牌专业一直是他内心的首选。事实证明，这个选择也从未让他后悔。

在校时，“至诚至博”的校训已经开始根植于心。生活中肖军对自己诚实，对他人诚恳，对国家和社会诚信，这让他在大学期间收获了不少志同道合的朋友。在学习中博学、慎思、笃行，也让他的学习成绩名列前茅。他说，自己绝对不是学习成绩最好的，但绝对是最积极向上的那一个。直到现在，提起“至诚至博”四个字，肖军依旧激情澎湃，在他眼中，这是刻进每一位科大人骨子里的文化符号。如今，作为佛山校友会的成员，他经常关注着学校的动态，从他近几年接触的科大毕业生来看，他觉得每一位从陕科大走出来的学子身上都有种踏实稳重、求实创新的品质。看到一届又一届陕科大的学弟学妹们在各自的领域生根发芽，他也倍感骄傲。

大学四年中，他也面临过很多次迷茫。还记得第一次英语四级考试没过时，那时的他就像黑暗中奔跑的野马，没有方向，也看不清脚下的路。但他并没有就此颓废，而是与舍友一起每天早上 6 点钟起床，边跑步边背单词，这样一坚持就是一年，在第二次奋战中四级稳过。坚持学英语也为他后来成功进入外企打下了坚实的基础。他认为人生中很多的偶然造就了必然，面对迷茫，最重要的是行动起来，不给自己留精神内耗的时间。

“世界很大，天地很广，外面的世界也很精彩，勇敢向前冲就行了。”这是肖军想告诉学弟学妹们的，也是想对大学时的自己说的话。

# 惠变玲：
# 一勤天下无难事

编者按

惠变玲，女，陕西渭南人，2011年本科毕业于陕西科技大学材料化学专业。毕业后的她就职于成都京东方光电科技有限公司，专攻液晶面板领域，从事材料采购工作。10年来，她身体力行，不断进取，将陕科大“三创两迁”精神融入工作中；10年来，她兢兢业业，在自己的岗位发光发热；10年来，她勤勤恳恳，不断丰富学识，拓展认知。

走在时光的小巷，细数点点岁月漫长。10年的职场旅程，一路走，一路看，一路探索，一路收获。这10年，惠变玲用自己的脚步，丈量职业生涯的尺度，拓宽人生的旅途。这一次访谈，她带我们回望大学生活，畅谈职场旅程，让我们一起走进惠变玲学姐的故事，读懂她的职场心得，探寻她脚踏实地的成长历程。

## 永难忘，为自己的人生奋斗一场

“如果给你一次重新回到大学的机会，你会选择做什么？”

“想去看看我没有去过的图书馆，想感受下坐在校园、图书馆里学习的时光，再去为我的人生奋斗一场！”

大学洋溢着青春的氛围，有欢声嬉闹的活动，也有沉静如水的自习。4年的求知之旅，难忘的求学生涯，回忆的长廊里总有一幅幅画面若隐若现，时刻告诉你，那段曾走过的时光。提起大学生活，首先映入惠变玲脑海的，便是每天和舍友一起在宿舍认真学习、畅谈理想的日子。2007年，是惠变玲考入大学的第一年，也是陕西科技大学搬迁西安市的第二年，作为学校第三次创业的“见证者”，惠变玲和陕科大一起成长着。“那时候的学校建设尚不完善，硬件、软件设施远比不上现在。”图书馆尚未落成，没有合适的学习场所，宿舍便是最好的选择，在宿舍学习是那段时光中不可缺少的片段。“每天就是宿舍、食堂和教室三点一线，简单却充实。”也正是这简简单单的日常生活，让初入大学的她适应起来得心应手。

“现在，陕科大的硬件、软件设施日益健全，校园建设趋于完善，好想重回大学一次，去看看科大湖，去图书馆读读书，去见证别样的可能性，去追寻更广阔的成长。”

弗罗斯特在《未选择的路》中写道：“一片树林里分出两条路——而我选择了人迹更少的一条，从此决定了我一生的道路。”大学4年为就业蓄积实力，择业就业，决定了一个人后半生的道路。在面对未来人生道路的抉择时，惠变玲比他人更早地付出了行动。2008年深秋，大二的惠变玲热切地想知道毕业后的人生选项，于是，她来到了校园招聘会的现场。浏览各公司展板，询问就业待遇，也见证了应届毕业生们的选择，向心仪的岗位靠近，被邀约或是婉拒。惠变玲说：“当我看到他们拿着简历，询问着每一个意向岗位情况的时候，就像是看着2年后的自己在接受一个个考验。”同意或是婉拒，无疑是决定成功就业与否的答复，但真正决定你拿到录用通知书的还是你自身的学习能力，成绩无疑是强有力的证明。在那一刻，惠变玲直言自己有了很强的危机意识，2年后如果想要得到更多更好的正面答复，找到自己心仪的工作并拿到录用通知书，就必须以实力说话，而当下的她要做的，便是拼尽全力，为自己的人生选择奋斗一场。

时光辗转，流年在手边划过，2011年，惠变玲也如期走到了择业离校的岔路口。“想去哪里？能去哪里？”这些问题成了大四的惠变玲每天思考的问题，带着这些迷茫，她迎来了招聘会召开的日子。3年的积累沉淀，也让她在招聘会中有了更多选择的可能。“一开始，我拿到了一家深圳企业的录用通知书，但是这个地点让我有些犹豫”，深圳发展前景很好，公司环境待遇也很好，但是作为一个土生土长的陕西娃，对于到离家千里之外的地方工作还是比较犹豫的。

迷茫又好似重归原点，但也让她着眼于每一种可能。在校园直招之后，她向自己的学长学姐打听更符合自己需求的就业选择。“成都京东方公司正在校园招聘，这个公司和你的专业相近，口碑也不错，公司在成都，也不远，你要不来试试?”

也许是缘分使然，就这样，她满怀期待，辗转百里，奔赴成都，拿到了一份心仪的录用通知书，把握了属于她自己的未来，直至现在。

## 路且长，初心不改勤勉向远方

人们常讲，学习要学有所长、学有所成、学有所获、学有所用。惠变玲在大学攻读的是材料专业，主攻镀膜研究方向，而京东方主要是研发、设计、生产、销售各类中小尺寸薄膜晶体管液晶显示器面板，研究领域具有一定的重合度。对惠变玲来说，在京东方就业，是所学不负的淋漓体现；对京东方来说，惠变玲的到来，是人岗匹配的完美选择。

2011年夏，惠变玲正式踏上了成都京东方光电科技有限公司的工作之旅，那一刻起，她开始了新的奋斗历程。一般来说，初入职场首先要学会适应职场，其次就是如何胜任自己的工作，让一份工作变成“你的孩子”，悉心照料。惠变玲告诉我们初入公司培训的阶段，是适应职场最好的时机。“对我个人来说，很满意公司初期的培训机制，我就是通过当时的培训阶段，顺利从一名材料专业的学生过渡到了材料采购职员的角色。”初入公司，企业人事负责人会带领新一批职员感受企业的文化，整体认识企业布局，介绍各部门的职能和工作，之后会进入每个部门进行轮岗，同时进行专业方面的培训，最后根据个人实际情况进行定岗，有些员工定岗部门就是原本的意向部门，但有些会发生变化。“至于在不同方向之间转换，这个主要看自身能力，如果自身确实具备了想要转岗的职位要求，可以去向相关部门领导申请，对方主管觉得你能胜任，愿意接纳你，那就可以进行转岗。”如果说职场是一艘轮船，那初期的培训便是登船的踏板，一步站稳，你便可以行稳致远。

初入职场，不要因为自己什么都不会而丧失信心。只要努力学习，没有人会嘲笑一个为工作而拼尽全力的人，哪怕每天只有一步，前进就是好的。在慢慢适应工作的节奏之后，惠变玲开始真正接触材料采购方面的业务信息处理，或许是刚刚接触工作没有信心，也或许是听说过部门因小错误而造成大损失的职场事故，惠变玲在一开始的时候总是小心翼翼的，“当时特别害怕出错，害怕一点点小错误造成大损失”。当时管理材料采购部门的科长注意到了惠变玲的小心翼翼，于是便在中午就餐时和惠变玲聊了聊，了解了大概的情况之后，她告诉惠变玲：“要把每一项工作都视为一个学习的机会，从工作中学习新技能、新方法，增长知识，大胆去做，我相信你一定可以。”初入职场，这句认可的话语像是沙漠里的绿洲，给人无限的希望和力量。从那之后，她开始慢慢地掌握每一项负责的业务，熟悉每一个对接的流程，从一开始的生疏到后来的独当一面，她一直在努力地学习着。也是这份勤勉，让她从小小的职员，升职到采购工程师，再到现在材料采购科的科长，获得了一开始给予她力量的职位，“我很满意现在的状态和生活”。

时间悄无声息地走过，掠过开启希望的春天，经过梦想成真的夏天，来到了这硕果累累的秋天。对于惠变玲来说，工作 10 年来，在同一个地点同一个岗位工作，有机遇也有挑战。惠变玲的职位分属于公司的材料采购科，主要负责电子材料的采购，偏向半导体方面，比如电阻、电容等，主要在网上完成订单的交易，和公司各个部门针对各个客户的订单信息和材料进行沟通。惠变玲刚工作时，部门里有许多新订单需要处理，每一个新订单都有需要仔细核对确认的诸多信息，要保证信息的准确无误，就需要大量的时间和精力的投入。除此之外，还需要和客户进行及时的信息对接，处理的任务量大而且不能有丝毫马虎。作为新入职的员工，校对信息的任务便交给了惠变玲。“刚工作的那两三年，加班是常有的事。”时间紧迫，任务量大，是压在惠变玲身上的工作重担，一开始她总忙得焦头烂额，不知从哪下手，反而浪费了好多时间。她有过抱怨，有过气馁，但是她想到了当初和朋友们在大学里规划生活的那股劲儿，“整理资料很像当初我们做课题作业那样，一开始毫无头绪，但是捋清就会条理分明”，转换思路，工作的状态就顺畅了很多。

慢慢地，越来越得心应手，惠变玲笑着说：“这么一想，上班和上学一样啊！”作为业务信息对接的中转站，惠变玲的工作平时接触的人和事很多，有时也会接到比较着急的材料采购订单，或者是要和一些原料的供应商和合作客户进行业务对接，平时还是比较忙的。

有时遇上脾气不太好的客户，可能长期以来的付出都得不到肯定。印象最深的是一次因为天气原因，路途不顺导致了订单延误运送，超出了合同约定的时间。发现这个情况后惠变玲第一时间联系对方说明缘由并表示歉意，但对方才不管你是谁，接了电话就开始质问：“你们怎么回事！给你讲了 10

号之前到货，到不了就是你们的问题，有变故你们应该提前考虑到，刮台风也是你们自己的问题。”惠变玲坦言当时真的有点小崩溃，属实是一个头两个大，一边要安抚客户的情绪，另一边又要冒着扣除奖金和业绩的风险去协调业务的进度。“作为客户和公司的中间桥梁，需要考虑预设的细节点很多，每一件事情想要做到尽善尽美，让每一个客户十分满意，真的不是一件容易的事。”惠变玲感慨道。

“一个人不一定有耀眼的背景，只要能克服浮躁的心态，踏踏实实做人，勤勤恳恳做好每一件平凡的小事，就一定能够在平凡的岗位上做出不平凡的业绩。”

你我都是寓于山河的旅人，都是沧海的平凡人，在平凡的一天书写着平凡的故事，也许是对人生最好的诠释。

惠变玲用 10 年的时间在自己的岗位上发光发热，虽有挫折和阻碍，但好在所见、所遇、所感，都是美好的风景。她说：“或许，这份职业不会为我带来荣耀，但是却带给了我生活的点滴温暖，我做的每一项工作，谱写成生活的乐章，每每在我迷茫时奏响，它很动听，我也愿意慢慢谱写下去。”这就是惠变玲对职场生活的热爱的独特诠释——勤勉为弦，奏响自己的人生乐章。

## 学姐有话说

结合自身的经历，惠变玲学姐也为学弟学妹们总结了一些小建议。

首先，一定要重视学业，学好专业知识是第一位的，对专业知识熟练掌握不仅可以在求职中增加不少竞争力，还可以有效提升职业素养；在学有余力的同时，一定要利用好学校的图书资源，广泛地涉猎知识，拓展自己的认知，丰富自己学识的同时也会让你在职场生活中更加受益。

其次，通过学校的各类活动、学生干部经历和社会实践等来提升自己的综合能力，再者与人沟通的技巧是每个要步入社会的个体都需要掌握的，在职场中，灵活的沟通能够有效地化解分歧，可以很快地让一个职场新人打开工作局面，从而使得工作效率大幅地提升。

最后，要拥有一技之长，奥斯特洛夫斯基在《钢铁是怎样炼成的》一书中写道：“当他回首往事的时候，他不会因虚度年华而悔恨，也不会因碌碌无为而羞愧。”大学 4 年，对于某些人来说是轻松但又迷茫的 4 年，意味着继续可以吮吸着父母的血汗，躺在宿舍床上放纵自我，除了体重，别无长处，到头来不知去往哪里；而对某些人来说，他们不断地找寻着想要成为的那个自己，寻找着自己的一技之长，或是掌握一门语言，或是拥有一种技能，或是培养一个爱好等，这些都会为你的前途照亮方向。

“在你有精力、有时间、有资源的时候，一定要利用好自己所拥有的资源，去汲取知识，去饱览群书，去看到更多可能，不仅要学习自己的专业知识，还要广泛涉猎其他内容，拓宽知识面，博览群书，永不止步，学无止境，总会收获梦想生出的利息。”

惠变玲如是说，也如是做，她眼里充满光，脚下有力量。

# 乔兰兰：逐梦前行，携热爱和事业共奋进

编者按

乔兰兰，女，河南洛阳人，2014 年本科毕业于陕西科技大学人力资源管理专业，2017 年硕士研究生毕业于陕西科技大学马克思主义学院思想政治教育专业。毕业后任职河南天基咨询有限公司，担任高级人才配置师。

心系远方，梦起脚下。乔兰兰从大学时萌生的做人力资源的想法，渐渐生根发芽，经过了漫长的浇灌与付出，终于在某一天结出了果实。她尽人事、听天命，但并非老气横秋、潇洒躺平。在乔兰兰的眼里，我们总能看到夺目而坚定的光芒。

## 读过的书，铺成打基底的路

在乔兰兰看来，读研是迄今为止人生中非常重要的一步。

乔兰兰本科在陕西科技大学学的是人力资源管理，学习了专业知识，也让她在大学时期就萌生了做猎头的想法。毕业后，面对市场对人才越来越多的需求，为了提升自己，乔兰兰选择了考研这条路。

乔兰兰说，她是一个比较恋家的人，原本理想中报考的研究生院校是自己家乡的郑州大学，但在现场确认环节却被告知这一专业必须得有就业经历，

她并不符合这一条。那时候没有别的办法了，乔兰兰有些无奈，在舍友的建议下，乔兰兰将目标锁定在本校，又回到了陕科大，考研选择攻读哲学专业。尽管是机缘巧合的再会，但乔兰兰感到非常幸运，她和度过了 4 年美好时光的母校再次相约。在陕科大学习、生活的日子，乔兰兰专注于学业，将人力资源与哲学融会贯通，学起来颇有一种活得通透的满足感。

回望来路，温暖常在。乔兰兰感怀母校，感念师恩，那段严谨深耕的研究生时光也在不知不觉中添加了一层温柔的滤镜。跨专业的乔兰兰其实对马克思主义学院的老师一点也不了解，选导师的时候全靠随缘，可就是奇妙的缘分，让一名学生被调剂到一位新来的老师那里，而她成为自己导师的关门弟子。

如同千里马遇上伯乐，乔兰兰万分感谢她的研究生导师。“我的导师头发花白，人很慈祥，无论是学习还是生活都对我十分关照，可把其他同学都羡慕坏了。”对乔兰兰来说，不论是“早点休息”“多吃东西”的家常叮嘱，还是在课业上细致入微的严谨传授，抑或是生活中遇到困难后的悉心开解，导师给予她的一个个暖心的画面都像热流般直冲心头。导师就住在学校旁的沁园小区，平日里有什么好吃的，总会叫乔兰兰去尝尝，这让乔兰兰至今都很怀念导师烤的小饼干，味道是任何一家甜品店都比不了的。毕业后，只要有时间，乔兰兰都会去探望导师，仿佛又回到了大学时期纯粹的日子。有好导师的同行与引领，乔兰兰的读研之路更觉酣畅，她对未来的目标也愈发清晰。

凡事经历，必有收获。乔兰兰在读研究生期间还当过一段时间的辅导员。研二学期末的时候学校招聘兼职辅导员，在她的辅导员与同学的强烈推荐下，乔兰兰就答应了，这一做就从研二一直做到了毕业。

她印象最深的是一次学校暑期“三下乡”活动，乔兰兰带领 2015 级的学弟学妹们去绥德参加社会实践，参观革命老区。作为一名新上任的辅导员，尽管乔兰兰心中很忐忑，许多事情也是第一次尝试，没有底气，可她在实践中却真正成为学弟学妹们坚实的依靠。她像个“小大人”一样去接触当地的校长和干部，担起了团队宣传方面的重担。乔兰兰凭借曾经在学校党支部做过宣传委员的经验，将这次社会实践的宣传事宜处理得井井有条。但是在一切工作稳妥进行的背后是她每天牺牲掉的睡眠时间，乔兰兰每天熬夜到凌晨两三点，早上又得早起，那段日子她的精神与身体上的压力都非常大。社会实践结束后，乔兰兰痛快地大哭了一场。现在回想起来，乔兰兰认为越是辛苦，越让她在无形中积累了很多宝贵的人生经验，那段时间她成长得很快。

回顾过往，谈及读不读研的问题，乔兰兰的建议是读。读研期间会比读本科时心态成熟很多，会有更具体的规划，对学习能力和专业能力也会有很好地提升，更重要的是自己将有更多选择的机会。乔兰兰认为，读研期间的收获比读两次大学本科还要多。

基于现实方面考虑，从目前市场的情况来看，学历越高越好，全日制学历比在职更好，所以乔兰兰建议学弟学妹们提早规划。当前除了互联网行业对考研与否没有要求，其他行业基本上都需要过硬的专业能力，这是本科生难以达到的。而且对于学历的要求在近年来越来越高，薪资待遇的差距也越来越大。乔兰兰认真地做了一项统计，2017 年，本科生第一个月大约能拿 5000 至 6000 元，研究生第一个月大约是 6400 至 8000 元。到了 2018 年时，已经变成了本科生 6000 元左右，研究生 10000 元左右，博士生 15000 元左右，高学历人才越来越紧缺。

另外，不只是对学历，各单位对年龄慢慢也开始有了要求。以房地产行业为例，2019 年普遍的要求是本科以上、38 岁以内，今年(2022 年)就变成了硕士、35 岁以内。

由此可见，职业生涯规划在大学时期就应该开始。

陕科大给予了乔兰兰很多机会，使她勇敢探索了许多新领域，这些宝贵的经验让她在为人处事方面有了自己的体会。她在短时间内找到了与初识的人较好的相处方式，也更愿意敞开心扉去帮助别人，再加上哲学教会了她看待问题要透过现象看本质，种种经历，助力她一步步突破重重困难，铸就了今日成为高级人才配置师的乔兰兰。

## 坚定目标，一切机缘巧合都在助推向前走

当面对难以抉择的关头，乔兰兰并不知道自己的选择是否正确，但于她而言，既然选择了，那就专注当下，走好自己的路，努力让自己的选择变成最优方案。

毕业后走出校园，面对就业问题，乔兰兰也曾迷茫过。当时很多同学都去考公务员，面对家人的期望，乔兰兰也随大流报了名。但在考试前一天赶高铁的路上，乔兰兰发现自己忘记带身份证，那时她想着这是老天让她做的选择，于是当机立断就给父母打电话说不去考了，父母也十分开明地同意了。有放弃，当然也会有收获，正是这次梦幻般的经历，乔兰兰才走上人才配置这一行业。

但刚毕业的乔兰兰一开始并不顺利。也许是求职准备工作不够扎实，没

有经过深思熟虑的她抱着先就业再择业的心态，奔赴北京，加入了餐饮行业的大军。她做了一年的管培生，主要从事校招工作。在北京的这一春一秋，就像浮萍，人在他乡很难，在北京这种大城市更难。最后因为离家太远而且并非是自己所爱的岗位，乔兰兰决定结束短暂却深刻的“北漂”生活。

一切都是最好的安排。后来，2017 年年底乔兰兰打算入职格力公司，在最后一个环节，体检都已经做完，只差签合同时，河南天基咨询有限公司联系到乔兰兰。非常巧的是，乔兰兰的老板对陕科大非常熟悉，有了这层关系，再加上老板的诚恳和本人的深思熟虑，乔兰兰最终来到河南天基咨询有限公司，成为一名高级人才配置师。

揆诸当下，乔兰兰在猎头岗位干了这么长时间，对企业招人也有一些自己的理解，她也给学弟学妹们做了一些概括：首先，对于大学生而言最重要的还是成绩，这是不用写在招聘简章里就已默认的。其次，在校的社团组织工作，更多的是看学生有没有积极性与进取心。然后，于企业而言，并不是很关注比赛的名次，除了一些很有含金量的比赛，其他只关注参与与否，是为考量学生的沟通与社交能力。除此以外，面试环节，企业普遍喜欢机灵的学生，也就是性格好、应变能力强、有创新思维、沟通表达能力好的同学，乔兰兰建议大家在大学期间可以向这几个方向努力。

## 选对行业， 多累都值得

不负热望，腾云而上。唯有胸怀热爱之心，才能在凌晨 4 点偶遇海棠花未眠，才能拥抱日出与日落间的浪漫。乔兰兰便是将热爱真正贯彻到她的事业中，“选对我热爱的行业，多累都值得”。

乔兰兰说自己是一个不喜欢瞻前顾后的人，喜欢就去做，一头扎下去，势要将南墙撞破。做猎头其实很累，每天的工作都是前天晚上分好任务，第二天根据企业的需求找合适的候选人，一天大概要打三十多个电话。在找到候选人后，还需要写一个推荐报告给企业，企业同意后就可以安排面试，面试通过后就可以谈薪，一直要忙到候选人通过实习期正式就任后才算结束，中间出任何问题都可能前功尽弃。

猎头这个职业需要极强的沟通与交际能力，良好的共情才能打动原本不想换工作的人；同时也需要具备思考能力和观察能力，大部分企业提出的岗位要求都是很理想化的，所以需要猎头对各行各业工作的职责有一定的了解，对企业设置的岗位要有自己的鉴别。当然更重要的是要有耐心。这个行业同行间的竞争更为激烈，有时企业发布一个岗位需求，一小时内就会被其他人完成，差不多是自己刚开始工作，正打算大展拳脚时，一盆凉水当头泼下，还没开始就已经结束了。从事这个行业，对人脉与速度，尤其是对心理素质都有相当高的要求。

即便如此，乔兰兰还是非常喜欢这个工作。在她看来，这是一份成人达己的工作，不仅能帮助候选人找到更适合自己的工作，还能遇到各行各业优秀的人，学到很多东西，更快地提升自己。从事这份工作让乔兰兰充满信心，更加自信豁达。在这一行只有相信自己、有理有据，才能给企业、给候选人信任感。谈到自己的工作，乔兰兰眼里泛着无比闪耀的光。

除了选择热爱的事业外，乔兰兰认为公司规模大小对个人的塑造差距非常大，所以她建议大学生选第一份工作时尽量选择大平台。好的平台能赋予人更多的可能。比如说，有些大平台会安排轮岗，那么就可以趁着轮岗去寻找自己更适合什么工作，去学习更多、更系统的知识。第一份工作对个人人格的塑造也非常重要，一个好的领导和平台有时就能改善大学生为人处世方面的缺陷。

什么才是大公司呢？每个人都有自己的衡量标准，乔兰兰在这里给学弟学妹们带来一点“干货”：一看公司是否成立 15 年以上，一个公司能活 15 年以上，就证明它至少不会存在非常大的问题，而且基本已经有了成熟的管理体系。二看官网，越好的公司官网设计得越专业、全面。三看业务覆盖面，上升期的公司会有一定的业务拓展，业务覆盖面广。最后才看薪资，大公司的薪资体系会很健全和完善。

第一份工作除了选择一个大公司外，在工作前期也尽量不要频繁跳槽，沉下来工作 3 到 5 年，给自己定一个目标，把基础打好。能力越强才能有更多的选择。

全身心投入去做一件事，这是非常幸福的事情。将热爱灌注于事业，正是这份热情与刻苦，推动着乔兰兰不畏艰难，勇于挑战，在竞争如此激烈的行业中愈走愈远，支撑起她的顺利与光芒。

## 至诚至博，厚积薄发

乔兰兰的就业之路，也是一步步摸索、成长的过程。

猎头工作在她看来就是积累——积累人脉和经验。初到公司，乔兰兰是从初级人才配置师开始做起的。前半年业绩并不好，这让乔兰兰深受打击。

但她从哲学的角度出发，告诉自己这不过是一个学习积累的过程，于是乔兰兰埋头苦干，多学多问。终于功夫不负有心人，到第二年5月份，她就把上半年的指标超额完成了，从吊车尾一跃成为业绩第一。那一年公司重新定了岗，乔兰兰成为高级人才配置师。

看似一笔带过的升职经历，其实有着很多不易与外人道的辛酸。厚积薄发的转折点是一个企业总经理的单子。那个单子乔兰兰准备了很长时间，第一批推荐的候选人企业并不满意，所以只能再扩展人脉，找到了一位在职但符合条件的人。这位候选人当时在一线房企工作，比招人的这个企业还要好一个档次，而且本身的岗位要比招聘的也好。乔兰兰之前从未尝试过这一层面的猎头工作，候选人的谈吐举止至今为止都是她见过最好的，这令初入职场的乔兰兰打电话时非常忐忑。虽然这位候选人对这个岗位没有多少意愿，但他还是听乔兰兰讲完了，并说再考虑考虑。或许是候选人的这份尊重，抑或是乔兰兰自身的信念感爆棚，在谈了两句后她愈发自如，还加上了微信。

自那以后，乔兰兰自信心高涨，每天都跟写小作文一样，站在候选人的角度向他阐述企业总经理这个岗位对他的好处，就连吃饭时都在想要怎么措辞。坚持了28天，这份锲而不舍的精神打动了候选人，他同意去面试。

结果面试完后招人的企业说他更适合营销总经理，也就是原来的岗位，这让乔兰兰非常尴尬。但没办法，她只能又写了一通“小作文”向候选人解释。这种感觉非常糟糕，但在猎头行业是很常见的，这种不确定性因素太多。庆幸的是候选人并未为难她，对这个岗位也更熟悉，所以就同意了。

但戏剧性的是，在最后快要签合同时，招人的企业又说企业总经理的岗位需求更紧急一些，如果找不到其他人代替，还是得当企业总经理。但最后，企业总经理有了其他合适的人选，这位候选人也成功跳槽成为新公司的营销总经理。

就这么一波三折，一切才终于尘埃落定。

乔兰兰的第一份大单反复、波折，却也是难得的一次历练。自那以后她更自信、更得心应手了。现在想想，乔兰兰很庆幸当初的自己鼓起勇气打了那通电话，没有错过“量变引起质变”的这一契机。

如今，经济形势多变，部分企业倒闭、收益不佳，短期内会有一大批人被裁员，对于猎头和企业来说可供选择的人就更多了，但是长期来看人们的就业观可能会改变，更倾向于选择相对稳定的工作，不会轻易离职。总的来说，向好的大趋势是不会变的。企业人力管理工作专业化、薪酬、企业文化、上升途径等也成了企业人力管理的重要论题，就会更倾向于将烦琐的招聘工作外包给专业的猎头公司。而且之前人力管理工作在企业不受重视，随着专业化管理的普及，从市场上来看 2018 年后逐渐重视人力及人才的发展。3 到 5 年内将是猎头企业快速发展的又一周期。乔兰兰坚定着自己所做出的选择，也坚定着自己所热爱的事业。

乔兰兰以随缘的态度，不问前路，紧盯着目标，奋斗于当下。逐梦前行，乔兰兰携热爱与事业共奋进。

她，一直在路上。

# 马晓莎：坚持和积累是力量的源泉

**编者按**

马晓莎，女，陕西富平人，2019 年硕士毕业于陕西科技大学思想政治教育专业。在校期间兼任马克思主义学院综合办公室干事。目前工作于渭南职业技术学院党政办公室。曾获校级优秀共产党员、年度优秀工作者称号。马晓莎并不是一个一出场就闪亮的女生，相反，平凡的求学过程、普通的工作经历似乎都不足以让我们对她过目不忘。但在平静、理性的表述之下，我们看到了一个普通人的乐观、坚持，她的观点和视角，也许是处于迷茫中的你正在寻找的那股最朴素、最亲切的力量。

## 善于总结的班干部

马晓莎本科就读于陕西科技大学镐京学院，她在考研时优先选择了陕西科技大学，顺利进入研究生阶段后，她主动请缨担任了班级的学习委员一职，理顺了很多班级管理的问题，解决了很多难题。和马晓莎的交流非常愉快，她的思路非常清晰，头脑也客观冷静。现在回想起来，研究生期间的第一份兼职工作是学习委员，她对自己的表现还比较满意，她总结了一下，在学习方面，班级的管理要抓好两个关键点。

第一个是制度。研究生阶段的学习，每个同学的个性化需求比较明显。因此在平时的考核作业及导师布置的日常作业中，学习委员要做的就是根据课程和导师的要求，结合班级的实际情况给每项作业制定很明确的要求。看似一个简单的管理制度，但是要在提交时间、提交规范、作业质量等方面做到明确清晰，而且保证大家知晓且拥护。她经常给班上同学强调，班级是一个集体，虽然每名研究生都有自己的特殊情况，但完成学习任务是最重要的。经过她耐心地组织和管理，同学们在完成学习任务方面都很积极，作业质量也都很高，自己也能高效地处理好工作和学习的关系。

第二个是学生的自觉性。研究生不像本科生，在求学上应做到更加自觉，对班级自我管理、自我教育的要求也更高。几次班会下来，马晓莎对班级管理有了自己的心得，她解释说自觉性是管理的必要前提，同学们有了自觉性，班级管理工作才会进行得更加顺利，才能更好地营造积极的氛围，推动班上每一个同学实现个人的成长。因此，她和其他班委密切配合，通过班会、联谊活动、座谈会、个别谈话等形式一次次将班级的规章制度植入同学们的头脑中，让制度入脑入心，让每一名同学对自己负责、对班级负责，在大家的共同努力下，把班级管理得井井有条，多次得到老师的肯定。

因为所学专业的原因，马晓莎把课堂上的很多理论运用到实际工作中，不断体会着做一个思想政治工作者的得与失、苦与乐。

## 难忘的兼职经历

研究生阶段，除了较好地完成所在班级学习委员的分内工作，马晓莎还选择在马克思主义学院综合办公室做一名兼职辅导员。那段时间，她深深地体会到一名辅导员老师肩上责任的重大。日常管理、班级考核、评奖评优、就业求职、安全稳定、会议宣传……每天有一大摞事情要处理，密密麻麻的本子上每天都记录了十几条甚至几十条备忘录。而这，还不是最重要的，辅导员还要完成大量的谈心谈话，做好学生思想引导工作。因为自己还只是个兼职辅导员，根据分工，马晓莎更多地帮助老师完成事务性工作。

事务性工作也不简单。“纸上得来终觉浅，绝知此事要躬行。”做过才知道其中的艰辛和不易。第一次在帮助老师完成奖学金的评审工作中，马晓莎汇总了三四百条记录，返了两次工，才最终问心无愧地做到了奖学金评定工作要求的公平公正、公开透明。因为是第一次，没有及时检查和更新模板，同学们提交上来的材料五花八门，48 位同学的材料一一审核之后，又逐一通知大家修改材料后重新提交。因为有些同学是非全日制在职学生，经常联系不上，对学校的工作也不是很理解，常常需要解释很多，做很多的思想工作。常常是打完一个个电话就没有耐心再工作了。马晓莎不服输，正常上课完成作业和大量阅读之外，她利用一切可以利用的时间，每天中午和晚上，随便扒拉几口饭就回到办公室，将同学们的获奖纪录、成绩、志愿服务等逐一进行了核对，并一条一条登记到了表格上。当她终于长舒一口气，满心欢喜地把整理好的审核材料拿到老师面前，老师几句话就把她问住了。

“你有没有跟班委们逐一核实？重要奖项你跟本人核实了吗？”

她怔住了。几天的努力仿佛就在一个错误的轨道上运行。好在老师并不是批评她，反而给了她很大的鼓励，肯定了她这几天的勤奋和吃苦精神。在老师的指导和鼓励下，马晓莎找来班委一起订正同学们的考核记录，不但重新核实了申请材料，还根据评选条件给出了评选建议，形成了评选报告。

那一周过得很充实。一件简单平常的工作，在很多人眼里可能不值一提，但在刚接触这项工作的马晓莎眼里，似乎有千斤重。马晓莎记得自己的辅导员说过，评奖评优是一个常态化的工作，也是一件非常具体的工作，但是却关系到很多同学的经济利益，关系到很多同学的成长发展，具体工作中既要考虑原则性，还要把政策和道理给同学们宣传到位，遇到有疑惑的同学，还要耐心地解释到位，这才算把工作真正做到位了。

那一年，西安的第一场大雪降落了，12 月的天气已经非常寒冷。每天天不亮在研究生公寓总能看到一个脚步坚定的女生最早离开温暖的公寓，背着一成不变的双肩包，里面装着前一夜需要研读的马列经典著作。这项工作持续了两周，马晓莎也在那段时间养成了早起的习惯。后来考试日期临近，每天不仅有满满当当的几门课程，还面临着好多结课论文的提交，同时两份工作也不能有任何耽误和疏忽。这对一个还在成长发展的研究生来说，其中展现的主动性、责任感及细心耐心的工作态度，已经非常难能可贵了。当这种状态形成一种良好的习惯，进而从良好的习惯中淬炼出了自律、勤奋、担当、主动的价值态度，人生道路大概率就会奋进在正确的轨道上。

3 年忙碌的研究生生涯，马晓莎似乎并没有在学习上拼尽全力，但她仍然没有落下自己的学业，最终以优异的成绩毕业。也在这里，她成了与时间赛跑的人，她还建立了自己的工作队伍，带着同样是学生干部的学弟学妹，完成了一个又一个工作挑战。

## 从量变到质变

毕业时，马晓莎看到了渭南市事业单位的招募公告，在招募的高层次人才引进信息里，看到了现在所在单位渭南职业技术学院的招聘信息。她深知，只有研究生学历的自己并不是什么高层次人才，机会难得，只有全力以赴地准备，才有可能接近成功。她认真地制作了简历，接着笔试、面试。然而似乎没有费太多功夫就轻松获取了这份工作。我们不禁要问，仅凭优秀的简历就获得了竞争激烈的岗位？

采访中，马晓莎谈起那一段时间总觉得自己在学习和就业过程中都过于顺利，从考上研究生开始，她认为自己几乎再没有遇到过太大的挫折，没有经历过太大的风浪，想做的事情通过自己的努力都能取得不错的结果。读研之前的马晓莎经历了什么，我们不得而知，但按她自己的话说就是普通得不能再普通。谦虚的品质、归零的心态、面对困难时的乐观，她所描述的一帆风顺也许正是她在读书时的努力造就的结果，正是这些良好心态让她不觉得累和苦。成长不是一蹴而就的，水滴穿石，贵在坚持，因为从量变到质变的转变是一个不轻易让人们察觉的过程。

她练习演讲的故事也许能很好地说明这一切。参加工作以前，马晓莎从来没有参与过任何演讲比赛，每一次她都羡慕台上的选手，他们自信昂扬，落落大方，可是她从来没有机会参与任何比赛。工作后，单位要举办一次演讲比赛，大家都不想参与，于是硬给刚到单位工作没多久的她报了名，作为新人，她不好推脱，但更重要的是马晓莎的乐观态度。她说既来之则安之，反正自己也没参与过，徒有羡慕还不如轰轰烈烈地参加一次。

话虽这么说，但毕竟是第一次参加这种竞争性的比赛，一想到台下有那么多双眼睛盯着自己时，心里非常紧张。一连好多天，马晓莎又开启了熬夜和早起的模式。她认真做了3件事情，一是请一个非常有思想深度和文采的朋友帮忙修改演讲稿；二是刷了两天电视演讲比赛的优秀视频，从开场站姿到表情管理，从肢体语言到台下互动，她有了对“优秀”的定义和标准；三是对着镜子整整练习了好几天。比赛就应该有个比赛的样儿，全力以赴去准备，这在马晓莎的价值体系里是最基本的，也是最正常不过的事情。

正式比赛时，她才发现大家都没有那么精益求精，很多同事甚至都不能做到脱稿演讲。在台下吃透了演讲稿，做足了准备工作的马晓莎，一开口就获得了评委的高度关注，自然一帆风顺，虽然也不可避免地有些紧张，但熟悉的稿子和流畅的演讲，以及台下评委满意的眼神，让她渐渐地放松了情绪，顺利完成了人生第一次演讲比赛，而且一路走到了决赛，站到了领奖台上。尝到甜头的她喜欢上了演讲，后来单位只要举办类似的活动，她都踊跃报名参加。

不畏惧困难，乐观面对，大量的刻意练习，让马晓莎变得越来越自信。后来，她不但在多次演讲活动中获得了奖项，而且敢在七八百人大规模的活动中上台演讲。一次次认真面对，一次次紧张过后，她感到自己各方面的能力都有了质的飞跃。任何事情都有第一次，马晓莎这样说，突破了第一次，不断地去练习，从量变到质变，就会一次次突破能力的天花板。这也许就是马晓莎一帆风顺的秘籍吧！

对待工作的马晓莎，也有执着的坚持和勤奋的积累。她说，不管在什么工作中，演讲也好，写作也好，首先需要的就是充实自己的知识量，要成为一个能干的人，必须是张口能说、提笔能写、俯身能干。马晓莎在工作中也的确如她自己所说，活到老，学到老，不断地充实着自己的知识储备量。

进入职场后，马晓莎从事的是行政工作，主要负责学院的文秘工作。方案策划、文稿撰写、宣传推广、会务接待……这个工作是高强度的综合管理岗位，但她也能很好地平衡自己的时间。

注重日常积累是马晓莎的法宝。收集实时热点新闻，注重日常素材收集，为了提升文笔，不断地去看数据和实时新闻便成了她最快的学习方法，工作期间的马晓莎利用碎片化时间浏览大量的网站，从而在大量的实时热点中筛选并获得自己想要的信息。积累，在马晓莎看来是一件普通、简单但又必不可少的日常工作，从最简单的词句到一个素材的描述再到某一类知识的积累，长期的日积月累之后，都会在日后的稿件中或多或少地体现出来。

日常工作再忙碌，她都会坚持碎片化学习，这一点马晓莎非常有经验。从在陕西科技大学的学习开始，她就奔波在班委和兼职辅导员工作岗位上，零碎的时间对她而言是非常珍贵的。在毕业之后，马晓莎也将这些工作习惯带到了岗位上。现在的马晓莎在个人提升上也有困惑，她内心还是非常渴望深度学习和系统培训，但是系统化学习确实需要整个大段的学习时间，目前只能在暑期积极报名参加各类教师培训。

不论是零碎的知识积累，还是深度的学习培训，这是马晓莎总结的一套适合自己的学习方法。世间没有什么捷径，也没有什么一帆风顺，只有积累永不停滞，学习永远在路上。

这是马晓莎坚持和积累的故事，也是她生命的力量源泉。

# 庞妍：
# 但行好事，莫问前程

**编者按**

庞妍，女，陕西西安人，2021 年硕士毕业于陕西科技大学马克思主义理论专业，现就职于西安市第六中学。

生活中的庞妍，喜欢与人打交道，为人热情友好，善解人意，乐于助人，她喜欢学生，热爱教师这份职业是发自内心的。她没有轰轰烈烈的校园经历，也尚未作出卓越突出的贡献，但她良好的职业素养，让她将自己的专业所长、职业兴趣和职业选择完美地结合在一起。这样的庞妍是幸福的，有着内在的动力，也为将来的她成为一名优秀的教师铺平了道路。

## 在提升的道路上不会停下脚步

相比于应聘进入公司，简短的教培行业实践经历，让庞妍非常热爱学校的氛围环境，她也愿意和天真烂漫的孩子们待在一起。近几年，教师行业竞争激烈，无论是哪个层次的教师，都需要有扎实的专业知识和学习能力，研究生学历也只是基本条件了。大三时，庞妍着手准备考研，因为自己本身的努力和毅力，再加上家人和老师的支持鼓励，庞妍最终成功“上岸”，进入陕西科技大学就读马克思主义理论专业。

职业目标的明确，促使庞妍很快考取了教师资格证。专业知识的学习储备，面试时的从容自信，还有资格证书的保障，让庞妍顺利成为西安市第六中学的一名政治老师。“面试时的自信我觉得非常重要。”跟其他的岗位工作环境不太一样，中学教师站上讲台讲课一方面需要知识的储备，另一方面就是自信心。如果一个老师没有从容和自信的气质，无论是教学还是教育学生，都无法得心应手，所以自信非常重要。至于怎样去树立自信心，首先给自己积极的心理暗示：“告诉自己，我是世界上独一无二的，我是非常优秀的存在，在以后的生活中我会更加优秀。”对自己满意，但也要督促自己变得更好。其次便是要多与身边的人沟通交流，在与他人的交谈中找到与别人沟通时最舒适的方式，并在沟通交流中观察、学习对方身上的优点，或者避免对方身上的缺点，这些不仅可以很好地提高沟通能力，还能提升自己的修养、完善自己的性格。最后，也可以通过改变外在形象来给予自己心理暗示，达到提升自信心的效果。

对于庞妍来说，从学生到老师，角色的转变让她一时间无所适从。在大学，学习知识是一件非常幸福的事情，但成为教师之后，从学习知识到输出知识，庞妍需要付出的时间和努力比以前要多太多。庞妍认为自己作为一名老师，想要给学生一杯水，自己一定要有一桶水。想要对学生有输出，自己肯定就要学得更多。上一节课只需要 45 分钟，但备课可能就需要两三个小时，时间成本是 3 倍以上。但备课的过程也是自己学习、掌握知识的过程，有了第二次、第三次之后，庞妍对于整个知识体系及每一个知识点的细节都更有把握。庞妍每一学期都会去听资深教师的课，在听课过程中丰富自己，再将自己所学，转化、输出给学生。

## 引导学生变得更好，是一件幸福的事情

作为一名“小青教”，庞妍觉得老师千万不要用名头去“压”住学生，或者通过各种“雷霆手段”来镇住学生。而应该是通过亲和力、人格魅力跟学生去交流沟通，与学生处在一个平等的位置上去相处。尊重学生，但也要树立威严，要相互尊重、平等交流，这样的师生关系会让学生在学习生活中更加轻松、幸福，也能让教学变得更加高效。

写教案、做 PPT、改作业，除此之外，还要跟学生谈心。作为一名政治老师，庞妍将教书、育人两者都看得极为重要。3 年辅导员的经历，与年龄

相差不大的大学生能够相谈甚欢，但与初中这些处在青春期甚至叛逆期的孩子相处，需要花心思与他们“斗智斗勇”。

有一次课间的时候，庞妍所带班级的一名男生与另一个班级的一名男生起了冲突，两个人互相推搡，眼看要打起来了。庞妍当时在二楼，她用很大的声音制止了两人的动作，随后将本班的男生叫到办公室了解事情的经过。男生讲述事情经过后给老师道了谢，他说非常感谢老师制止了自己。男生非常懂事，在从操场到办公室的过程中，冷静了下来，反思了自己，这让庞妍非常欣慰。庞妍所带班级的一位女生属于“间歇性踌躇满志”，有一段时间上课非常积极，有一段时间上课就天天睡觉。庞妍便一直观察着这位女生，在一次上课期间对这位女生提醒都没有作用时，庞妍便想与这位女生交谈一次，了解她的情况与诉求。对于庞妍的询问，女生沉默以对。庞妍考虑到办公室有其他老师在场，便建议女生如果愿意，可以写一封信告知她最近发生的事情及上课睡觉的原因，并且保证不会告诉其他人。庞妍的温柔与真诚打动了女生，该女生第二天就通过信件向庞妍吐露了心声。学生的信任让庞妍心生暖意，她也不辜负学生的信任，了解情况后，庞妍对该女生安慰劝说，让女生慢慢放下了心里一直纠结的事情，以学习为主。后来该女生上课时，困了就会自己拿着书站到讲台旁边，以此方式来克服倦意。

在中学，政治不算主科，但是庞妍的学生们会被她影响，告诉她，自己本科专业想要学习马克思主义理论，这些都让庞妍倍受感动。她想着，自己一直想成为老师的原因就在于此，尽管有很多辛苦的事情，但是看着学生慢慢在自己的影响下，在学习、做事、为人方面都变得越来越好时，就会觉得所有的付出都是值得的。

学生的进步可以化为自己的动力，但工作压力是每个人都避不开的。对于压力的调节与释放，庞妍的诀窍是放空自己、停止内耗。她觉得压力大时，可以先将事情搁置一会儿，去四处转转、冷静一下。给自己捋一遍之前所有的内容计划，然后从一些简单的事情开始，再慢慢给自己建立起信心，随后开始着手去解决这些事情。因为工作之后，有压力的事情是必须要解决的，原来上学的时候可以扔一边，随后也许会慢慢忘却，但工作时则不同，事情是必须要解决的，所以就算有压力也只能通过自己的方式去调节。

## 教师职业是自我价值的实现

对于庞妍来说，教师不只是一份工作，更是自我价值的实现："不是为了生活或者为了生计才去当老师，我热爱这个职业，也热爱这个岗位，这是自我价值的提升和实现。"

当问到对学弟学妹们的建议，庞妍想对计划将来进入教师行业的学弟学妹们提几点建议。庞妍认为进入教师行业需要提前去了解不同层次教师行业的情况。比如初中教师需要与青春期的学生打交道，小学老师要注重保护孩子的天真、忍耐小朋友的幼稚等。因为毕竟是做一个决定，关乎工作也好，关乎以后生活也好，当确定了之后，就不能轻易放弃。教师这样的岗位需要坚持，从负责任的角度，对自身也对祖国的花朵们来说，想要进入这个行业，就一定要考虑仔细。庞妍认为做一名老师最重要的是有仁爱之心，要发自内心爱学生。"对待学生一定要有耐心，无论哪个成长阶段都有自我意识比较强、不太愿意接受别人或是不太愿意听话的学生。"只有发自内心爱学生，才有耐心与每一个学生交流，通过深层次地观察，去真正了解他们的需求，解决他们的困惑。

根据霍兰德职业兴趣测试，S 型的人最适合的岗位是教育工作者，这类人喜欢与人交往，愿意教导人、关心人、帮助人。庞妍就是一个典型的 S 型的人，她虽然不懂得这些理论，却有着良好的职业规划素养，顺着自己的职业兴趣精确地匹配了职业方向。

除了匹配性，教师这一职业需要永远保持学习的习惯。读研时，导师会让庞妍去完成收集资料和归纳整理的任务，有一次导师问她要稿件时也要求将收集资料的过程和资料记录一起交给他，但当时的庞妍并没有备份、积累的意识。这件事教会她最有效的文件归纳方式。直到现在，庞妍都在用当时导师教给她的学习方式定期整理需要学习的内容，做到条理清晰、层次分明、简洁高效。

"但行好事，莫问前程。"庞妍想将这句话分享给学弟学妹们。做好当下的事，就一定能达到一个量变到质变的飞跃。"当老师之后，会很注重扎实的工作基础。从心态上讲其实不是想要成功，不需要什么壮举，而是脚踏实地做好当下的事，对教书育人做到精益求精，很多事情就顺其自然地达成了。"

人生就像爬山看风景，教师职业更要有欣赏每一个学生的良好心态。“有心栽花花不开，无心插柳柳成荫”，切忌带着功利心去教书，有时候越想做成一件事情就越做不到，反而不如享受做这件事情的过程，体会沿路的风景。

这其实就是教师这一职业的价值和美好所在，与那么多生命不期而遇，陪伴他们、教育他们、影响他们，生命的幸福莫过于此。

# 学术科研篇

# 鲍艳：
# 心之所向　素履以往

编者按

鲍艳，女，陕西鄠邑区人，2008 年博士研究生毕业于陕西科技大学皮革化学与工程专业。功能型皮革化学品及有机、无机纳米复合材料领域青年学者，现任陕西科技大学三级教授、博士生导师、研究生院副院长。入选国家百千万人才工程，先后荣获国家技术发明二等奖、国家科学技术进步二等奖、国家级教学成果二等奖、中国轻工业联合会科学技术一等奖、全国五一巾帼奖、全国工人先锋号、教育部新世纪优秀人才支持计划、陕西省“高层次人才特殊支持计划”青年拔尖人才、陕西省中青年科技创新领军人才等 30 余项奖励，先后主持科研项目近 20 项，授权中国发明专利 41 项，出版专著 6 部，发表学术论文 80 余篇。

鲍艳性格温柔，却凭着一股“老陕人”不服输的倔强，在皮革化学科研领域摸爬滚打 20 多年，既要“顶天”扎根基础研究，又要“立地”服务人民生活，“政产学研用”一体，为国家“创新 2.0”贡献力量。

## 追赶，成为更好的自己

鲍艳出生于陕西户县(今鄠邑区)，这片位于关中平原的土地南依秦岭，山高坡陡。天然的黄土风貌及粗犷的地理环境养出了此地人敢闯、不服输的性格。从小生长在陕西的鲍艳，性格里就有这么一股子闯劲。

1999 年考入陕西科技大学轻工科学与工程学院皮革专业(原西北轻工业学院皮革学院)时，鲍艳才 18 岁，未来的职业生涯目标还一片朦胧，但每次听到其他专业的同学戏谑自己为“臭皮匠”时，她的内心总是愤愤不平：“那是他们不懂这个专业的辉煌历史，这里有潘津生教授等国家老一辈皮革科学家毕生的科研积淀。早在 1987 年，潘教授的研究成果就荣获国家科技进步一等奖。后来，我的导师马建中教授荣获国家技术发明二等奖、国家科学技术进步二等奖、何梁何利基金科学与技术创新奖。在中国轻工业发展史上，写有我们专业浓墨重彩的一笔。”正因为这些，鲍艳沉浸在皮革研究的世界里不能自拔。求学期间，皮革科研领域的学术报告她一场不落，她还喜欢到皮革企业的生产车间去实习，掌握国内皮革研究领域的最新前沿动态及皮革行业的生产信息。

千里马常有而伯乐不常有。在马建中教授的带领下，鲍艳从本科到硕士，一路打下了坚实的科研基础。硕士毕业时，她本来没打算攻读博士，又是马建中教授替她分析职业路径，鼓励她继续深造。博士毕业后，鲍艳留在了马建中教授的科研团队中，有了前辈的扶持和指导，她顺利地组建了自己的研究小组，很快便明确了研究方向。

“耐得住寂寞，守得住清贫，坐得住冷板凳。”这是陕西科技大学教授、全国著名造纸科学家张美云的科研工作心得，鲍艳将其奉为圭臬。十几年来，本着“源于皮革，高于皮革”的科研宗旨，鲍艳的脚步从未停止。她努力找寻皮革和“新轻工”的科研交叉点，最终确定了“有机、无机纳米复合皮革化学品”的研究方向，力求通过无机纳米复合材料的研究，提高皮革性能，并解决传统皮革加工技术中的污染问题。

经过数年默默无闻的攻关，鲍艳在该领域取得了重要科研突破，赶超了国际先进水平，并多次代表中国参加相关国际会议。在国际皮革工艺师和化学家协会联合会(IULTCS)第 31 届、第 33 届、第 35 届学术大会，第 7 届、第 8 届、第 11 届亚洲国际皮革科技会议上就相关研究作了大会报告，引起了与会专家的极大兴趣，提升了我国皮革科研的国际影响力。作为项目负责人先后承担国家重点研发计划子课题、国家自然科学基金等各类纵向科研项目 18 项，承担企业产学研合作项目 7 项；研究成果获国家技术发明二等奖 1 项(排名第三)、国家科学技术进步二等奖 1 项(排名第四)、省部级一等奖 4 项；在国内外重要刊物发表学术论文 90 余篇，发表论文被 SCI 收录 46 篇，1 篇入选 ESI 高被引论文。

## 热爱，让梦想之花绽放

从原材料到制备，皮革膜层制备工艺繁杂，每一次实验都需要几十次甚至上百次的测试分析。鲍艳坦言，自己很享受这种克服科研难题的过程，多年的科研生涯让鲍艳对皮革行业有着清醒的认知和真切的热爱。

2016 年 5 月，习近平总书记在全国科技创新大会、两院院士大会、中国科协第九次全国代表大会上指出："广大科技工作者要把论文写在祖国的大地上，把科技成果应用在实现现代化的伟大事业中。"这句话深深地鼓舞着鲍艳。

作为一名科研工作者，多年来她目睹了全国皮革企业的污染问题。皮革鞣剂常采用重金属铬，在制革加工中，未被皮张吸收的铬元素会以三价铬的形式随着工业废水排放到自然环境中，三价铬本身无毒，且是有益于人体的微量元素，然而在高温及氧化剂存在的条件下就会被氧化成六价铬，对人体产生危害，且重金属铬存在着易蓄积的特点。因此，皮革企业工业废水中残留的铬鞣剂常常会污染环境。从长远来看，只有从根源上解决了铬鞣剂的副作用，研发出一种既能满足皮革性能提升的铬鞣剂，又能避免对自然环境破坏的材料，才能更好地造福人类，兑现科技工作者"把论文写在祖国的大地上"的承诺。

受到日本丰田集团将层状黏土与聚酰胺结合起来用做汽车复合填充材料的启发，鲍艳和马建中教授尝试采用"原位插层聚合法"将层状黏土用到丙烯酸树脂类的复鞣剂中，用以减少皮革鞣制过程中的铬含量。通过实验发现，这一技术可以成功将皮革鞣制中所需要的铬含量从 6%～8%降低到 2%，且鞣后废液中铬含量下降 75%以上，大大降低了皮革生产过程中的铬污染。

天然皮革由于具有与人体皮肤相似的组织结构，透气、透湿，穿着舒适。但长期以来，为了提高皮革制品的外观及使用寿命，人类发明制造了各种皮革涂饰剂，它们可以在皮革表面形成致密薄膜，起到美化、保护作用，但是却堵塞了皮革透气性、透湿性的组织结构，降低了穿着舒适性。"怎样兼顾美观感、实用性及舒适度，造福广大消费者，成了我们的研发目标，我们 9 人的科研团队花了近 10 年的时间去研究，终于成功了。"鲍艳回忆起来依然很兴奋，"其原理是利用介孔中空二氧化硅微球在聚丙烯酸酯薄膜中引入孔隙，增加水蒸气分子通过涂层的路径并缩短其路程，从而提升聚丙烯酸酯薄膜的透湿性。"2019 年，该课题成功获批国家自然科学基金面上项目。团队成员以介孔中空二氧化硅微球为稳定剂，代替传统的表面活性剂，实现丙烯酸酯类单体的乳液聚合，提升聚丙烯酸酯薄膜的耐水性，提高皮革在服饰等行业领域的应用效果。目前，该项目的研究成果正在"走出"实验室，预期会产生较大的经济效益和社会效益。

鲍艳的科研成果并非只囿于实验室，她还开展了许多服务地方经济的科研项目。她与陕西医疗企业合作，开发了价格低廉且性能优于国外进口产品的环保型医用润滑剂，在宝鸡市多家医院进行试用，各医院均给出了良好的评价；陕西是农业大省，为了解决农村秸秆焚烧带来的环保问题，她通过降解糊化农作物秸秆，并与丙烯酸类单体进行接枝聚合改性，再与矿物黏土以纳米级片层方式结合，制备了凝胶强度高、耐盐性好、可生物降解的纳米型高吸水性树脂。

"穷理以致其知，反躬以践其实。"多年来，鲍艳都用这句话勉励自己。她说："我认为学术界'破四唯'很有必要，科学成果如果不用于民生，有什么意义呢？我鼓励我们的学生多去企业调研，寻找和解决生产中的实际问题。"正因为这样的理念，她所带领的科研团队因为作风好、产出多，先后荣获"全国工人先锋号""全国五一巾帼奖状""陕西省重点科技创新团队"等荣誉称号。

## 责任， 真正的传道授业解惑者

当谈及自己的科研成果时，鲍艳表示自己最需要感谢的就是马建中老师和自己所在的团队。"特别是马建中老师提供的实验室及硬件设施等，为我们团队 10 多位老师及学生提供了重要的科研支持。"在她看来，如果把团队比作一棵大树的话，马建中教授就是树的主干，团队里的每个成员就是树上的分支和树叶，大家相互合作，促进大树的茁壮成长。

"明年再有新生者，十丈龙孙绕凤池。"鲍艳忘不了马建中老师二十年来的诲语谆谆，她也想要把这根"立德树人"的"接力棒"传下去。如今，她依然同时担任着博士研究生、硕士研究生、本科生的教学任务。轻化工程专业的学生都喜欢上鲍艳的课，他们说："鲍老师讲课总是充满激情，让人一刻也不能分神。"在学校教务处的线上评教系统中，鲍艳每年的好评率都超过 99%。学校按照"双选制"为本科生配置学业导师，鲍艳每届有 3～4 个名额，可是报名的学生有 10 余个。

"制革概论、制革整饰材料化学、复合材料的制备与应用这几门课程，已经教过很多届学生了，可是每次走上讲台的时候，还是会觉得心虚，总觉得还可以讲得更好一些。"鲍艳不好意思地说。为了把课上得更好，她主动承担

“制革整饰材料化学”及皮革工程国家级教学团队的建设工作，参与编写的《皮革化学品的合成原理与应用技术》教材荣获国家级“十一五”及“十二五”规划教材。

她躬身实践教学，积极吸纳学生参与自己所承担的科研课题，为学生提供科研环境及科研条件，指导学生获得“挑战杯”全国大学生课外学术科技作品竞赛三等奖 1 项、国家级大学生创新创业训练计划项目 4 项、省级大学生创新创业计划项目 2 项。

她不断探索教学规律，先后发表教改论文 3 篇。以第二负责人身份成功申请陕西省高等教育教学改革研究重点项目 1 项并取得“优秀”的验收结论。其中她参与的教学改革成果获高等教育国家级教学成果二等奖 1 项(排名第四)、陕西省高等教育教学成果特等奖 1 项(排名第二)。

为了给学生补足“精神之钙”，她坚持学习思想政治理论，贯彻课程思政理念，让学生在学习中懂得做人道理、学会科学精神、培养高尚的情操。2018 年，她一手培养的 2015 级研究生康巧玲在毕业时报考了南京大学博士研究生。笔试通过后的面试环节，让康巧玲倍感压力。只有 2 个博士生名额，现场却有十几个人等着一决高下，而且其他人全是“985”“211”院校毕业的高水平硕士。面对着台下严苛的面试导师们，康巧玲却坦然了，她向导师们分享了硕士 3 年期间鲍艳老师对她的教育方式：“循循善诱，宽严相济，以身作则，精勤不止。”因为培养扎实，硕士研究生期间康巧玲发表了 5 篇高水平的 SCI 论文，这已经远远超过了许多博士的科研产出量，令现场的评委为之咂舌，他们说：“真想马上就认识一下你的鲍艳老师。”结果，康巧玲脱颖而出，顺利考取南京大学博士生，目前已经成为优秀的科研人才。

## 全面，做薪火传承的科大人

现在，鲍艳身兼陕西科技大学研究生院副院长、三级教授、博士生导师、科研小组负责人等多重身份，她珍视每一种身份，认真对待教学、科研、行政每一类工作。“我全年基本没有节假日和双休日，只在春节期间能休息一个礼拜左右的时间，这对我的时间管理能力提出很高的要求。”鲍艳说，“马克思主义哲学观教我们‘十个指头弹钢琴’。平时工作中，我把工作按重要性、急迫性分成不同的象限，根据不同的工作类型采取不同的处理方法。这样，在处理完各项工作之后，每天还能匀出一点时间用来学习。知识更新太快了，我每天必须挤出一点时间来读文献、了解行业前沿，否则很快就会被‘后浪们’拍在沙滩上！”

每天白天的时间主要用来处理研究生院的行政事务，晚上她一定要去实验室工作 1～2 小时，查看实验进度与学生们的研究进度，解决他们研究中遇到的问题，备一会儿课。周末的时间够集中，她可以全身心投入到科研工作中。就这样，她在各种工作之间转换“角色”，轻松自如、无缝对接，越忙越有干劲，越累越觉得充实。学生们都在惊叹她娇小的身躯中怎会蕴含着如此强大的“战斗力”，他们开玩笑地说：“鲍老师就像一台‘永动机’，有时候我们都撑不住了，她却依然精神饱满，有她这杆‘红旗’做表率，我们都变得勤奋刻苦了。”

无论是科研还是教学，未来的路都很漫长。在这段路程中，鲍艳始终怀揣对皮革和教育行业的热忱，去探寻更多的可能性。科研工作就像登山，在一次次自我否定和自我超越的过程中，离真理越来越近。二十多岁的时候是从无到有“独上高楼，望断天涯路”的志得意满；三十多岁重新解构否定自我“为伊消得人憔悴”；四十多岁才到了“蓦然回首，那人却在灯火阑珊处”的登高望远。现在，鲍艳刚过四十岁，到了科技工作者最好的年华，在不断“跟自己较劲”的过程中，鲍艳体会到了“凤凰涅槃”的欢欣。她说：“所有没有击败你的，都会让你更强大。”

# 马振辉：源自“三创两迁”，见科研之南山

编者按

马振辉，男，河北廊坊人，2009年本科毕业于陕西科技大学材料化学专业，后在北京工商大学、美国布朗大学(Brown University)做博士后工作。现任北京工商大学教授，曾任陕西科技大学材料工程与科学学院副教授。在求学及科研工作方面，曾获北京航空航天大学优秀辅导员、“十佳”研究生、优秀毕业生、优秀党员、优秀研究生等多项校级荣誉。发表SCI论文20余篇，获北京市海外高层次引进人才、国家重点研发计划稀土专项首席青年科学家、咸阳市技术发明奖三等奖等荣誉。

马振辉是陕西科技大学未央校区的第一批学生，是“三创两迁”的见证者，也是“三创两迁”大学精神凝练形成的参与者。从学生到教职工，马振辉打磨出了不怕困苦、奋勇向前的精神，这种精神一直推动着他，在前进的路上一步步迈进。

## 与母校第三次创业相遇

“岁月芳华，无问西东。艰苦卓绝，立德立行。”2006年，对于陕西科技大学来说，是极其不平凡的一年。为响应国家高校教育扩招，陕西科技大学

全校师生克服了办学经费严重不足等困难，将学校主体迁到了西安新校区，进行了第二次搬迁，开始了第三次创业……这一年，西安校区学生生活区当年开工建设、当年竣工入住；这一年，学校完成了主体东移，实现了几代科大人的梦想；这一年，新生入学第一志愿率首破百分之百，改写了学校生源质量的历史。

马振辉是陕科大第三次创业的见证者和参与者。高考结束，向往外面世界的他从河北不远千里来到了西安，成为陕西科技大学西安新校区的第一批学生。不仅如此，学校在新校区新开设了材料化学专业，马振辉也成了材料化学专业首届入学者。

开学之初，未央湖畔，新校园百废待兴。现在的生活区，那时还是一片绿意盎然的玉米地，食堂也仅有南园一家，图书馆尚未建成，只是在教学楼中临时设立。校内的硬化路面也仅有迎新大道一条，周边的马路和交通也尚不发达。“三创两迁”不仅仅是学校的创业，也是那几代莘莘学子的创业之路、发展之路。

马振辉回忆起刚入学的时候，部分学生尚未迁至西安校区，学校里只有他们一级学生。马振辉这一届学生成了极其特殊的一届，从踏入校门开始，马振辉便看不到学长学姐的身影，面对偌大的校园，他不知道如何在这里充实地度过大学生活。问及初到这里时如何适应高中到大学的转变，马振辉坦言：“我认为我真正找到自己在大学的节奏还是花费了较长时间的，可以说从大一到大二我都在不断调整自己的状态。”与高中相比，大学的生活完全是另一个天地——自由地选择课程和老师、自由地安排课余时间……从高中时被时刻表及父母、老师约束着学习的应试生，摇身一变成为如今的“自由人”，他除了欣喜以外，也不可避免地陷入彷徨与迷惘。

马振辉没有学长学姐可以请教和学习，大学的生活该怎样度过，这个答案只能由他自己来开创。他只能一步步向前试探，这其中也走了不少的弯路。但是也因此，他们这一代形成开创了自己的状态，也成了亲身浸养在“三创两迁”精神中的一代人。

谈到在陕科大的学习生活，马振辉记忆最深的便是2008年的那场地震。他回忆，2008年5月12日，他和班里同学正在教室聚精会神地听着林营老师的课。忽然，教室投影仪的画面开始晃动了起来，紧接着慌乱的嘈杂声从走廊外此起彼伏地涌了进来，喧嚷声中听到有人喊“地震了”，教学楼走廊里挤满了惊慌失措的学生。万幸当时陕科大没有出现较大损失，仅有些房屋的天花板掉了几块，在学校领导、老师的组织下，学生们都很安全，但是地震的发生不可避免地对学生的学习生活造成了巨大的影响，出于安全考虑，学生暂时不能回教室和宿舍，只能在操场上暂时避难。面对这样的突发情况，马振辉怀着乐观的心态，也有着一股不怕艰苦的精神。马振辉和其他同学带上凉席，铺到操场上，天为被、地做床。虽然地震给学习、生活带来了很多不便，但也给马振辉的大学生活增添了一份别样的记忆，在苦中作乐，也在苦中奋斗着。

新校园始建，整个校园都充斥着一股不怕困难、艰苦奋斗的拼劲。马振辉一直认为，学生的首要任务就是学习。马振辉自入学以来就养成了刻苦学习的好习惯，他认为“学会利用时间”是关键所在。他善于利用琐碎时间来完成自己每天定下的小目标，并坚持在完成后才就寝。他认为，有规划的日程安排让自己时刻保持着严谨、认真的态度。同时，马振辉也建议大家把自己的生活安排得紧凑一些，不要让自己太闲，也不要让自己有拖延症，因为拖到后面时间安排的变数很大，所以尽量赶在前面做完事情，这样就可以留出时间玩一玩或者做一些别的事情。

2008 年，马振辉已经是一个面临毕业的大四学生，考研距离自己越来越近，专业课也比较多，纵然在地震避险的情况下，他和身边的伙伴也不愿意放下自己的学业。后来，为了能够安静地上自习，马振辉和朋友们跑到教学楼一楼的教室，敞开窗户，紧挨着窗边落座，这是他们给自己的一道避险措施，若有余震，可以第一时间跑出去。后来回忆起那段时间的经历，马振辉自己也觉得那时的“青春”很是可爱，也为自己和朋友们那股执着和不怕吃苦的劲头感到自豪。

马振辉考研的目标院校是北京航空航天大学，那一年，北航最新修改了考试大纲，仅仅对外公布了考试所用的书籍。没有考试的题型和可以参考的考题，也不会有前人的经验，并且所考察的知识范围是大多数学生此前没有涉及过的。新知识、新考题，这届考试也成了一种“创业”。由于巨大的不确定性，不少人都调整了自己的目标院校，但是马振辉却怀着一股咬定青山不放松的精神，牢牢地把自己的目标锁定在北航。

“宝剑锋从磨砺出，梅花香自苦寒来。”考研时，马振辉一直拿这句话鼓励着自己。身边有些人潇洒地挥霍青春，也有人在考研路上慢慢掉了队，这样的影响对一心奋斗的考研人来说压力非常大。与马振辉一起考研的朋友中，也有几个没能坚持到最后。从起点一同出发的伙伴退出，对士气的打击非常大，这让马振辉和身边剩下的伙伴心中不由得生出犹豫感，到底要不要坚持下去？继续往前为一个谁也不能保证的结果不眠不休地奋斗，还是放松自己打游戏、看电影，享受自由轻松的大学生活。马振辉还是坚持下来了，并且一如既往在考研的路上孤军奋战，考研的过程在马振辉的精神世界里种下了一颗艰苦拼搏、勇往直前的种子。在这样的努力奋斗和艰苦拼搏之下，马振辉最终成功考入了北京航空航天大学，身边坚持下来的朋友也都得偿所愿，考入了自己心仪的院校。激烈的竞争、孤军奋战的勇气、竭尽全力的拼搏，这样的经历也让马振辉更加坚信在苦难中奋斗的重要性。

陕科大人从第三次创业的艰苦岁月中磨砺而出，马振辉也从考研大军中脱颖而出成功上岸。在陕西科技大学，马振辉收获的不仅仅是知识层面的充实，“三创两迁”的自强不息、艰苦奋斗的创业精神也一直伴随着他成长的每一步。

## 与“三创两迁”精神相随

从陕科大本科毕业，再到研究生求学，马振辉在学术与学生工作上齐头并进，他科研成绩突出、学生工作认真负责，曾获国家奖学金、学业奖学金等多项奖学金和优秀研究生干部、优秀研究生等荣誉。他认为真正让他感到满足的，并不是这些奖学金或荣誉，而是他掌握了全方位的学习能力。大学需要的不仅仅是学业这一单方面的学习能力，还需要有思考、观察、执行、总结等全方位的能力。在科研过程中需要频繁运用英语写作和口语表达能力，需要掌握材料学实验理论知识和操作能力，及时了解科研新动向需要具备信息获取能力和知识更新能力等。拥有这些全方位的强大学习能力，并不是一蹴而就的。马振辉建议学弟学妹们：“初入大学，不要在乎走得有多快，不去计较太多得失。不断反思，每次追求往前一小步，每次都能有所进步，是在早期学习阶段更应关注的一个方面。”

研究生阶段的学习与本科大不相同，马振辉遇到了自己的导师。导师当时还是学院院长，自己的事情常常都忙不过来，还要抽空看看同学们刚刚步入研究生阶段的状态，从科研、学习、生活、心理等方面给大家传授经验，进行一些指导。研究生阶段的学习主要靠自我驱动力，导师常常给马振辉一个课题，随后便让他自己进行探索。新的课题没有前车之鉴，身边课题组的同学也没有做过类似的研究，如何在没人教又找不到前例借鉴的情况下完成课题，成了一个很大的难题。

这是马振辉在科研领域的首次“创业”。一开始，马振辉也只能在实验室不断尝试，经过一段时间的碰壁、摸索，问题的解决方案也慢慢地清晰了起来。通过阅读大量相关论文，在论文中寻找能够解决自己问题的方式是科研人最基础的本领，但更困难的是如何在前人的基础上进行创新。马振辉除了进行大量的思考及反复的尝试之外，他还积极和身边的老师、同学进行交流探讨，倾听不同领域研究学者的意见。

在谈及自己的科研经历时，马振辉铭记于心的一句话是：它山之石，可以攻玉。科研上的反复失败是家常便饭，波澜不惊、越挫越勇的心态在科研过程中就变得愈发重要。马振辉在实验过程中也曾遇到过不少瓶颈，这时他便会找导师和实验室的其他同学一起探讨解决方案，在研究陷入窘境中时他总能从别的方面获取灵感，从而推动课题的突破。逐渐地，马振辉锻炼出很强的自主科研能力，也找到了科研上触类旁通的感觉。

一次，他在国外和一位朋友吃饭时，偶然聊到了这位朋友做研究时所使用的方法，马振辉突然想到同样的方法稍加补充和修饰，就可以很好地适用于某种材料的实验研究。回国以后，他仍然记得这次的聊天，处处留心皆学问，经过一次次的实验，他的研究有了新的突破，研究结果也成功发表在化学领域的一部世界级期刊上。

除了科研理论方法层面的“创业”，马振辉也努力开展设备层面的“创业”。在科研工作当中，设备是非常重要的一环，而马振辉就面临着科研设备短缺的困难。谈及科研条件，马振辉感慨道：“我们现在的科大学子实验设备条件大大改善，同时还会有学长学姐教给大家设备的使用方法，大大改进了科研条件和学术环境。”马振辉利用在博士期间担任兼职辅导员的机会，积极和学院及其他部门的老师接触，“摸清”了学院所有老师的专攻领域及掌握的学术资源。每当做实验所需设备实验室没有时，马振辉总会想方设法用其他方法代替，为保证实验预期结果，他也会到别的实验室或找其他老师借用设备。在这样艰苦的科研条件下，马振辉凭借骨子里的“三创两迁”精神，不断探索，不断前进，在自己热爱的领域攀登一个又一个高地。

说起研究生阶段最大的收获，马振辉认为除了课本的理论知识之外，他的两方面“创业”能力带给了他人生最大的财富。一方面是在没有“传帮带”的情况下，独立完成科研的能力；另一方面是在科研设备短缺的情况下，艰苦奋斗进行研究的能力。这样，当面对科学问题时，为科学理论“创业”的路才会走得更加通畅。

## 结　语

回首自己在陕科大的学习、生活，马振辉说："年轻真好，可以不断试错。"他希望学弟学妹们能够多接触各种各样的事物，而不是窝在寝室，要走出宿舍，走到校园、教室、图书馆、操场，让学习效率更高，让整个人精神饱满；多去尝试多种多样的活动，比如社团、学生会的学生工作，还有相对自由的志愿者工作、支教活动等，或者富有挑战性的科研训练等。

每件事都值得回忆，每个人都值得感激。"凡有所学，必有所长。"学过的、见过的、努力过的、失败过的，都会在成长的道路上留下痕迹。那些宝贵的经历将为日后的发展带来不可磨灭的影响。所以，要敢于尝试、敢于挑战，及时反思，不断学习，不要拘泥于一时一地之得失。

陕西科技大学正在不断向前发展的关键时期，"三创两迁"的精神正在一代代科大人心里传承。在某个实验室、某盏灯光下，也许你正在读书、思考，马振辉也在科研路上一步步向前迈进着。我们和马振辉一样，都是学校"三创两迁"精神的亲历者和见证者，都是新时代的追梦人。母校见证了无数个像马振辉一样的求学者、奋进者，他们也将带着青春奋斗的印记，走出陕科大，走好未来的人生之路。

# 毕恒昌：将追逐梦想的执着进行到底

**编者按**

毕恒昌，男，江苏连云港人，2007 年本科毕业于陕西科技大学电子科学与技术专业。现任华东师范大学教授、博士生导师、紫江青年学者。1983 年，毕恒昌出生在江苏省连云港，直到 2020 年成为华东师范大学教授，他的读书时间跨度非常长。东南大学的博士、新加坡南洋理工大学的访问学者、东南大学的博士后……毕恒昌在求学和科研的道路上取得了一个又一个让人羡慕的成果。他在 *Nature Materials*、*Advanced Materials*、*Advanced Functional Materials* 等国际一流期刊发表 SCI 论文 35 篇，文章被 *Nature Materials*、*Nature Nanotechnology* 等著名期刊他引 2500 余次，获得授权发明专利 28 项，其中成功转化 1 项国际专利、4 项国内专利。作为指导老师，他还带领学生参加“挑战杯”和“互联网＋”比赛，并分获全国二等奖和全国银奖。

儿时，毕恒昌的梦想虽然朴素但充满梦幻，他立志成为一名科学家。现在的毕恒昌依旧走在追梦的道路上，离最初的梦想越来越近。

## 前进路上莫彷徨

儿时的生活经历造就了毕恒昌坚毅的性格，因为从小生活在农村，他过得既快乐又充实，充实中又带有一些苦涩。

有一句老话说得好，“穷人家的孩子早当家”，毕恒昌从小目睹了父母的辛苦劳作，知道他们的不容易，早上五点，天还没亮就出去干活，晚上七八点才回家，而且一年四季都是这样。也正是因为他清楚地认识到这些，所以才比许多同龄的孩子更加成熟懂事，他在做许多事情时不是因为父母要求去做，而是源于自己的内驱力，他发自内心地去努力学习。他会跟小伙伴在放学后放肆玩耍，也会在农忙时帮助父母下地干活。他甚至在中考前的一个晚上因在田地里忙碌忘却了要考试的紧张，轻松地进入了深度睡眠，最后以全县第三名的优异成绩考入了当时县里最好的高中。

这样优异的成绩让大家对他刮目相看，谁都没想到，这个小学阶段一度被老师认定的学习困难生，突然像一匹黑马一样奔跑起来。用毕恒昌自己的话说：“初中之后，自己的大脑好像突然开窍了似的，从此便疯狂地运转起来。”

在高考选专业时，他说自己真的是下了一番功夫。他的家乡在连云港，虽然别称港城，是全国重要的综合交通枢纽，具有海运、陆运相结合的优势，但由于连云港地处江苏东北部，缺乏有力的运河和先天淡水资源条件，城市发展一直受到很大限制。毕恒昌觉得自己在农村长大，能够接触的新鲜事物不是很多，一个人的发展往往是由他的眼界和高度决定的，因而通过学习一个新兴专业，与社会发展始终保持一致，才能不被时代所抛弃。十七八岁是很多人还茫然无知的年龄，毕恒昌却对自己的未来进行了深入的规划。

最终，毕恒昌以优异的成绩考入了陕西科技大学电子信息与科学技术专业，从此在他热爱的专业上一步一个脚印，踏踏实实地走了下来。

求学的道路是艰辛和孤独的。如果说是什么支持毕恒昌在这条道路上越走越远，那一定是父母的言传身教了。父母为人处世的风格一直影响着毕恒昌，让他从骨子里就带着朴实、善良、吃苦耐劳的精神。毕恒昌就读的专业是一个热门专业，正好赶上了近十几年来国家电子信息产业的迅猛发展，毕业生很抢手，在就业市场上供不应求。本科毕业后，毕恒昌身边的同学大部分都选择了就业，大都进入国有大中型企业或发展势头强劲的行业龙头企业，没过几年，大家的收入待遇都非常可观了。此时的毕恒昌却还是一名穷学生，过着宿舍、实验室两点一线的生活。如果不是父母的鼓励和支持，毕恒昌一定没有足够的底气和信心去努力拼搏，一次次考上理想的学校继续深造。

## 用勤奋和严谨铸就求学之路

考上研究生一年半之后，他以优异的成绩顺利获得直博的机会，并且申请到国家基金委资助的留学机会，前往新加坡南洋理工大学访学。这一时期的毕恒昌，仿佛是一颗不知疲倦的螺丝钉，他经常是去实验室最早的那一个，也是最后关灯锁门的那一个。

在导师的带领下，毕恒昌开始接触并参与国家重大科研项目。参与重大科研项目让他深刻地感受到想要在科研上干出一番成就，一个人单打独斗是万万不行的，科研团队的合作互补可以让团队迸发出灵感，不断明晰实验方案，改进实验设计，推动项目取得更快、更好的成果。研究生期间，毕恒昌最期待参加科研团队的组会，这样的组会一般是两周举行一次，导师亲自参加，每次组会导师会选择不同组员汇报自己的实验进展和研究状况，分享自己阅读的文献和著作。与其说这样的组会是知识的交流，不如说是思想的交锋和灵感的碰撞。

可能大家都难以相信，毕恒昌还被学校通报批评过。那是在新加坡南洋理工大学留学的时候发生的一件事，当时学校的实验室管理规范非常严格，要求所有人员进入实验室必须要按规定穿着实验服，毕恒昌和同学们都严格遵守。有一天，毕恒昌偶然有一点难得的空闲时间，所以就跟同学约好了打篮球。可到了约好的时间和地点，还有好几个同学没有来。当时大家都很着急，毕恒昌就从篮球场一路跑到实验室。当他气喘吁吁跑进实验室去呼喊其他几个同学时，他身着篮球服，急匆匆的样子直接被摄像头记录了下来。随后他就在全系被通报批评了，并且要求重新参加实验安全的考试。毕恒昌并没有感到倒霉或无辜，相反，经过一段时间的反思，他从内心真诚地接受了这次批评：科研工作是非常严谨的，而严谨不光是体现在学习和实验中，一个人的生活和气质都应该从内而外地散发严谨的光芒，这是职业的要求和素养，更是对科学研究的尊重和热爱。

## 用执着的态度创造一个又一个机会

“眼光要执着，脚步要坚定”，这是毕恒昌做科研的态度，更是他人生的信条。毕恒昌认为科学研究一定要和现实结合起来，切忌纸上谈兵，要将解决经济社会中的矛盾和问题作为一以贯之的追求，这样的科研才是有意义、有价值的。

2010 年 4 月 20 日，还在新加坡求学的毕恒昌被美国墨西哥湾原油泄漏的新闻吸引了。当日晚上，美国一个石油钻井平台起火爆炸，造成 7 人重伤，至少 11 人失踪，爆炸后的钻井平台开始漏油，一直到当年的 7 月 15 日，美国宣布新的控油装置才成功罩住水下漏油点，才堵住了原油流入墨西哥湾。接近三个月的时间，原油不断地流入海洋，导致海洋的生态环境遭受了极大的破坏。当时这条新闻迅速惊爆全世界，即使现在十几年过去了，它造成的后遗症还有很多。举全世界的科研力量，都没有办法短时间内解决原油泄漏，这个新闻深深地刺痛了毕恒昌。新闻不再新鲜了，但是想要寻求解决办法的想法却在他的头脑中扎根了。

2012 年，受这则新闻的启发，毕恒昌发现自己研究的石墨烯材料有一种吸油但不吸水的特性，刚好可以把它制作成一种特殊海绵来吸附有机物，很大程度上净化了水污染。这个发现让他很兴奋，他花了几个月的时间设计实验并反复论证，实验成功之后又花了几个星期的时间撰写论文，不断修改，最终成功发表。后来他们这个项目成功落地转化，得到了常州市政府的关注。项目获得了初步的成功，也取得了来自各方的肯定，石墨烯也被认为是未来非常有前景的新型材料之一。但毕竟科研成果落地转化不是一蹴而就的事情，在实验室做实验和企业规模化生产是完全不同的。科学研究人员在实验室里搞科研更多的是思考这个实验怎样才能达到预期，材料的性能怎样，往往因为样本少经常就忽略了原材料的成本问题。但是要转化到生产上，首先要考虑的就是量产所需要的成本问题，要确保收益一定大于成本。那时候石墨烯材料非常稀缺，一克石墨烯需要好几百甚至上千元，成本问题无法解决，这样一个好点子就这样“夭折”了。

但毕恒昌不是轻言放弃的人。一个新的想法在他脑海里出现了，他开始寻找石墨烯的替代材料。因为从小生活在农村的原因，他迅速地联想起了棉花这种又丰富又便宜且环保的材料。他立即行动起来，开始以棉花为原材料提取它的纤维素来展开实验。很快，这个实验的成果被整理成论文发表在期刊上，并且传回了国内，在学术圈获得了一致的肯定。顺利解决成本问题之后，投资毕恒昌这个项目的公司也逐渐步入正轨。这个时期，毕恒昌的导师对他的项目非常支持和肯定，为他的研究提供了很大的自由度。

后来，随着技术的发展，石墨烯的成本也降了下来，毕恒昌和他的团队研究生产出越来越多的石墨烯产品，他们致力于水净化和环境净化技术，可以有效去除水里的金属、胶体、颗粒物等，并且还开发了一系列针对空气中的病毒、PM2.5、有害气体的空气净化器及高科技口罩。

现在，毕恒昌和他的团队开始研究如何不接触电梯按钮就可以控制电梯的运行。这些年来，他的研究成果和科研专利一个一个被落地转化，始终围绕着国家和社会民生需求去做研究，是毕恒昌开展科研的执着态度。

这种执着的态度一直伴随着毕恒昌的成长和发展。新加坡留学结束之后，他面临两个选择，一个是答应新加坡这边导师的邀请，继续在国外读博，另一个是回到国内读博。在国外继续深造的机会非常珍贵，但毕恒昌最终选择了回国趁热打铁继续在国内开展他的研究。多年之后，他在东南大学的博士后研究工作结束，要从南京搬到上海，接受华东师范大学的邀请去工作。做这个决定其实非常艰难，因为当时他的家庭在南京的生活已经稳定了下来，突然换到一个全新的环境，不仅他的小孩要适应新的学习环境，他的妻子还要辞去在南京的工作。但是这一次，他的家人们无条件地支持了他的工作，让他能够在更高、更好的平台上执着地实现他的科研梦想。

辗转求学近三十年，作为教书育人与科学研究并重的大学教授，学习、研究将是毕恒昌一辈子孜孜追求的事业。在学习、研究的道路上，他还要追寻更高的目标，为国家培养更多高科技创新人才，让科研在祖国大地上生根开花。

# 杨淑云：
# 上下求索，张弛自如

编者按

杨淑云，女，陕西宝鸡人，2012 年本科毕业于陕西科技大学数学与应用数学专业。2018 年从西安交通大学应用数学专业博士毕业，师从张红英教授，博士期间前往比利时根特大学数学系进行联合培养，联合培养的导师为 Bernard De Baets 教授。杨淑云现为长安大学理学院统计系讲师。

对数学的热爱让杨淑云坚持到今天，但是对教师职业的热爱让她走得更稳、更远。

## 从了解变成热爱

2008 年，杨淑云考入了陕西科技大学理学院数学与应用数学专业，在理学院初期，数学专业的基础课程对她影响甚大，数学分析、高等代数、解析几何……一门门重要的专业基础课，给杨淑云打开了一扇独特的大门。

对于刚刚步入大学校园的杨淑云来说，面对庞大的知识量和晦涩难懂的题目，想要做到融会贯通、高效学习过于勉强，因此在大学的第一个学期，她过得并不顺利。一开始杨淑云并不能理解给自己代课的老师们怎么会对数学如此地执着和痴迷。一学期下来，性格各异、善于启发式教学的老师们通过各种各样的授课方式，让许许多多像杨淑云一样处于青涩、迷茫状态的新生深入了解了数学学科的魅力，渐渐地，杨淑云学会了数学，也爱上了数学。

在这之后，杨淑云采取了归纳总结课堂笔记等自学的方法，她非常享受一个人安静学习的时光，享受遨游在知识海洋里的美好感觉。热爱给了她不知疲倦的动力，她也很快立下了雄心壮志，要尽自己最大的可能去钻研数学问题，解开一个个数学谜题。

“选择考研是因为我喜欢数学这门学科”，而更深入的动力是杨淑云对“数学分析”这门课程的聚焦和偏爱。本科期间，杨淑云的学习方向是数理统计与金融方向，而在考研的专业方向上，她和很多同学不同，她选择了理论性更强的方向，打定了主意要走理论数学这条道路。

## 并不平坦的硕博之路

确定了考研方向后，在考研学校的选择上，杨淑云也遇到了不少的困惑。

本科期间，杨淑云曾经多次听老师们提到华东师范大学，她也从小有当老师的梦想，因此她一开始将自己的目标定在了这所院校上。

华东师范大学数学学科始于 1896 年，历史悠久，底蕴深厚，它的前身包括创建于 1896 年的圣约翰大学、光华大学和大夏大学的数学学科，是我国具有重要影响力的数学研究基地、拔尖与强基人才培养基地和国家公费师范生培养基地。在 2017 年公布的教育部第四轮学科评估中，它稳妥地获评 A 类学科。名校的光环深深地吸引着杨淑云，但竞逐名校的风险给她带来了极大的挑战。也许是太过执着，难度和压力的骤然而至，使杨淑云有些喘不上气。面对巨大的压力，她尝试用各种方式解压，如空闲时坚持跑步、听音乐放松等，但是失眠等不适症状还是接二连三地出现了。在考研复习进度停滞了很长时间后，杨淑云还是妥协了，理性地作出了改变，放弃了考取华东师范大学研究生的梦想。

杨淑云请教了很多老师，结合自己未来的职业定位，经过深思熟虑后，将目标定为西安交通大学。退一步海阔天空，改变有时会产生意想不到的结果。在这前后心态的转变中，杨淑云逐渐找回了自信，找回了数学学习的技巧，最终她成功考取了西安交通大学理论数学的研究生。

曾经，杨淑云一心只想进入数学学科排名为 A 的华东师范大学，一度认为西安交通大学不会是她学生生涯的终点，但进入这所底蕴深厚的学校之后才发现，知识渊博、见解独到的教师，目标清晰、引领发展的科研平台，高效科学的科研激励体系……一切都让她对科研充满了兴趣。她淡忘了备考华东师范大学失败的痛楚，以全新的姿态融入西安交大。

在西安交大，杨淑云觉得很幸运，她有缘遇到了自己十分敬重和喜爱的导师张红英教授。杨淑云非常欣赏导师的人格魅力，与导师的志趣、追求也高度一致。从本科以来，杨淑云从来都是享受那种不断汲取知识、沉浸式学习的状态，这一点和张红英教授不谋而合。身为教授的张红英老师，既上进，又开明，每天依然在孜孜不倦地学习、思考、研究，浑身散发着积极向上的力量。张红英老师一边带着杨淑云研究，一边引导着她学习，两个人齐头并进。

2016 年，通过导师的推荐，杨淑云前往比利时开始了新的求学之路。起初杨淑云并不能适应国外的学习方式，在长达半年的时间里，与她同行的同学一个个都有了学术成果的产出，而她的实验却一无进展。经历了焦虑、困惑、疲惫和无数次彻夜难眠，杨淑云也对自己的学习和思维方式开始了彻底的反思。

这对她的求学生涯有着深刻、长远的影响。她发现，长久以来在国内的学习中，杨淑云的学习方式更多的是导师带领着她去学习，引导着她的科研方向，只要够勤奋、够努力，沿着导师的要求去探索，她都取得了相应的研究结果。而在国外，科研工作者常常要有独立的见解和研究方向，她突然间发现老师不再引导自己，而是靠自己去主动学习、主动思考。

从传授式的学习状态转变成自主式的钻研状态。学习方式上的巨大改变是她在比利时学而不得的根本原因。长达半年的适应期彻底改变了杨淑云的学习状态，回国之后她很快打开了科研的大门，一点一点地产出了学术成果。

## 新的起点，新的道路

博士毕业后，杨淑云选择了长安大学作为她教学、科研的新起点。

几年来，她带过的班级凝聚力都非常强，她经常向班长、学习委员了解同学们的整体情况和个体差异，她觉得教书很有意思，喜欢并享受着“传道授业解惑”的感觉。她认为，做一件事情、讲一门课程、搞一门学问，不要问它有什么意义，而是要问有没有意思。“有意义”是对社会说的，“有意思”是对自己说的，如果自己都觉得没有意思，怎么能把它做得有意义呢？

作为老师，杨淑云发现了很多把数学学得有意思的学生。其中有一位男生引起了她的注意，他和当年的自己一样，喜欢理论数学，每次考试成绩都接近满分，他对每一门与数学相关的理论课程都充满着学习、研究的渴望，对知识点有着独特的思考和理解。要说对这名学生没有偏爱是不可能的，看到自己的引导、教育点燃了他思维的火花，激发了他眼里的光，杨淑云总是感觉无比的舒畅和幸福。她鼓励这名学生确定考研目标时要稍微高一些，要对未来的自己有更高的期许。在这名学生身上，她看到了本科阶段的自己，以及和自己一样对数学的热爱和执着。

如今的杨淑云，作为长安大学一名普通的青年教师，她走上了一条喜欢且专注的道路。教学、科研齐头并进，尽管目前在科研上还没有取得突出的学术成果，但是她并不焦虑，更不慌乱。从立志成为一名教师的那一天起，她就有教书育人的梦想。她主动要求担任2020级理学院数学专业的班主任，把思想政治教育和教学科研紧密结合起来，立志做一名引领学生成长、点燃学生梦想的人。在杨淑云看来，做科研是急不来的事情，但是让学生在宝贵的大学四年学有所成，融入时代和国家的战略，树立高远的人生志向却是一刻都不能等待的。担任班主任期间，她常常和学生畅谈理想，引导学生树立明确的学业目标和职业目标。

“教师要春风化雨式的引导学生，每一个学生的个性也不一样，教育引导学生急不来。”杨淑云向我们坦言了她对教师职业的定位。

2021年是长安大学建校七十周年，校庆活动从年初就开始了，整个学校都沉浸在校庆的欢乐气氛中。杨淑云发现这是一个很好的思想政治教育契机，应该抓住机会让长安大学的学生了解校情校史，增进爱校荣校情感，引导学生争做新时代有理想、有目标、有行动的“长大人”。她和几个班干部商议，通过“青春与长大同行”的主题团日活动，旨在把爱国爱党爱社会主义教育同爱校荣校教育相结合，通过活动让学生了解学校发展历史和办学成就，感悟大学精神和校训文化。

活动办得非常成功。在杨淑云的指导下，学生干部精心策划和组织，全体团员同学都参与进来。同学们通过VR参观校史馆，观看校史学习视频，回望学校的历史印记，更深切地感受到了学校和老师对学校人才培养的坚定信心，对每一个学生成长成才的期望。有同学参加完活动后感慨地说：“大学岁月能与长大七十华诞相遇，此乃我辈学子之幸事。这里是知识的海洋、文化的殿堂、思想的宝库、精神的圣地，一朝‘长大人’，将永不负韶华和梦想！”

杨淑云笑着向我们透露：她现在其实压力还挺大的。的确，教学是基础，科研是支撑，家庭是保障，杨淑云努力地做好平衡，像每一个刚走出校门，走上工作岗位的青年校友一样，他们的人生其实才刚刚开始。

# 林波：
# 潜心科研，做好“西迁精神”新传人

**编者按**

林波，男，四川崇州人，2013年本科毕业于陕西科技大学轻化工程专业。现为西安交通大学化学工程与技术学院特聘研究员、博导，2021年入选省级青年人才。在*Nature*、*Angewandte Chemie*、*Advarced Materials*等国际著名期刊上发表SCI论文25篇，其中IF>10论文10篇、JCR一区论文15篇；入选ESI高被引论文有5篇，入选ESI热点论文有3篇；受邀国际、国内重要学术会议报告4次；荣获陕西省优秀博士学位论文、中国化工学会“化工与材料京博博士论文”提名奖、2021年度中国博士后科学基金资助者选介、优秀博士学位论文、“学术之星”、优秀博士研究生标兵等多项荣誉奖励；主持国家自然科学基金青年项目、秦创原引用高层次创新创业人才项目、中国博士后科学基金特别资助(站前)项目、四川省科技厅自由探索项、西安交通大学“青年拔尖人才”支持计划等项目6项；申请中国发明专利4项，授权中国发明专利1项；担任中国化学会会员，担任*Chinese Journal of Engineering*及《稀有金属》期刊的青年编委。

## 一句"我感兴趣"，在奋斗求索中成长

"化学的作用主要是服务于人民群众的生活，远古人类最初是吃生肉的，自从人类发现和学会了使用火，人类就开始吃熟食。在这个过程中人类就接触到了化学，利用物质燃烧过程中释放的能量给食物加热。随着科学技术的发展，人类把化学应用于衣食住行等生活的各个方面。"这是林波在中学上的第一堂化学课，他记忆犹新，就是这样一堂"神奇"的化学课，将他带入了"神奇"的世界。

高考填报志愿时，出于对化学的热爱，林波义无反顾地选择了陕西科技大学轻化工程专业。陕西科技大学是新中国建立的第一所轻工高等院校，在轻工行业具有重要影响，轻化工程专业源于 1958 年北京轻工业学院创立时的轻化工一系、轻化工三系。林波全程参与和见证了陕西科技大学的"三创两迁"历程，深厚的底蕴和强大的师资力量深深地吸引了他。林波深信，作为一门以加工和改变生物质基纤维和柔性基底材料性能为目的，以化学、材料、加工等相关学科为基础，研究纤维基材料组成、结构与性能及制备过程中变化规律，涉及生物、信息、材料、环境和机械工程等的交叉学科——轻化工程专业他学习四年，一定可以让他有不一样的收获。

要说大学时期对林波影响最大的一个人，还是他的本科毕业设计的指导教师李志健老师。刚接触毕业设计的题目时，林波大概预想到了自己将面临的困难，极具挑战性的题目让他近两个月的时间都在一筹莫展的苦闷中度过，李老师注意到林波的情况后，耐心地给予了他很多建议。在李老师的一番指导下，林波静下心来细心钻研，积极向李老师所带的博士研究生和硕士研究生虚心请教、学习，最终交出了一份满意的毕设作品。回想起来，他说："毕业设计不仅是对自己本科四年所学知识的一种考验，更是对自己能力的一次锻炼和提高。"

"李老师对待每一个学生都十分认真，我和李老师虽然见面不多，但每次见面他都会给我讲很多东西，这些宝贵的财富一直影响着我之后的学习、生活及工作。"李老师 1983 年考入原西北轻工业学院学习，之后留校任教至今，直至现在担任学校校长，李老师爱校如家，与陕科大同甘共苦。就是这样一位师德和学术都非常突出的老师影响了林波的职业选择。

"爱国爱党、人文精神、科学素质、创新意识、实践能力"是李志健教授提出的人才培养的五大目标。有了一起做毕业设计的相互了解，李老师鼓励

林波从事更加高深、前沿的科学探索，希望他能参与未来的科学研究和高等教育领域，鼓励他将个人的成长和集体的进步相融合。的确，只有与国家的发展同频共振、同向同行，个人才能有所作为、行稳致远。

这些人生转折过程中的谆谆教导让林波难以忘怀，让他对陕科大的培养充满了感恩之情。2019 年，林波回到阔别十年之久的母校，不禁感叹学校的变化之大，教室里求知的眼神、实验室忙碌的背影、运动场上拼搏的风采、至博大道上的匆匆，都已定格为美丽的风景。红墙绿树、碧水涟漪，教学科研设施先进一流，人才济济，人才培养、科学研究、学科建设成绩斐然。他说："做一名陕科大学子是幸运的，更是幸福的。"

## 一句"我不服输"，在无数失败中坚持

"我身上有一股不服输的劲头"，凭着这股劲头，林波进入西安交通大学化学工程与技术学院开始硕博连读，研究领域主要集中在光催化反应、催化新材料的开发、光电催化固氮合成氨、光催化制氢和光催化 $CO_2$ 还原。从轻化工程到化学工程，由于是跨专业，林波入学时激情满满，想着越努力前景就越好，没课就往实验室跑，宿舍和实验室"两点一线"的奔波，每日与之相伴十二三个小时的实验仪器，凌晨依旧灯火通明的实验室……这些都是林波生活中习以为常的状态。

然而现实却给了他当头一棒。身边高手如云，加上科研的难度和压力，他一度"觉得自己能毕业就不错了"。专业基础知识薄弱、实验一次又一次失败、论文投稿反复被拒……林波开始怀疑自己，但是从不服输的他又怎会甘愿碌碌无为，他索性静下心来反思自己。

何不用积极的心态去观察和思考？法布尔在写《昆虫记》时，通过仔细观察、多次实验，细致而生动地记录了多种昆虫的生活习性，通过对昆虫繁殖和捕食方式等方面的细微观察，最终向读者展示了一个奇妙的昆虫世界，读起来令人兴趣盎然。受法布尔启发，林波发现自己在实验过程中没有注重对实验现象的观察和反思，缺少阶段性总结，导致事倍功半，虽然每天都在做实验，却也浪费了很多时间。

"数据不分好坏，只有认真与否的研究者。不要人为地选择数据，而是要仔细分析每一个数据，看出数据想告诉我们什么。正是由于我们看到了与别人的不同之处，才能更进一步，更加深入。"导师的一番话触动了林波。在那之后，林波学会了全面深入地看待问题。

林波开始学会慢下来，渐渐地，他学会了遇到问题就想办法去解决。曾经有一个课题，新的知识体系需要林波从头开始学习，一连几周都没有做出任何结果。为了解决这个问题，他每天都在实验室忙碌到很晚才回去，回到寝室之后还要继续翻看实验记录本、回忆当天的实验，思考如何解决问题。“每天改进一点，慢慢就把这个事情给解决了。”研究进展到如今，林波碰到的实验难题也是逐步升级，有时甚至几个月都毫无头绪，但在他看来，只要有强大的动力支撑、有愚公移山的精神，最终破解难题是一种新奇有趣的体验，有一种豁然开朗的感觉。

“板凳要坐十年冷，文章不写一句空”，科研工作需要具有能耐住寂寞的“冷板凳精神”，以及日复一日地耐心和坚持。“兴趣—成果—兴趣”的良性循环激励着林波在科研之路上坐住了“冷板凳”，扛住了实验没有进展的那些时光，科研成果也终将水到渠成。

谈及自己从事科研的初心，林波认为很多都是巧合，或者说是“顺理成章”。第一次对科研产生兴趣，是在李志健老师指导下完成的毕业设计。当把完成的论文拿在手中时，林波感慨万千，这看似薄薄的论文，是一次又一次从头再来、努力拼搏的见证。虽说现在看来本科阶段的实验设计并不复杂，但对于那个时候青涩懵懂的林波来说，也充满了意料中的漫长和不易，这是林波学术道路的起点，也是他对科研产生兴趣的起点。

“虽然我一开始做实验也是屡战屡败，但失败之后的成功让我慢慢地发现：原来做好手上的工作其实并不难。”从本科生到研究生，林波完成了属于自己的转变，从被动思维转变为主动思维。本科时主要是做题、考试、实习，很多时候都是听从别人的建议，缺乏独立思考。研究生时就不一样了，需要自己设计实验方案，自己尝试做实验，需要主动思考怎么做。这就需要创新思维，多一些想法、多一些思考、多一些尝试。完成这种跨越的关键是调整心态，静下心来规划自己的阶段性目标。

## 一句“我有责任”，在立身练志中前行

博士毕业后，林波进入电子科技大学担任师资博士后、副研究员。进入新环境，林波发现，不同于硕士研究生和博士研究生阶段的基础理论研究，电子科技大学在这一领域更为注重应用研究。他意识到，自己的科学研究搞得再好，如果不能转化成实际成果，不能把论文“写”在祖国大地上，其实就不能实现科学研究真正的价值和目标。

科技成果是科学研究与技术开发所产出的具有实用价值的成果，科技成果只有转化才能实现创新价值。“创新对于科研来说是很关键的因素，但创新并非凭空而来，问题解决也不会一蹴而就，需要前期打下坚实的基础，才能在科研中发现新问题，在问题研究中找寻新方向。”谈及创新，林波这样说。

林波始终坚信，推动科技成果转化同样需要“工匠精神”。“一点一点把自己的作品打磨到最完美，这个过程中也许会浪费很多时间和精力，它需要科研工作者精益求精，不计个人得失。”如果说科学技术就是引擎，工匠精神就是士气。广大科技工作者要“大力弘扬科学家精神，勇攀世界科技高峰，在一些领域实现并领跑，为加快建设科技强国、实现科技自立自强作出新的更大贡献。”科技成果转化不是“一锤子买卖”，还涉及成果的后续试验、开发、应用、推广直至形成新技术、新工艺、新产品，发展新产业等一系列活动。“这是一个持续的过程，是需要科研人员持续参与且不断付出创造性智力劳动的活动。”作为广大科技工作者中的一员，林波执着专注、精益求精、一丝不苟，将追求卓越的工匠精神内化于心，外化于行。

2019 年 4 月，林波前往新加坡南洋理工大学进行为期一年的访问交流，短暂的交流学习经历不仅是他求学生涯中的精彩片段，也让他更加坚定地走科研的道路。“比你优秀的人比你还努力。”一位师兄的科研干劲打动了林波，师兄总是第一个到实验室，最后一个走，早 8 点晚 12 点，每周 6 天，很多同学都无法做到这一点，可这位师兄却日日不辍，一如既往，令人佩服。

交流期间，林波深刻感受到新加坡文化的多样性和开放性。新加坡华人众多，大家主要以英文和中文沟通，此外还有很多马来西亚人、印度人和欧美人。在新加坡可以接触到具有不同文化背景的人，他们来自世界各地，各有所长，在交流与合作中，往往能迸发出更为激烈的火花。“我希望能有更多学弟学妹走出去看一看，感受不同的制度和文化，由此获得的思考是珍贵的，也是有意义的。”这一段难忘的经历让林波学会了以开放的心态去丰富自己。

## 结　语

“我目睹了青年人在‘西迁精神’鼓舞下的拼搏与奋斗，见证了近年来西部的迅猛发展，西迁人的‘西迁精神’和陕科大人的‘三创两迁’精神都深深影响着我，推动着我。”林波如是说。

“三创两迁”精神与“西迁精神”一脉相承，作为西迁群体之一，陕科大的“三次创业，两次搬迁”就是习近平总书记肯定赞扬的“西迁精神”在陕科大的生动实践。作为一名西部教育工作者、科研工作者，传承好这笔宝贵的精神财富，林波深感使命在肩。陕西科技大学校徽的“蓝”，象征着浩瀚的知识海洋，代表着对未来的无限希冀，更有“青出于蓝而胜于蓝”的殷殷期盼。

课堂上，林波不忘培养学生的爱国情怀和使命感，激励学生践行报国之志的强大动力，为“西迁精神”注入新一代青年学子的血脉，赋予它新的内涵和灵魂。课堂外，林波致力于将科学研究与实际应用相结合，让科技成果真正地服务于社会，在祖国大地上开花结果。

继续发扬“胸怀大局，无私奉献，弘扬传统，艰苦创业”的西迁精神，把科研“写”在祖国大地上，用亲身经历书写科研报国故事、创新创造故事、青春奋斗故事，为西部建设、国家发展作出自己的贡献，林波一直在路上。

# 李文斌：天行健，君子以自强不息

**编者按**

李文斌，男，山西吕梁人，2019年博士毕业于陕西科技大学材料物理与化学专业。国家级科技创新团队负责人(2017年)，先后荣获首批全国高校"百名研究生党员标兵"、教育部高等学校技术发明二等奖、中国轻工业联合会技术发明一等奖、全国"工程硕士实习实践优秀成果获得者"、博士研究生国家奖学金等；已发表SCI论文24篇，其中JCR一区11篇，累计影响因子达101.2；授权国家发明专利20件，转化1件，申报国际发明专利2件，出版专著1部。作为团队负责人，获得包括"创青春"全国大学生创业大赛全国银奖(2014)及"挑战杯"全国大学生课外学术科技作品竞赛全国二等奖(2015、2017)在内的国家级竞赛奖7项，省级竞赛奖16项。

2009年，李文斌考入了陕西科技大学，从一个懵懂的大一新生开始，他就走上了科创和科研的道路。在陕科大学习和生活的近十年的时光里，李文斌从本科到硕士再到博士，以科创之火点燃了科大学子的双创热情，他所带领的团队成绩也屡创新高。让我们一同走进青涩少年蜕变为科创达人的故事。

## 功不唐捐， 玉汝于成

“天行健，君子以自强不息。”这是李文斌的座右铭，也是李文斌成长路上，一直鼓励着他不断突破自我、努力向前的力量。

李文斌出生在山西省文水县一个普通的农村家庭，从小生活在农村的他，童年的生活中没有游乐场、没有博物馆、没有公园，年少时他一直与小麦高粱、泥土溪流为伴。这里维持着农家的原始风貌，也不可避免地保留着与城市间的隔阂。李文斌家的收入来源一直靠着地里的农作物及父母农忙完又在家里养的一头猪。全家每年的收入不足两万元，减去一年的开支，几乎所剩无几。在这样的情况下，父母还要供三个孩子上学读书。李文斌读到大学时，生活的压力已经压弯了父母的脊背。常年的劳动影响着他们的身体状况，五十多岁的他们已经无法承担重的体力劳动了。李文斌的哥哥放弃了自己的学业，早早地开始了工作，帮助父母撑起这个家，供养李文斌和李文斌的姐姐读书。艰苦的生活没有阻挡住李文斌向上的脚步，反而锻炼出了一股百折不挠的韧劲。2009 年，李文斌终于考进了自己梦寐以求的大学，大学生活是梦的开始，但是经济压力也随之而来。在国家的大力支持下，大学的学费并不贵，但是几千元的学费，对于一个农村家庭也是一笔不小的开支。学费给本不富裕的家庭又增添了一份不小的压力。迫于无奈，李文斌的父母东跑西借，才最终给他凑够了第一年的学费。

进入大学以后的李文斌，随着一点点地成长，他用努力撑起了一个个耀眼的光环。可是在这很多人难以企及的光环背后，他需要撑起的还有自己的生活费用。国家助学金及生源地助学贷款的政策大大减轻了李文斌的压力。进入大学，李文斌办理了国家生源地贷款，并且申领了国家助学金，这些基本上够他的学杂费。但是生活费仍然是个难题，家里的经济情况较为窘迫，懂事的李文斌也不愿再劳累自己的父母。课余时间，在完成了班级及自己感兴趣的科创任务后，他便会寻找兼职来赚取生活费。

彼时的陕科大刚刚搬迁到西安市未央区不久，虽然学校内部基本的设施都已经具备，但周边的城市建设仍然不完善，交通也不便利。尽管如此，李文斌还是不辞辛劳去市里找兼职工作。他的大学生活一直在课堂、科创和兼职中度过，回想这四年，他可以坚定且自豪地说：“自己没有虚度一刻的光阴。”在这样的努力下，他拿下了国家奖助学金，并且用兼职的收入支撑自己的生活，大学期间几乎没有问家里要过钱。

在陕科大求学过程中，李文斌并没有优渥的物质生活。非但如此，他还要在学习之余承担起自己的生活重担。在这样的艰苦条件下，李文斌没有怨天尤人或得过且过，反而锻炼出了坚强和奋进的意志力。他像一株茁壮成长的树苗，充满着向上的生命力，努力吮吸着陕科大的资源，使自己全面成长。

## 在不断突破中"逆成长"

或许是命中注定，李文斌与科创、科研有着不解之缘。刚进入陕西科技大学，他就被科创竞赛深深地吸引了。从这时开始，科创竞赛和科研便贯穿了他从本科到硕士再到博士的十年求学历程。时至今日，他最终成为一名高校教师，仍然从事着科研工作。从一开始的全国大学生英语竞赛、高数竞赛等学科竞赛，到后来的数学建模大赛、设计大赛等团队竞赛，再到"大挑"、"小挑"、环保大赛等专业竞赛，他参加的比赛达到了20余项。这些竞赛短则几个月，最长的持续了两年之久，他对竞赛似乎有着别人看不懂的热忱。

"逆成长"，当问及他如此热爱科创竞赛的原因时，他回答了这三个字。

在他的眼里，科创比赛最大的魅力在于可以不断地挑战自己。在科创竞赛的舞台上，他可以从事自己所喜爱的科研，又能够没有上限地一路向前。在李文斌看来，不断突破、不断成长是一件非常有意义的事情。

在李文斌参加的众多比赛当中，让他记忆最深刻的莫过于"第一届创青春全国大学生创业计划大赛"了。在这个比赛中，他发现了自己很多方面的短板，并为此付出了巨大的努力。为了这一届比赛，李文斌用了两年的时间钻研专业知识，不断打磨自己的项目。除此之外，他还撰写了近10万字的材料。10万字材料不仅仅是文字数量的堆叠，到了这样的量级，材料的内容顺序、大纲结构等都非常重要。有时候，一个小点的错误便会牵一发动全身，无数次的修改也常常让李文斌和他的团队成员痛苦不堪。除此之外，李文斌还制作了20个版本的PPT，从开始的咬文嚼字，到后来每一张图片的位置，每一页PPT的构图视觉效果，他们都精益求精。如果说10万字文字需要很强的全文规划能力，那每一页PPT需要的则是心细如发的能力及不厌其烦的耐心。在这个比赛之前，李文斌虽有上台的经验，但是并算不上擅长答辩。为了弥补这方面的短板，他将短短8分钟的答辩内容演练了近百次，一字一句的顿挫，一升一降的语调，他都一丝不苟地追求自己能达到的最高标准。就是在这样巨大的努力之下，李文斌最终将团队带上了国赛的舞台，成功斩获了银奖，并且实现了陕科大工科专业学生参加创业类科技竞赛的突破。

2011年，还是本科生的李文斌意识到了材料学院无机材料方向优势特色突出，极具发展前景，于是他组建了全校首个大学生创新创业团队——无机材料绿色制造与新型功能化应用创新团队。团队创立之初，仅有5个人。虽说5个人不多，但每个人的个性不同，将5个人凑到一起工作不难，要使团队发挥最大的能量，却不是一件容易的事情。为此，李文斌找了很多有关人力资源管理的书籍，系统地学习了管理学的基础知识，成为一名自己心中合格的队长，他还考取了人力资源管理师3级证书。李文斌对科创的热情也感染着团队的其他成员，他的队伍仿佛总是带着一股蓬勃向上的朝气和势不可当的锐气。

随着团队建设项目一步步加深，他们的研究领域也开始细化，团队也随之扩大。为了满足团队科研及科创比赛的需要，李文斌带领的这只团队逐渐分化成"能源材料""压裂材料""摩擦材料""公益实践"四个特色研究小组。核心成员也从原来的5人发展到后来的19人。团队以硕士生为主，还兼有3名博士生及3名本科生。项目发展到后期，本科生的知识储备及工作阅历明显难以满足团队任务的需求，但是李文斌仍然坚持着在团队核心成员中加入几名本科生。在他看来，团队的发展不能仅仅着眼于当下一两次比赛的成与败，未来的传承也是至关重要的。因此，项目发展的成熟期，他一定要选择一些优秀的本科生，以培养为目的，发展团队的未来。

经过不懈的努力，李文斌最终获得了国家级竞赛奖6项、省级竞赛奖12项，实现了陕科大学生参加科技竞赛获奖数量和质量的新突破。2015年，李文斌受邀参加在香港科技大学举办的国际大学生创新创业峰会，他的创新创业故事成功入选《峰会论坛论文集》。

在积极投身科创的同时，李文斌也没有放松学业和科研。本科期间，他认真学习每一门课程，积极到湖北江山、山东金晶及咸阳陶瓷研究设计院等5家大型企业进行实习。功夫不负有心人，他不仅取得了优异的学业成绩，获得了包括国家励志奖学金、一等学业奖学金、华隆瓷业企业奖学金及综合奖学金在内的各类奖学金6项，成为老师和同学们心中的"学霸"。

研究生期间，李文斌作为第一作者在 *Journal of Materials Chemistry A* 等期刊发表高水平SCI一区论文8篇、二区论文14篇，累计影响因子达87.829；申报国际发明专利1项、授权国家发明专利16项，出版专著1部；参与了国家自然科学基金面上项目1项和青年项目1项；先后参加了第二届中国国际复合材料科技大会、2016中国国际功能材料大会、第二届先进功能材料和高分子材料国际论坛等会议并作报告，同时获得研究生学术峰会二等奖和优秀墙报奖等多项奖励，先后荣获科大研究生之星及优秀毕业生等称号。

一路走来，李文斌用努力为自己增添了一道道耀眼夺目的光环，但是在他看来，这些奖杯与证书并非是最珍贵的，荣誉背后自己的付出和成长才是最大的收获。

## 创新之路的传承

一个人的成长也许是渺小的，但是如果这种成长能够影响更多的人，那就不再平凡。通过几年的比赛经历，自己成长的同时，李文斌心中燃起了一个新的目标——传承。

李文斌的成长离不开老师的指导和学院的培养，因此，他希望能够将自己在省赛、国赛的经历中获得的宝贵经验分享给更多的人。李文斌曾经创立了学校第一个创新创业团队，最开始他便是以这个团队为基础来培养更多的新人。科创大赛的创业计划书都具有一定的保密性质，通常情况下，绝大多数队伍都不愿将自己的创新成果分享出去。而李文斌毫不吝啬地用自己项目的成果来带动更多人参与科创赛。在学院的大力支持下，累计接近1000人通过他的团队参与了各项“双创”活动。几年打拼下来，他的团队涌现出包括中国青少年科技创新奖获得者等在内的一大批优秀大学生。团队成员先后参加20余种省部级以上科技竞赛、获得国家级奖励35项、省部级奖励50项、注册公司4家，相关事迹受到了《经济日报》《中国高校之窗》及《陕西日报》等多家媒体的关注与报道。2017年，团队成功获批国内最高规格的大学生创新创业团队，实现了陕西科技大学大学生“双创”活动的又一次重大突破。在李文斌的科创生涯中，这是一项值得自豪的成就，也是他大学生涯中浓墨重彩的一笔。

在团队之外，他还发挥着作为一名大学生党员的示范引领作用。为了能够让“科创新人”更好地理解科创赛事所需要具备的能力，他通过丰富的科创赛事经验，总结出了队伍组建、团队建设、计划书撰写、PPT制作、现场答辩等多方面的比赛经验，在各级党团组织的指导下激励更多积极上进的大学生。他把自己繁杂的比赛经验总结为“6平台、3要素、1成长”，简洁扼要，清晰明了，深深地感染着众多科大学子，点燃了一届届学生的科创热情。他也被大家亲切地称为“科创达人”。他先后进行了30余场经验交流和科创知识培训报告，覆盖了陕西科技大学、西安建筑科技大学、西安邮电大学等高校学生5000余人，激发了广大学子参与科技竞赛的热情。同时，在担任材料

153 班"双创"班主任期间，他以课堂教学的方式传播"双创"知识，班级"双创"参与率达 90%以上。自己热爱的事情有了传承，他内心无比地欢悦，也坚定了成为一名高校教师的职业目标。

## 结　语

这几年大学校园流行着这样一种说法：每个人看起来都是一样的，大家吃着相同的饭菜，坐在一样的教室里，但是毕业后，才会发现各自的起点竟然差之千里。入学时，李文斌的起点并不算高，他的家庭除了基本的物质外，并没有给他学术的环境、开阔的视野、优渥的条件。可毕业时，他的新起点却远超了大部分同学。

鲁迅曾说："哪有什么天才，我只是把别人喝咖啡的时间都用到了写作上而已。"李文斌也是一样，他的逆袭之路依靠的不是天赐的智商，也不是珍贵的机遇，更不是拿到了有利的资源。一个个成就，都是他经过日复一日的努力得来的。

一路回首，8 年的坚守意义非凡，他觉得能够承担更大的担当，他更觉得自己的事业是伟大的。如今站在教师这个岗位上，他觉得自己有更大的责任为学院、学校乃至国家的"双创"事业贡献一份力量。

# 邓杨：
# 探索青春，从迷茫中走出自己的路

编者按

邓杨，男，内蒙古包头人，2015年本科毕业于陕西科技大学工业设计专业，在校时任校学生会办公室主任、院团委副书记，曾获陕西科技大学优秀毕业生干部、“三好学生标兵”、优秀学生综合奖学金、获推“全国优秀少数民族大学生”称号，获印尼金光集团黄奕聪奖学金、优秀学业奖学金、全国大学生工业设计竞赛二等奖，德国红点奖入围资格……设立“邓杨奖学金”、赴美留学、攻读博士学位，邓杨的每一次出发都在追寻青春的意义。如果前路是一片迷雾，你还敢奋勇向前冲吗？邓杨的答案是：敢！

## 寻前路之方向

跟大多数学生一样，邓杨的高中也是从书山题海中攀爬出来的。从高中“三点一线”的生活走进天高海阔的大学校园，邓杨表现得十分兴奋。这个对未来充满了无限向往的青涩新生，总是愿意极尽所能地去接触新的事物。

每一年的新生进入学校，总是充满着朝气，能够让校园火热起来。刚入校的邓杨恨不得将自己喜欢的社团都参加一遍，爱好的事情都做一遍。他竞选上了班长、成了工业设计专业的负责人、加入了校学生会、加入了设计艺术学院团委、加入了社会的志愿者组织……每天忙忙碌碌，加入的社团虽多，但是邓杨从来没有敷衍过任何一个。他印象中最深刻的一次是 2011 年 10 月 26 日，国家京剧院“高雅艺术进校园”当天晚上要走进陕科大演出。凌晨 1 点，邓杨在睡梦中迷迷糊糊接到了一个电话，一个带着京腔的陌生口音说：“我是国家京剧院的货运司机，我们有两辆满载国家京剧院舞台器械的大货车，从天津上一场演出结束后赶到西安，现在已经到了陕科大门口，但是天太晚了门卫不让进，你是我手上唯一的联络人，赶紧来接车!”事出从急，邓杨二话不说，摸黑起床，打电话找老师、费尽唇舌向保安解释、带路、停车、找旅馆……一直折腾到了凌晨 3 点，连车带人才算安顿好，而他却已经累得连回宿舍的力气都没有了。虽然只是一个刚进入学生会不久的干事，他却没有推诿工作，反而是尽心尽力地做好每一件事。

凭借着认真负责的品质和努力奋进的精神，大一结束时，邓杨就成了身边同届生中的佼佼者。可是，在大一结束时，邓扬看着一项项荣誉，繁华之后归于平静，他高兴之余却萌生了一种异样的感觉。随着日子一天天过去，这种感觉也愈发强烈，慢慢地，邓杨清楚地感受到：那是一种让人手足无措的迷茫之感。

大一结束后，随着对大学生活的熟悉，很多同学那份入学时的激情也慢慢地沉淀了下来，化作一个个目标，指引着大家一步步扎实地向前走。

邓杨身边很多同学都有了方向，开始向着自己的未来前进。在这样的环境影响下，邓杨心中慢慢升起了焦虑感。此外，丰富多彩又异常繁忙的课余生活，使邓杨的成绩出现了危险的“红杠”，大一期末考试多门功课亮起红灯，平均分排名在本专业的后段。他深知作为一名学生，学习才是自己的本职工作，学习上的失利如火上浇油一般，再次加重了邓杨对未来的焦虑。大二是邓杨最焦虑的一段时间，很多同学都是在解决了这份焦虑后努力向自己的未来前进，邓杨选择了相反的道路，他选择用行动一点点去尝试属于自己的道路。

无论未来作出怎样的抉择，学习成绩一定是一个非常重要的影响因素。邓杨首先着手改变自己的成绩。理科出身的邓杨，对规规矩矩的定律和环环相扣的逻辑十分敏感，却对美术缺乏一定的天赋。并且在此之前，他从来没有接触过系统地美术学习和训练。在工业设计这个专业领域，美术又是必不可少的一环，意识到自己短板的邓杨选择了牺牲暑假的所有时间，报名参加了一个设计手绘培训班。在别人旅游、游戏、兼职的时候，邓杨却在努力地对自己的短板下狠功夫。经过多轮的刻苦训练，他的手绘技术终于反超了很多同学。

课堂上，邓杨也一改之前的漫不经心，上课铃一响，纵使手头有很多事情没有处理，他也会收紧心思，让自己高效地投入课堂的学习中。经过一年的努力追赶，他的成绩让周围的同学惊叹，他从专业的倒数一下跃升到第一名的位置。

成绩只是基础，邓杨还不忘横向发展自己的专业知识和实践能力。随后他成功入选王伟伟老师设计工作室的成员。这是一个由硕士研究生导师牵头，选拔优秀研究生和本科生组成的设计创新团队，以完成设计项目和参加各类相关竞赛为工作核心。

从此，1A206 室，在这个拼起来只有几张大桌子的工作室里，他一待就是 3 年多，邓杨的身影总是会出现在这里。西安的夏天很热，那时工作室的条件还比较简陋，没有安装空调，但是邓杨及他的队员，却不顾一切地在这里“拼命”。在项目或者比赛紧急的时候，这个工作室里会出现几张凉席。深夜，月亮高高挂起，工作室终于关了灯，里面便不时传出聊天畅谈及不断拍打蚊子的声音。就是在这样的创新氛围和艰苦努力下，邓杨参与完成了多项设计研究院的设计方案和多个省市合作的设计项目。他们团队先后荣获全国大学生工业设计大赛全国入围奖一项、省级二等奖一项、三等奖两项、优秀奖一项，还入围了国际工业设计奖中最具影响力的奖项之一——德国“红点奖”。后来邓杨的个人获奖数目在本专业遥遥领先。谈起这些成绩，邓杨总是谦虚地说：“我只是比较幸运，在我想努力的时候我真的努力了。”

## 用排除法在青春之路上前进

邓杨是一位乐于奉献的人，他不仅在大一刚入学就加入了陕西省某志愿者组织，还多次组织或参加校内的志愿者活动。在他看来，奉献也将是他未来的一个方向，也是他在迷茫的前路中必将坚守的东西。

四川省北川县是 2008 年汶川大地震的重灾区，虽然经过十几年的重建，但是环境依然比较艰苦。邓杨曾经在这里进行过一个多月的支教活动。2012 年，邓杨得知学校有这样一个暑假社会实践活动时，便积极报了名，他希望通过自己的努力和所学为灾区教育事业的发展贡献一分力量。他跟随严渭青老师带领的志愿者团队，从西安到绵阳，横跨七百多公里的路程，到当地的学校进行义务支教。

在那里，邓杨见到了当年地震的遗址，巨大的震撼之感让他至今难忘。

一座学校被一块巨石完全碾压，只剩下一个旗杆孤零零地矗立着；断壁残垣、满目疮痍都不足以形容这死一般寂静的废墟……他第一次真切体会到什么叫“生命如此脆弱而渺小，生活如此美好而珍贵”。同时，邓杨也深深感受到了当地人民生活的不易及坚强奋斗的精神。他胸中似乎燃起了一团火，那一刻他下定决心，一定要在这一个多月的时间，尽自己最大的努力，帮助他所负责的学生。

一个月的支教工作在忙碌中显得短暂，临走时，邓杨晒黑了很多，但是也给他的性格“晒”出了一份沉稳的颜色。凭借支教活动中的认真负责，他还收获了“暑期社会实践优秀个人”的称号。

大学期间，邓杨的志愿服务活动时长近 200 小时，捐助资金 500 余元，组织捐助旧衣物 10 包，同时在他的鼓励和推荐下，六七十名同学也先后到该公益中心参加志愿服务，他也被中心推荐为“西安市优秀志愿者”候选人。在 2013 年环保部发起的“千人环境友好使者”评选活动中，他成为第一个以社会资格入选的志愿者。

大三的时候，邓杨也曾为是考研还是就业纠结过。但是，对于未来的不确定，邓杨从来不会徘徊，而是用实际行动进行尝试。迷茫之时，邓杨会不断地向有经验的前辈、老师们请教，但更重要的是迈开自己的脚步，向前探索。为了确定就业是否是一条属于自己的正确道路，邓杨去了很多家公司实习，让他清楚了自己所掌握的知识和前沿技术的不足，他深刻认识到想要在企业中干出一番成就，仅凭当下自己掌握的知识还远远不够。

此时的邓杨，已经在心里种下了出国留学的种子。

邓杨为未来所做的尝试并非全部是成功的，相反，失败多于成功。但是，无论是成功还是失败，都给他带来了新的感悟，他对未来的定位也会更加清晰。

对于自己本科时的迷茫，邓杨采用的是排除法，既然未来的岔路太多，那就一条一条走走看。寻路和探路一直以来都是他成长过程中的一大主题，他走过了很多条不属于自己的路，但是仍然会努力地向前尝试。不清楚自己喜欢什么，又怎会有能力寻找适合自己的路呢？

## 望未来路长

本科毕业之时，他用大学四年获得的奖学金设立了“邓杨奖学金”，成为科大第一位也是唯一一位在校设立奖学金的学生；2015 年，邓杨赴美攻读硕士学位，期间荣获“AACYF 全美华裔 30 位 30 岁以下优秀创业青年”“全美十大华人杰出青年”称号，其优秀事迹受到了人民网、中央统战部转载报道。毕业后在美国工作两年，后回国继续攻读博士学位。现今，邓杨考入了西安交通大学，成为管理科学与工程专业的一名博士研究生。

在我们的认知中，那些佼佼者都是拥有自己的理想、清楚自己的道路，并且不顾一切往前攀登的人，他们志之所向，无远弗届。而邓杨并非如此，他自然是很多人眼中的成功者、超级学霸。但是，邓杨和很多同学一样，面对未来，总是会迷茫。我们常常因看不清自己的位置和未来的方向，不由得心生恐慌、纠结和彷徨。

邓杨当时考取了南加利福尼亚大学，它是美国西海岸最古老的顶尖私立大学，也是世界著名的高等学府之一。国外留学和本科的大学生活是两个截然不同的环境，差异不仅仅体现在语言上，生活习惯、竞争环境、学习方式等都有着巨大的不同，邓杨也经历了较长时间的适应期。但于他而言，真正的困难并不是学习环境的改变，而是对发展道路的苦苦追寻。

随着学历的提升，选择也就慢慢变得更加困难。本科时期，邓杨的眼前只有简单的几条路，他可以一一尝试，可以用亲身体验来告诉自己这是不是想要的未来。出国留学后，前方似乎有着无数条路可以走。“我是谁?”“我真正喜欢什么?”他再一次有些迷茫了。

研究生毕业后，邓杨选择留在美国当地就业。尽管在知识、能力、阅历上提升了很多。但是他仍然在寻找未来的道路上，这时的他，思考的并非只有喜好，家庭、生活等方方面面都纳入了未来的规划之中。工作之后，邓杨认为自己当下的能力和学识仍然不能满足自己对未来的期望，工作两年后，他选择了放弃工作，后来考取了西安交通大学的博士研究生。

邓杨似乎从来不会后悔那些走错的道路，也不会悔恨那些所谓后退的步伐。凡是经历，皆为成长，成功也好，失败也罢，随着一步步向前的脚步，邓杨逐渐地对自己认识更加清晰，属于自己未来的那条路，也慢慢变得更加清晰。

我们的生活从来不是线性的，每个人的心中都希望自己可以一步接一步地往前走。可是现实却是走一步，要退两步，再往前走三步。我们心中的彷徨或许并不是因为前方无路可走，而是在这个让人眼花缭乱的世界中，路太多，我们不敢走。原地徘徊，定然不是解决迷茫的方法，或许，未来的答案，就藏在向前的脚步之中。

## 结　语

进入了大学，生活一下子变成了没有标准答案的开放式命题，走惯了按部就班道路的我们，不得不硬着头皮面对未来。前路似乎被一片怎么也拨不开的迷雾笼罩着，我们会手足无措，会徘徊不前。我们想要的太多，但是拥有的太少，未来也因此看上去没有方向。

迷茫和寻路，也将会是一直伴随着我们生活的一大问题。面对迷茫，没有目标时，我们或许可以像邓杨那样，用脚步寻找答案，而不是有了答案之后再迈出脚步。在经历中成长，在和前路的碰撞中认识自己，最终，筛选出一条专属于自己的人生道路。

# 惠婉珍：
# 硕果累累装行囊，一路向北展芳华

编者按

惠婉珍，女，陕西渭南人，2016年本科毕业于陕西科技大学数学与应用数学专业。硕士就读于中国民航大学理学院，博士就读于南开大学组合数学中心，目前在加拿大布鲁克大学做博士后。

对着皓月畅想，向着晨光追赶，为了梦想与热爱的拼搏，是青春年华中最闪耀的光芒，它让我们生出乘风破浪的勇气，长出披荆斩棘的志气，也让我们一步步靠近理想的彼岸。一路向北，惠婉珍一直在路上。

## 记忆回响，温暖恒在

初绽光芒，总少不了那些踏实认真的日子，在回望来路留下的脚印时，总有触动和收获。谈及在母校陕科大的日子，惠婉珍用“成长”和“收获”两个词来形容她的大学生活。

刚进入大学时，惠婉珍坦言自己其实有很多的不适应，她很感谢老师和同学们的帮助与包容，让她快速融入并开始“享受”大学生活。在陕科大的日子，她不仅收获了知识，而且让她在之后的学习生活中更加从容自信，收获了良师益友，不管是学业上还是生活上，遇到难题的时候都会有人陪伴倾听，且会给出行之有效的建议。

大学生的首要任务就是学习，在本科期间，惠婉珍的成绩一直名列前茅。对于学习的秘诀，惠婉珍认为主要就是要靠“自觉”，需要培养自主学习的能力。首先学好专业课程是最重要的，在学习过程中，如果遇到不理解的问题一定要及时找同学讨论或向老师求教，千万不要让问题堆积，否则后期很难跟上进度。其次就是要利用周围的有效资源扩充自己的知识面。陕科大为同学们提供了良好的资源库，在学校图书馆不仅可以找到专业方面的书籍，还可以了解其他领域的知识。在陕科大的日积月累，为惠婉珍今后的学习、科研之路打下了坚实的基础。

学校附近的街道，也在惠婉珍的大学时光里留下了不可磨灭的记忆，平淡的日常也成为她青春中不可缺少的部分。在课余时间，惠婉珍经常会和室友逛街、吃饭，她们最常去的就是后街和时代广场。直到现在她还会想念学校附近的美食，如后街的包子、麻辣烫，早上沁园餐厅一楼门口的鸡蛋饼，生活区、教学区中间马路旁边的各种小吃。这些点点滴滴，都成了惠婉珍美好的回忆。

“一朝沐杏雨，一生念师恩。”大学期间，惠婉珍有很多想感谢的人，其中，她最想感谢的是数学学院党委书记郭改慧老师。郭老师是惠婉珍的班主任，也是她的数学分析课程老师，同样是她毕业论文的指导老师。郭老师的数学分析课，让惠婉珍感受到了数学的奇妙，真正让她对数学这门学科产生了浓厚的兴趣。不管是在教学还是平时工作中，郭老师都非常认真负责，那些坚守与付出，惠婉珍和同学们都感怀在心。即使已经毕业多年，惠婉珍依旧和郭老师保持着联系，郭老师也常常关心她的近况。求学路上的岁岁年年，正因为有好老师的同行与引领，惠婉珍敲开了数学专业之门，也点亮了勇往直前的科研之路。

## 鲲鹏赴海， 选择远方

在奔赴远方的征程中，惠婉珍目标坚定，全力以赴，用己心绘前程。

人生道路漫漫，我们总会迎来一个又一个转折点。在毕业季，惠婉珍选择了考研。不像想象中那么顺利，她一开始报考的学校的复试没有通过，面对考研调剂，她也犹豫了很久，直到复试完被录取了，她都没想好要不要去，在确认录取截止时间的前几个小时，她突然感到身体不适，经历一次病痛或许也让她下定决心接受录取。或许当初的选择并非首选，但一切都是最好的安排，如同千里马遇见伯乐，惠婉珍在中国民航大学遇见了她的硕士导师彭江涛老师，彭老师带她踏入科研的道路，惠婉珍也在耳濡目染中学会了很多做人、做事、做科研的道理。

硕士阶段的学习让惠婉珍感觉做科研是一件很有趣并且有着极大成就感的事情。为了钻研探深，取得更多、更好的成果，惠婉珍选择了继续深造，读博延续她的科研之路。

独自一人远赴海外，漂泊在外的游子总会在某一刻思念故乡。惠婉珍出生在一个很普通的农村家庭，家中还有一个弟弟。惠婉珍的父母一直非常支持她继续读书，从不干涉她的选择，从本科到硕博，从国内到国外，父母总是为如此优秀的女儿而感到骄傲。惠婉珍深知父母的艰辛，她将这份血浓于水的养育之情深深记在心里，努力奋斗着慢慢回报父母。

每遇到一个新环境，惠婉珍都慢慢学会适应。十二个小时的时差、上万公里的路程总会勾起惠婉珍思念亲人朋友的愁绪。在生病不舒服的时候她便更渴望有人陪伴，希望家人朋友陪在身边。追梦路上免不了各种艰难，可就是“再努力一点”的坚持让惠婉珍得以继续探索数学的奥秘，取得更多的研究成果。渐渐地，惠婉珍也熟悉了国外的环境，她也和合租的新朋友一起去附近的商场，生活更加熟络与自如。

年轻一代身处充满竞争的环境，升学、毕业、就业、升职等压力接踵而至，博后的学习工作当然更有压力。惠婉珍作为一名青年科研工作者，她认为最大的压力就是各种考核制度带来的学术成果压力。于她而言，最主要的是要调整自己的心态，合理规划自己的科研目标，切忌钻牛角尖，顾此失彼，要适当劳逸结合。她深知，压力也是一种动力，不要总想着没有完成会失去什么，而是要换一种心态想着完成了会得到什么，这样才可以轻松快乐的工作。

学霸的世界并非全部都是学习，惠婉珍也有很多兴趣爱好。自从到了硕博阶段，她的性格更加开朗，兴趣爱好也更加广泛，平时空闲的时候她会和朋友一起玩桌游，也会在空闲时间去玩几次剧本杀。惠婉珍平时也会追剧、追综艺，她特别提到《明星大侦探》，何炅、撒贝宁等学识渊博又有趣幽默的明星她都很喜欢。同时，惠婉珍特别喜欢运动，跑步、打羽毛球、打乒乓球等都是她喜欢的项目，博士阶段她还拿过数学中心举办的羽毛球赛、乒乓球赛的冠军。养成良好的兴趣爱好，也是她全面发展不可或缺的一环。

关于出国深造如何学好英语，惠婉珍有很深的感悟。她是在确定出国申请一年前才开始练习英语口语的，她在网上下载了练习口语的 App，每日坚持打卡练习。惠婉珍说她过去学习英语只是为了考试，更注重读写，所以听说就没那么好，到现在练习也快一年了，虽然自己的英语口语水平有一些提高，但还远远达不到顺畅交流的程度。刚到陌生的国家，她尤为感到胆怯，能不说就不说，这也可能是她目前最需要克服的问题。所以惠婉珍建议大家一定要多多练习口语，培养英语语境，大胆说出口，提前作好准备，要学会借助互联网的便利，找到适合自己的学习方法。

## 前路传音，梦想开花

青春时光匆匆易逝，一去难留，但是，青年的理想炙热无比。惠婉珍带着年少时的兴趣和梦想，一路向前。

从读书起，年幼的惠婉珍就有了成为一名数学老师的梦想。由于惠婉珍的姑姑是数学专业毕业，在高校任教；又因为她的数学成绩一直都很好，于是在高考填报志愿时，惠婉珍毫不犹豫地选择了数学专业。那时的她其实对数学学科认识并不多，单纯因为喜欢和热爱选择了数学。惠婉珍还记得之前做家教时，她所教导的学生成绩进步时，她便由衷感受到一种满足感，通过自身努力让别人取得好成绩时，那一瞬间会觉得自己所有的付出都值得，自己是被社会需要的，这同样也是在实现个人价值、社会价值。

从小播下热爱的种子，在日积月累中慢慢发芽结果。后来，惠婉珍发现自己越深入研究数学，就越热爱数学，年少时的梦想也慢慢变得更加清晰坚定，她的职业规划也更加具象，就是反哺社会、教书育人，回国在高校任教。

惠婉珍目前的研究方向是组合数论，属于应用数学专业，它是一个偏理论的研究方向，现在还有很多经典的、有趣的猜想未被解决。在惠婉珍看来，每解决或改进一个小小的问题她都会觉得非常有成就感。当然在科研过程中，偶尔也会有迷茫、退缩的时候，这时惠婉珍选择适当放空自己，然后再重新整理心情，但她从来没有想过放弃，也从没怀疑过自己的选择，因为她说：“我一直都是在做自己喜欢的事情。”

当被问及数学是否更适合男生学习时，惠婉珍明确表示她并不赞同这种观点。

从本科到博士阶段，她所处的环境其实都是学习数学的女生比男生多，而且很多女生在数学方面都非常优秀。惠婉珍提到，要想学好数学，不光需要有聪明的头脑，更需要有持之以恒、刻苦钻研、缜密细心的精神，所以她觉得适不适合学习数学是要看自己的兴趣及思维特点，而不在于性别。

只要一谈及数学，惠婉珍便兴奋地讲述她对这一学科的认识。在她看来，数学是将我们生活中遇到的问题抽象化，用数学语言解决一类问题，将经验理论化的过程。数学也不只局限于数学学科，像计算机、经济学等也都会用到数学知识。

经常会有人问她："学数学只能去教书吗？"其实不是这样的，选择进入学校教书，是因为热爱教育事业，她喜欢教育人、引导人，在传播知识、影响他人的过程中能体会到幸福和快乐。学数学除了要掌握很多数学知识，更重要的是培养良好的数学思维，这也是很多企业非常看重的能力素质，惠婉珍身边也有不少同学选择入职互联网、银行、航空业等，大家都有光明的未来。

在多年学习数学的过程中，惠婉珍也总结出要想学好数学，想象力、理解力、严谨性、钻研性等都非常重要。遇到复杂的问题，可以先自己思考，给自己设置一个时间段，在此期间只要有想法、有灵感，就可以先尝试去解决，失败了也无所谓，至少可以排除错误方法。如果在此时间段自己解决不了，那么可以找同伴或者导师讨论自己的想法，有时可能就是别人的一句话、一个动作就会让你豁然开朗。

面对身边人对自己求学经历的赞美，惠婉珍始终保持着谦逊的态度。"我其实并没有觉得自己现在已经成功了，完成学业只是达到了我理想职业的基本要求。"在加拿大布鲁克大学做博后，深入研究组合数论问题，惠婉珍认为这一切才刚刚开始，"现在才是我职业生涯的起点，未来我还需要更加努力，希望可以在教学中得到学生们的认可，在科研上有拿得出手的学术成果。"

现在的惠婉珍正努力朝着成为一名合格且优秀的高校教师而努力。她描述着心目中关于好老师的标准，首先要具有扎实的学科专业知识及较强的教学研究能力，在提升自己学识的同时也要懂得如何准确高效地传授给学生。与此同时也要具备较高的职业道德修养，遵守教师职业道德标准。同时，教师作为一名科研人员，要有强烈的求知欲、执着的钻研精神，也要有以勤补拙的努力和坚持，同时也要有胆量，敢于挑战难题，更要有团队精神，懂得虚心向老师、同学请教和学习。

揆诸当下，科研圈也陷入了"卷"的氛围。惠婉珍以博士毕业求职为例，讲述了她对于"内卷"及如何面对"内卷"的观点。如果学术成果只是达到学校博士毕业的要求是远远不够的，毕竟现在各大高校的招聘要求都很高，而且入职后晋升的考核制度也是很严苛的。因此，不管是哪个行业，面对"内卷"，首先要提高自身能力，增加竞争优势，其次要保持独立，不要为了"卷"而"卷"，尽量减少"内卷"对自己的消耗，要对自己的各方面能力有一个正确的评估，找对自己的节奏，保持原则，坚定自己的研究领域。

对于未来，惠婉珍有着自己的期许和愿望。成为一名光荣的人民教师，是惠婉珍从小的梦想，她想用自己的专业知识为社会做出点贡献，扎根讲台，一辈子教书育人。成为一名光荣的人民教师，是惠婉珍出发的起点，也是她奋斗的支点。

现阶段，惠婉珍认为“每个阶段都是最好的”，现在的她有家人的理解与关爱，有朋友的鼓励与陪伴，有老师的支持与帮助，正做着自己喜欢的事情，为自己的梦想努力着。面对问题，她总是保持积极乐观的态度，“求其上者得中，求其中者得下，求其下者无所得”。对自己有信心，相信自己做得到，才能朝心之所向越发靠近。

一路走来，惠婉珍的每一个脚步、每一个方向，都有梦想和努力的浇灌，这是属于她的青春奋斗日记，也是无数青年奋斗岁月里熠熠生辉的风景。

# 郑永飞：
# 星火闪耀，奔赴的前方光芒万丈

编者按

郑永飞，男，山西朔州人，2020年硕士毕业于陕西科技大学机械设计制造及其自动化专业。目前在同济大学计算机科学与技术专业攻读博士。他为人热情活泼、积极向上、责任心强，在陕科大读书时曾担任团支书书记、社联理事长、团委副书记等学生干部职务。

眼里有火，心里有光，不惧前路，坦然前行，郑永飞将共产党员的初心使命始终牢记在心，把青春播散在奋斗的征程中，把理想镌刻在时代的碑石上，创造着当代青年热血激昂、势如破竹的精彩篇章。

## 脚踏实地，铸前进之路

“可以说，我人生中最重要的七年是在陕科大度过的，陕科大见证了我的成长，而我也见证了陕科大的成长。”郑永飞本科和硕士都是就读于陕西科技大学，这七年的时光，在他宝贵的青春年华里留下了浓墨重彩的印记。

“丰富多彩、快乐成长、收获满满”，这是郑永飞自己总结的在陕科大的珍贵记忆，简单的文字却透露出质朴纯粹的温情。回想当初的母校，2013年刚入学时，学校门口有些道路还不是水泥路，而是那种黄土路。那时候时代广场还没开业，出行也不是很方便，学校离地铁口比较远，336 路公交车是去市区最好的交通工具。那时候宿舍也没有免费的无线网络，想要上网还有要买按照小时计算的网络流量。当然也没有空调、热水器等。而今天的母校已经大变样，陕科大愈来愈好，人才辈出的同时，学校的基础设施也大大改善，不论是学校的条件还是周边的环境都更好了，同学们的生活与学习也更加方便。“网红”食堂——二食堂、新苑餐厅都让郑永飞念念不忘，想回母校“打个卡”。

责任心是郑永飞踏实前进的支点。本硕 7 年的时间，陕科大为郑永飞提供了广阔的天地，他在学生干部的岗位上历练成长，愈发成熟。从刚入学就担任的班级团支部书记，到本科期间的党支部副书记、学院团委副书记、社联理事长，再到研究生期间担任班长、党支部书记、研究生会主席，一路走来，郑永飞在各种类型的学生干部职务上踏实肯干，即使身份转换，但是他作为一名学生骨干的担当与初心却从未动摇。面对来自五湖四海的同学们，面对许许多多需要随机应变的考验，郑永飞总是以朝气蓬勃、热情洋溢的面貌，身先表率践行“服务者”的责任。在郑永飞的带领下，他所在的班级评优评先都屡获佳绩，班级氛围无比和谐团结，大家都拧成一股绳，凝聚力非常高。后来担任社联理事长和团委副书记的时候，郑永飞作为学生负责人开展学院“非专业素质”专项，面对未知的初始阶段，郑永飞积极探索，与伙伴们进行了多番探讨尝试，在齐心协力之下一步步推进项目开展，他们做出的每一个成果都是巨大的进步，这也让他第一次体会到了可以做好事情的喜悦。

从事学生工作的初期，郑永飞也会因不熟悉、无经验而感到迷茫，每个人都要经历从不懂到懂的过程，郑永飞便在一次次的实践历练中总结经验，增长本领见识，充实自己。这段经历对他的影响很大，“我懂得了如何和人相处、如何去创新、如何去开始一项新的事业。这也培养了我积极向上、想干就干的思维和能力。”

我们常听人说：“大学就是一个社会。”大学校园，不仅仅是让我们从书本中学习理论知识，更重要的是让每个青年人真切体会从校园到社会的一个过渡。郑永飞真正做到了将理论与实践相结合，做到了身为学生干部应尽的责任，实现正向的思想引领与正确的行动表率。

叩开回忆的窗，那些值得珍藏的宝贵回忆总离不开值得感谢的人。郑永飞直言“我要感谢的人很多”，有本科期间事事俱细、操心学生学习和生活的辅导员吕少忠老师，有研究生期间在学习的道路上指点迷津的辅导员李程程老师、史韵老师，还有陪他共同迎接挑战的好伙伴，以及那些年一起参赛、一起熬夜的舍友、同学们。太多感谢的话只能留在心底，但这些值得感谢的人铸就了郑永飞开朗活泼的性格，让他在欢声笑语中快速成长，收获许多重要的成果和不俗的成绩。在陕科大的7年，郑永飞与老师、同学们都建立了深厚的友谊。“这个阶段的友谊可以说是人生中最重要的，真实、真心、真意。”

“博观而约取，厚积而薄发。”7年时光，如白驹过隙，转瞬即逝，可对于郑永飞而言，在陕科大的日子点点滴滴都是收获，一路积累，才铸就了如今的自己。

## 笃行致远，蓄科创力量

“你必须很努力，才能看起来毫不费力。”看似轻松，实则是无数个日日夜夜的努力浇灌出来的成果。

郑永飞在大学期间除了基本的学习任务，还一直担任学生干部，带队做兼职，参加各项科技竞赛、商业竞赛等，忙碌充实的生活让他片刻都不得闲。这也让他在学习上有了自己的经验，郑永飞认为大学的学习主要是靠自觉。到了大学，一个人的理解能力、学习能力基本都已具备，只要能够踏踏实实跟着课程进度，再加上自己课后的阅读与理解是完全可以达到目标的。在遇到问题的时候一定要和老师、同学们进行交流，每个人的理解和想法都有所不同，解决任何一个问题都可能会产生各种不一样的甚至更好的想法。

在本科后期阶段，面对考研还是就业，郑永飞并没有如今大学生的犹豫，当时从全国的形势来看，考研的人并没有现在这么多，热度也大不如今。像大多数选择考研的人一样，郑永飞同样认识到本科时期学到的知识和技能，可能很难支撑我们去做深入的研究，更多的是偏向技术应用方面，因此他义无反顾地决定考研。但无论何时，考研都不是一件轻松的事。独自踏上考研这条路，日复一日地刷题、背诵、巩固，就需要坚持半年多的时间，需要承受无形的压力与孤独。回看那段经历，即使有过痛苦的情绪与悲伤的夜晚，但如今看来，郑永飞认为这对于人生的成长有着巨大的帮助，生活的许多阶段都是需要忍耐那些似乎看不见光的至暗时刻，坚持再坚持，才能够真正做成功一件事。就是凭借这股勇气与毅力，郑永飞陪伴了陕科大又三年，继续攻读机械方向的研究生。

与选择读研的初衷一样，郑永飞还想再多学习一些。揆诸当下，学科交叉发展已经成为主流趋势，机械配合人工智能是一个非常有前景的方向。以后可以从事的行业和工作也会更加广泛，也更能使产出落地，能够有真正造福社会的成果，于是本科和硕士都是机械方向的郑永飞读博选择攻读人工智能方向。

“读博可以磨炼自己的意志，拓展自己的交际圈，也可以给自己更加开阔的视野和更大的平台，对实现自己的人生价值和目标能够起到更大的作用。”在郑永飞听从自己内心的声音确定要读博后，面临的第一个关键问题就是选择合适的学校，每个学校的要求都不一样。当时考博有两种方式，一种是考试型的，和考研相似，适合成果较少的同学；另一种是申请考核，对于有一些成果的同学，选择申请考核是更好的方式。

曾经吃过的苦、流过的汗，在某一天忽然会看到希望的曙光。当时的郑永飞已经有了一些论文和专利，在这些成果的加持下，他选择了申请考核的方式。主要是两个环节：材料提交和复试。按照报考学校的要求，提交材料后便是安心等待，而这个等待的阶段往往是最难熬的。材料审核通过后便是复试环节，复试一般都是以面试的形式进行。当时郑永飞在选择学校的事情上，查了很多学校的要求，最终确定了西安交通大学、同济大学、南京航空航天大学、西安电子科技大学四所学校报考。在时机和综合考量之下，最终郑永飞如愿通过了同济大学的考核，获得了同济大学的博士入学资格。在郑永飞看来，申请博士其实相对考研更简单一些，但是也不能掉以轻心。简单是说不需要像考研那样系统地复习，花费那么多的时间和精力，因为现在很多学校都是申请考核制度，提交自己的个人材料和成果，不需要反复考试。而困难在于标准一般都很高，尤其是要去名校，要求会更高，专利论文、科技比赛获奖证书等都不可少。

考研是一场考试，考博其实也是一次综合能力的评估，这些都离不开多年的积累和日复一日的努力。郑永飞将过往的汗水，化作前进的动力，支持他继续在科研之路上昂首阔步、大步向前。

## 信念指引，燃理想之光

心系远方，梦起脚下。在与郑永飞的交流采访中，我们总是能从这位博士口中听到“我想要造福社会”这句话，提到这，他不仅眼里有光，心中更燃着一团火。

从初入大学锋芒毕露的学生干部，到如今深耕实验室、埋头研究的青年科研工作者，郑永飞青春的底色是爱国、爱党。他说：“我要做一名优秀的共产党员，为了党的发展和人民的幸福不断奋斗。”这是支持他一路向上走的根本原因，也是他心中那簇炽热的火苗所在。

郑永飞考博的初衷其实是想要多学一些东西，支撑自己未来可以深入一个领域，做出一些好的研究成果，造福国家和人民。研究生期间，郑永飞学会看文献、做科研，这些都为以后能够继续搞科研奠定了基础。如果要说自己的一次高光时刻，郑永飞谦虚地回忆起来曾经获奖的经历。他还记得在陕科大读书期间，获得了十四届研究生电子设计竞赛全国一等奖和第六届中国好设计创意奖，这是他第一次真正走出了学校，走进了全国。郑永飞意识到自己做的项目也可以得到众多院士、专家、同行的认可。仿佛一瞬间，自己付出的一切都不算什么，他的人生有了闪光点，不再平平无奇。“人的一生，如果只为自己而活，是非常简单的，但是却没有多大意义。作为一个依赖于社会的个体，我们的价值与为社会作出的贡献成正比。因此，要想实现自己的价值，就需要我们立志高远，不断奉献自我。”郑永飞满怀的社会责任感与使命感，也点燃了每一位心存高远、意气风发的青年的心。

眺望未来，郑永飞希望自己能在宝贵的青春年华多发论文，毕业后能够在自己研究的方向继续深入，持续提升自己的能力、经验等，有合适的机会，郑永飞也希望能到基层做一些有价值的事情。勇立时代潮头的弄潮儿必定要在滚滚大潮中历练。我想，郑永飞未来的舞台一定在人民需要的地方、在广袤的祖国山河里、在无边的基层天地间。这份热血，是郑永飞身为一名光荣的共产党员的初心使命，更是他出发的起点、奋斗的支点。

当然，实现心之所向从来不是只有一条路。对于学弟学妹们读博，郑永飞也有许多真切的建议与心里话。当今社会，学历高是有很大的好处的，不论是对于自己的发展，抑或是对于自己人生价值的实现来说，都有非同一般的影响。如何做出选择，要不要读博士，不应该听从他人的看法，而是要从自己未来想要做的工作考虑，说实话很多工作是不需要读博士的，读博不仅意味着学历的提升，还需要考虑到年龄、生活、家庭等很多相关的事。博士更加偏重研究型，一旦确定要读博，就要坚持到底，一往无前，在这个领域钻深研透。另外，如果从一开始就确定想要读博，也可以采取直博的方式，这样可以节省更多的时间。

科研可以说也是一个行业，需要具备一个行业的基本技能，如郑永飞现在所研究的人工智能方向，编程、阅读、总结、绘图、写作等都需要不断学习、不断精进。要想产出好的成果，最关键的是要有悟性和创新能力，这个可能也是判断一名科研工作者水平高低的关键。郑永飞当下博士期间的生活，或许相比大学本科期间，是比较单调的，基本都是宿舍、食堂、实验室三点一线，有时候一进实验室就相当于与外界隔离，沉浸在科研的世界里一下子就是一整天。当然，这也并不意味着与外界断绝了联系，优秀的科研工作者也不能“两耳不闻窗外事”，需要兼顾各个方面，在很多事情上都能表现突出，做出成果，收获满满。

他除了学校安排的实习，自己曾到一个新能源电池公司实习过两周。在实践中巩固专业知识，也学习到一些新的基本知识，举一反三、融会贯通，郑永飞在这期间还收获灵感，申请了3个专利。除去学习工作，想要做出好的科研成果并不能完全把自己禁锢起来，尤其是在寻找研究点和创新解决方法的时候，更需要走出实验室，走进广阔的世界。郑永飞认为适当的放松非常重要，如运动、爬山、吃美食、阅读等活动，节省脑力、放松身心的同时也能促进灵感的迸发，他在课余时间积极找寻生活的乐趣，也同样为科研工作注入无穷的活力。

放眼当下，“内卷”盛行，在科研圈这种“内卷”的现象更是常见。郑永飞想以一个“多走了两步路”的学长身份对学弟学妹们说：“无论何时，我们都要做一个充满阳光，对社会有用的人，这就要求我们要不断地去学习，不仅局限于自己的专业，更要学会包含其他的专业和能力。”郑永飞自己便是带着这种坚定的信念，在自己的领域扎根，更是愿意不断接纳新事物，跳出舒适圈，为社会做出更多的奉献。

“立志高远，坚韧不拔，积极向前。”这是郑永飞对学弟学妹们的期许，同样也映照出他自己的人生座右铭。无论在何时，郑永飞都怀揣着心中滚烫的热爱与追求，选择对自己更高要求的方向，努力提升自己，他说：“这当然不仅是为自己而活，更多的是要做一个对社会有价值的人。”

有创造力的少年不会就此止步。星火闪耀，郑永飞的前途光芒万丈。

# 创新创业篇

# 刘一军：
# 打破国外技术垄断的陶瓷领域创新者

编者按

刘一军，男，湖北天门人，1994 年本科毕业于陕西科技大学（原西北轻工业学院）硅酸盐工程专业，陶瓷工艺高级工程师（教授级），现任蒙娜丽莎集团股份有限公司生产技术副总裁、蒙娜丽莎集团国家认定企业技术中心副主任。先后获全国劳动模范、佛山市劳动模范、全国轻工行业劳动模范、首届佛山市创新领军人才、首届佛山·大城工匠、中国陶瓷行业突出贡献科技专家等荣誉。至今共获得授权发明专利 53 件、中国专利优秀奖 2 项，获得省部级科技进步奖 7 项，发表论文 18 篇，主编参编国家及行业标准 5 项。

“作为一名陶瓷行业的全国劳动模范，我深感责任重大，任务艰巨，今后我要把责任和压力化为动力，继续坚守陶瓷行业技术创新，坚持绿色发展和智能化发展，为擦亮佛山陶瓷这一响亮的世界名片而努力。”全国劳动模范刘一军如是说。

## 乘风南下，企业成长“见证者”

“我们高考时，和现在一样也是千军万马过独木桥，但相对来说，压力还要更大一些。”刘一军的家乡在湖北天门的农村，经济虽不发达，却是鱼米之乡，崇尚读书的风气非常浓厚。在刘一军所处的那个年代，考上大学对自己和家庭而言，都意味着命运的转折，意味着从农村到城市的一个巨大飞跃，像天梯一样直达另一种人生。那时候，考上大学，走出农村，端上铁饭碗，改变命运，是所有农村学子的梦想。到了现在，“孩子们整体物质条件、生活条件都变得更好了，考上大学更像是一种自我价值的追求，毕竟通往成功的路不止这一条。”

天南海北的学子聚在一起，不同的口音、不同的饮食和生活习惯，让刘一军了解了各省不同的文化，极大地开阔了视野。最重要的是大学里知识渊博的老师、纯朴豪迈的西北黄土地文化，教会了刘一军脚踏实地、吃苦耐劳，培养了他乐于助人的精神品质，这些深深地影响着刘一军的职业生涯发展。

1994 年 7 月，刘一军本科毕业。那时，国家开始试行自主就业和统一分配相结合的就业政策，他通过师兄师姐的推荐，分配去了建材行业的国营武汉瓷厂工作。他从车间实习开始，做过生产线操作工，也担任过车间工序质检和窑炉领班，从工人师傅们那里学到了许多做事、做人的学问和道理，也向主管技术的前辈们学到了陶瓷生产工艺的专业知识，完成了从学校到社会、从学生到员工的转换。但是由于体制受限，武汉瓷厂经营业绩下滑，人心逐步涣散。有不少技术骨干南下广东，开启新的职业发展道路，这给了年轻的刘一军丰富的想象空间，在佛山工作的同学也不断鼓励他去佛山工作。1996 年 7 月，刘一军在内心经历了大城市、铁饭碗和未来发展之间的艰难选择之后，下定决心扔掉身份，他追随着改革的春风，南下来到被誉为“南国陶都”的佛山，应聘进了蒙娜丽莎集团。

刚刚进入蒙娜丽莎集团时，刘一军还只是技术部一名普通的技术员。那时的他一边适应广东的生活，一边接受快节奏的佛山陶瓷企业工作模式。所幸在当时蓬勃发展的佛山陶瓷大军中，蒙娜丽莎集团是少有的一家由外省专业人员担纲技术和生产管理的企业，同时公司不少关键技术岗位上都有来自五湖四海相关专业的大学毕业生。这种唯才是举、广纳英才的管理方式奠定了蒙娜丽莎集团走向专业、规范、创新、品牌发展的基础，也为刘一军的快速成长提供了良好的空间。

伴随着公司产品从瓷质彩釉砖、水晶砖、渗花抛光砖、微粉抛光砖的不断升级换代，刘一军的技术水平也不断得到提升。1998 年，蒙娜丽莎集团由集体所有制转为民营企业，随后研发部从技术部分离，由刘一军担任经理，从复合微晶玻璃的研发开始，蒙娜丽莎集团就此开启了生产一代、研发一代、储备一代的创新发展模式，也开启了蒙娜丽莎集团和高校、科研院所的产学研合作发展模式。在这个过程中，随着跟国内众多顶级专家、学者不断交往和学习，他创新的视野和能力也不断开阔和提升。

2004 年，随着公司股东层和经营层分离管理模式的实施，刘一军开始出任集团主管技术研发生产的副总裁，成为公司的高层管理者。从那之后，他始终致力于建筑陶瓷的绿色制造研究开发和技术管理工作，在完成国家“十一五”科技支撑计划重大项目“陶瓷砖绿色制造关键技术与装备”的基础上，自主研发了大规格干压陶瓷板产业化等行业领先技术，带领公司技术研发团队先后主持了国家、省、市级科研攻关项目 7 项，开发的新产品、新技术通过省、市级科技成果鉴定 48 项；荣获省、市、区各类科技进步奖 28 项。多年来共获授权发明专利 54 件、实用新型专利 11 件，PCT 申请 4 件，获美国授权发明专利 1 件、日本授权发明专利 2 件、欧盟授权发明专利 1 件，主编、参编著作 5 部……这些创新性的技术打破了国外技术垄断，填补了国内空白。

通过整合新技术、新工艺和新材料，运用系统的方法和手段，刘一军带领技术研发团队生产出低碳、环保并被消费者认可和欢迎的产品，例如成功开发并产业化生产的雪花白、微晶石、美感白等众多技术含量高的建筑陶瓷新产品。由于在行业发展中的突出贡献，他先后获得国务院特殊政府津贴、全国轻工行业劳动模范、佛山市节能减排先进个人、佛山市领军人才等多项殊荣。

## 破除迷雾，绿色环保“践行者”

2007 年，佛山市委市政府针对陶瓷行业展开了“扶持壮大一批、改造提升一批、转移淘汰一批”的产业提升与环保整治风暴，诸多扎根佛山多年的陶瓷企业面临着何去何从的选择，一大批陶瓷企业因环保不过关在政府部门的重拳整治下纷纷向外扩张、迁移甚至关停。

风暴之下，处于国家 5A 级景区西樵山旁的蒙娜丽莎集团自然不敢有丝毫的松懈，坚持绿色低碳、节能减排、循环经济的发展理念，先行一步对公司废气、废水、废渣等污染物大刀阔斧地进行全范围的综合整治。与此同时，蒙娜丽莎集团西樵生产基地各烟气排放口率先安装上了在线实时监测系统，成为佛山南海区第一家安装此系统的陶瓷企业。

随着建筑陶瓷企业的原料供应日趋紧张，优质原料日益枯竭，这对产品本身提出了更高的要求。除了环保整治，作为生产技术负责人的刘一军和他的团队早早就意识到，唯有在保障品质的基础上减少资源消耗和污染物排放，研发生产出新型产品，才能从根本上解决问题，从而使公司拥有强大的竞争力。这也是世界陶瓷产业可持续发展必须解决的关键问题。

面对20世纪90年代陶瓷行业粗放型、高污染、高排放、高能耗的生产模式，蒙娜丽莎集团意识到必须进行改革，先行一步对公司环保设备进行升级，对废气、废水、废渣等污染物大刀阔斧地进行全范围的综合整治。于是，在集团的引领下，刘一军和团队一起着手对建筑陶瓷的节能、环保、安全、降耗、低等级原料应用等方面进行深入研究开发。2006年公司承担了国家“十一五”科技支撑计划重大项目，该项目历经两年时间，克服了多重技术壁垒，终于厚积“薄”发，成功研发出规格达到900 mm×1800 mm，厚度仅为3.5～5.5 mm的大规格建筑陶瓷薄板，并建成全国示范生产线。

针对这一创新产品，刘一军牵头制定了《陶瓷板》国家标准和《建筑陶瓷薄板应用技术规程》行业标准，近年来也一直积极参与陶瓷板、砖国际标准制定，使中国陶瓷获得了国际话语权。蒙娜丽莎集团因此成为国家建筑卫生陶瓷标准化技术委员会(SAC/TC249)的建陶行业唯一副主任单位。

随后，刘一军还作为主要负责人参与完成了“瓷砖薄型化与陶瓷废渣高效循环利用关键技术研发及产业化”项目，自主创新开发出不外加发泡剂、抛光废渣使用量占50%以上、产品规格达1000 mm×2000 mm×(8～20)mm的大规格轻质陶瓷板。该成果有效替代传统陶瓷50%以上的原料，可有效缓解国内大量陶瓷生产原料的来源问题，解决因陶瓷抛光废渣填埋占用土地和处理废渣消耗人工、设备及二次环境污染等环保问题。

多年来，刘一军及其科研团队从未停止对节能减排、清洁生产的追求，开展固体废弃物的资源化利用、节能环保型建筑材料、新型墙体材料及应用等方面的研究，通过技术创新为陶瓷行业绿色发展作出贡献。

## 潜心研发，产品升级“攻坚者”

“初入公司的画面还在眼前，连我自己也想不到可以在一个行业、一家企业坚持如此之久。”人生的路也许就是靠毅力支撑着前进的，但要细说原因可能刘一军自己也不清楚。最初，刘一军只是想着学有所用，把本职工作做好，后来，感觉自己越来越离不开行业和岗位，不知何时对陶瓷有了深深的热爱和牵挂。

传统装饰幕墙材料的常规尺寸较小，更适用于幕墙装饰及各类室内装饰，蒙娜丽莎集团生产的超大规格陶瓷薄板不仅在环保上先行一步，在实际应用中也发挥了巨大优势和潜力。随着经济社会发展，城市建设规模越来越大，全国范围内大型文化、经济中心项目纷纷兴建，美观且实用的超大规格陶瓷薄板更好地迎合了各种市场需求。超大规格陶瓷薄板更适合现有的建筑模数，既可减少接缝，又能够加快工人施工速度，是环保、美观和效率完美结合的典范。

在刘一军看来，没有自己的核心技术，没有产生足够的附加值，卖陶瓷就跟“卖泥巴”是一样的。从 900 mm×1800 mm 到 1200 mm×2400 mm，大规格陶瓷板的创新意味着蒙娜丽莎集团在技术上需要朝着更高的方向突破。超大规格的陶瓷薄板不是简单靠压机吨位扩大就可以生产出来的，尺寸变大后，需要对设计、生产工艺技术等多个环节进行创新，才能同时实现大规格与牢固度的统一，使鱼和熊掌可以兼得。在刘一军的带领下，研发团队对超大规格陶瓷薄板的技术环节逐一进行攻关，终于实现大规格陶瓷板真正落地，投入市场。

在 2014 年研发干粒全抛陶瓷板时，刘一军的团队遇到陶瓷板表面针孔无法解决的难题，刘一军第一时间从生产环节思考，指导团队从干粒烧制温度进行调整，寻求探索解决问题的途径；在 2018 年推出岩板时，产品存在“切割裂”缺陷这一行业难题，刘一军带领团队反复琢磨每一个细节，研究调整配方、烧制工艺及加工方法等，解决岩板切割裂难题，在岩板镜面度标准不一时，严控镜面度从 0.25 mm 到 0.1 mm 以内……

创新就是要敢于试错、锲而不舍。“从 0 到 1”是最难的，未知领域的付出往往比从“1 到 10”的努力多很多。刘一军表示，每一款创新产品从理念、设计、研发到生产，最后投放市场绝不是一个简单的过程，尤其是从实验室到工厂投产是一个很大的跨越，要解决从配方、设备到工艺的一系列问题。

从 2007 年到 2019 年，随着大规格陶瓷板的应用发展，蒙娜丽莎集团展现出超强的战斗实力和势如破竹的发展态势，在科技创新、绿色环保、智能制造、质量升级等领域创造出一个又一个业界传奇：2011 年获批广东省蒙娜丽莎新型无机材料院士工作站，2013 年国家级企业技术中心挂牌，同年获批中国博士后科研工作站，2016 年获批中国轻工业无机材料重点实验室，2017 年中国陶瓷薄板技术应用中心挂牌，2019 年获批中国轻工业陶瓷装饰材料工程技术研究中心、中国轻工业蒙娜丽莎工业设计中心……多年来蒙娜丽莎集团在人才引进、科研开发等方面也不断加大投入，走在行业前沿。与此同时，还在技术合作与交流上先后与众多高校开展产学研合作，增加企业研发与创新人员的比重，建立和培养起一批技术过硬、精诚合作的人才梯队。这其中，刘一军功不可没。

这么多年来，早期加入蒙娜丽莎集团的西北轻工业学院和陕科大的学生们早已成长为中、高层管理者，蒙娜丽莎集团也一直与陕西科技大学保持着良好的合作关系，每年毕业季都会去学校招聘。现在的蒙娜丽莎集团有不少来自陕科大的陕西籍员工，为了照顾他们的饮食习惯，公司特意在员工餐厅配备了面食窗口，让员工能吃到家乡的特色面食。

## 以身作则，精益求精的“匠心者”

参加工作后，刘一军没有停下学习的脚步，2011 年他从陕西科技大学材料学专业毕业，获得了工学博士学位。他兼任陕西科技大学客座教授、硕士研究生导师，西安建筑科技大学博士研究生导师，中国陶瓷工业协会陶瓷幕墙与装饰材料分会秘书长、中国建筑材料联合会科技教育委员会委员、中国硅酸盐学会陶瓷分会建筑卫生陶瓷专业委员会副主任……除建筑卫生陶瓷以外，他还开展了固体废弃物的资源化利用、节能环保型建筑材料、新型墙体材料及应用、无机非金属材料等方面的研究。

从一名普通技术员逐步成长为主管生产技术的副总裁，刘一军不忘初心、脚踏实地，无论在什么岗位，从事什么工作，他都心无旁骛，以满腔热情投入工作。他兢兢业业，务实低调，从不计较名利得失，各项工作都想在前、干在前。作为生产技术负责人，为解决生产中遇到的难题，刘一军经常带领团队不顾疲劳，废寝忘食，在新产品投产、新工艺实施等关键时候，他总是像一颗螺丝钉一样扎在第一线。

在担任管理干部期间，他总是心系员工，尽可能地通过技术革新和自动化程度的提高、环境的改良等改善员工的工作条件，降低工作强度，关心他们在生活中遇到的困难，多次组织并带头向困难员工伸出援助之手，尽己所能给予帮助。他的一言一行时刻感染着公司员工，影响着周围的同事，使团队上下形成了奋力拼搏、团结一心的良好氛围。

精益求精、一丝不苟是刘一军坚守科研一线所秉持的理念，也是同事们对他的印象。“刘总对我们来说，既是上级，也是朋友。”蒙娜丽莎集团分析测试中心主管闫振华说。刘一军对待工作总是一丝不苟，他经常会来到生产第一线，查看生产的进度和问题，有时候一个问题解决不了，他索性就不回家了，和生产一线的员工们一待就是好几天，指挥团队上下团结一心，齐力攻坚，顺利推进各项工作。如今，我们走在建材市场，随处可见蒙娜丽莎和它的产品，我们走进蒙娜丽莎集团，人人都知道刘一军副总裁的研究成果，这一品牌不断被人们熟知、钟爱的背后，是刘一军和他的同伴们一丝不苟的坚持和精益求精的工匠之心。

“回首往昔书写国计民生的篇章，面向未来锻铸中国轻工的辉煌……”这是陕西科技大学校歌《远航》中的一句歌词。有一种精神，在家国情怀里铸造忠诚；有一个群体，在事业追求中锻造担当。“西迁”前辈用大爱和奉献，激励着新一代陕科大人奋勇前行，涌现出以刘一军为代表的一大批勇于实践、善于创新的优秀学子，为国家轻工业发展贡献力量。

面对当之无愧的赞誉，刘一军却腼腆地笑了。他对自己的评价更简单、更纯粹：“一个人对行业满怀热爱，他总是希望自己可以永远不停歇，一直行走在路上。”

# 罗力：
# 以变应变，坚守电梯行业 27 年

**编者按**

罗力，男，陕西咸阳人，1995 年毕业于陕西科技大学（原西北轻工业学院）工业造型设计专业，拥有长达 27 年的电梯行业从业经历，其中前 11 年就职于日立电梯（中国）有限公司，先后负责过技术研发及销售工作，后创办陕西安捷通楼宇设备有限公司并担任执行董事。从日立电梯技术研发员到销售再到市场管理专员，从分公司负责人到自主创业，电梯行业竞争不断加剧，一大批国内优秀品牌迅速崛起，罗力带领“安捷通”成为电梯行业中的翘楚。

## 知责有为，心怀最坚韧的担当

罗力的大学生涯是在陕西科技大学的前身西北轻工业学院度过的，当时学习的是工业设计专业。谈及科大记忆，罗力仍记得图书馆西墙上那幅名为《文明的飞跃》的马赛克壁画，后来了解到这幅壁画是在环境设计教研室甘健知老师带领下于 1987 年 5 月完成的，用时半年，该壁画粘贴了 50 万块马赛克小方块，110 种色彩推移变化，总面积 247 平方米，蔚为壮观，是我国当时最大的室外壁画。甘健知老师 1991 年底到日本千叶大学做高级访问学者，1993 年回国后，给学生们详细介绍了日本社会的方方面面，尤其是科学技术上的进步。“我们要向先进国家学习，学习他们的语言是起步阶段，有朝一日你们肯定能用到。”甘老师利用晚自习及周末空暇时间教授学生们日语，罗力清楚地记得，那段时间大家学习热情特别高涨，也深深地被甘老师的远见卓识所折服。

在改革开放的大环境下，南方沿海一带的城市建设如火如荼地开展，罗力看准时机，积极融入时代，选择进入电梯行业，前往广东工作。当时全国开设环境设计专业的高校非常少，培养的大学生自然少之又少，陕科大在全国的高校里是最早设有硕士和博士点的高校之一。随着我国住房制度的改革和推进，从 20 世纪 90 年代中后期开始，老百姓的住房逐渐走向了市场化，房地产行业开始了大发展时期，只要有高楼大厦的地方就肯定需要电梯，这个行业因此得到了空前的发展。

电梯行业是一个技术密集型行业，主要涉及工业设计、节能、控制安全及集成技术，并且为人们提供大楼的垂直运输服务。电梯与国家经济建设尤其是房地产的发展及人民生活质量的提高密切相关。近些年，随着全球人口增长、城市化进程加快及人们对便捷生活要求的提高，电梯的使用越来越广泛。

罗力记得刚进入日立电梯时，公司一年的产量大约 2000 台，到现在一年的产量能做到 10 万多台，行业的快速发展吸引了大量人才的加入。电梯行业属于服务性行业，主要以制造为主，近年来工作重心逐渐转移到售后服务上，如电梯安装、维护维修服务，每年创造的就业机会、解决的待就业人群数量也是相当庞大的。

## 知行合一，诠释最忠诚的坚守

1995 年，罗力进入日立电梯，在这里一干就是 11 年，前 3 年是从事技术研发工作，后 8 年主要从事销售和区域市场管理工作。后来，因为家庭原因，罗力选择留在西安自主创业，并成立陕西安捷通楼宇设备有限公司，在电梯行业一干就是 27 年。无论是工作还是创业，罗力始终在电梯行业坚守，诠释了对事业最忠诚的坚守。

日立电梯是世界 500 强企业，具有长远的战略规划和完善的现代企业管理制度。在日立电梯工作期间，罗力深刻体会到企业的平台足够高，视野就会变得更高，和优秀的人成为同事和合作伙伴，不断向他们学习，个人的能力可以在较短的时间内获得较大的提升，这些经历和感悟为罗力以后的创业奠定了基础。

1996年初，广州电梯工业公司和日本日立合资组建了广州日立电梯有限公司，罗力非常幸运成为中日合资企业的第一批员工。罗力勤思考，肯吃苦，脚踏实地把事做，从基层实习开始，几乎各个部门都工作和锻炼过，实习结束后开始了为期3年的产品设计开发，后来转入销售部门，一步一步晋升为日立电梯西北区域的总经理。

2006年8月，因为工作需要，日立电梯调罗力回广州总部，进入广日集团环保事业部门。陕西是罗力的故乡，他已经在西安安家，职位的调动给全家带来了很大的不便。这时候的罗力已经不是那个只身南下、“一人吃饱全家不饿”的年轻人。另外，当时罗力已经进入电梯行业摸爬滚打了11年，对行业可以说非常熟悉，他觉得时机已经成熟了，于是决定从广州辞职，返回西安创业，从事熟悉的电梯销售及售后服务工作。

谈及创业过程中遇到的困难，在最初的时候还是身份的切换。罗力以前在日立电梯西安分公司做总经理时，主要从事管理工作，部门很健全，制度较完善，遇到解决不了的困难，也能及时寻求总部的帮助和指导。自己创业时，一切靠自己，事无巨细得全面抓，要不断平衡好企业规模、效率、成本三者之间的关系，作为创业者既要考虑公司宏观发展的问题，更要执行好规划和制度，还要事无巨细地跟进每一个订单，这种身心的压力是刻骨铭心的。

创业要想成功，兴趣的作用不容小觑。罗力强调：“兴趣是最好的老师，无论是否创业，一个人要想在某一个领域获得成功，都必须对这个领域保有持续探索的兴趣，才能以终身学习之精神立于不败之地，否则，新鲜感过去了，就只剩下茫然了。”罗力发现很多大学生毕业以后会很迷茫，随便找一份工作，然后频繁更换工作，所换工作之间行业跨度很大。这样的结果是在任何一个行业里都没有积累，一直在做新的东西，一直在学习新的东西，从来没有深入过，当然就不会有收获。如果在一个行业里深深地耕耘，你就会成为这一行业经验丰富的资深专家，就可以充分了解行业的共性及特点，才能做到知己知彼，有的放矢。这种坚持的背后就是浓厚的兴趣。

年轻人不太清楚自己对哪个领域感兴趣也是很正常的事情。因而，大学期间除了学习，还特别要注重利用业余时间去实习、实践。实习、实践的经历实际上就是一个筛选的过程，它能够帮助一个人找到自己的兴趣所在。很多人其实并不知道自己喜欢什么样的工作，适合什么样的工作，实习的过程能够帮助未择业的大学生对一份工作、一个行业逐渐产生清晰的认知，进而判断这个职位和行业到底适不适合自己。

兴趣能激发长久的坚守，使人保持终身学习的动力。罗力时刻关注时代进步和行业发展。罗力深刻认识到，在“中国制造2025”的推动下，电梯企业要实现智能化转型，需要促进电梯制造技术改造升级，积极探索智能化工厂的建设，让电梯产品在自动化、智能装备领域得到更大的发展空间。电梯企业要加大在智能化、高端技术领域上的投入及对核心技术的投入，才能不断升级电梯体系智能化水平，实现企业转型升级，提升行业竞争力。只有这样，一个企业才不会被时代抛弃，才能抵御各种未知的风险。

罗力无疑是这个时代的幸运儿，有准备的人永远能遇到并抓住机遇。1995年罗力刚进入这个行业时，全中国的电梯销量只有3万台，到2021年增加到150万台，25年增长到50倍。1996年日立电梯的销量为2000台，2021年增加到12万台，25年增长到60倍。目前中国已拥有全世界第一大电梯保有量、第一大电梯生产量、第一大电梯安装量、第一大电梯出口量，中国的电梯技术水平已经跃居世界领先水平。中国经济的迅猛发展特别是城市化水平的日益提升，让罗力有幸进入电梯这样一个日新月异的好行业，把个人的发展和进步融入了时代滚滚向前的大潮之中。

## 知己补短，涵养最积极的心态

谈及毕业生求职，工作真的更难找了吗？对于这个问题，罗力的意见是否定的。

机会要更多。随着国家经济转型发展，与国家经济战略和时代发展紧密联系的行业，如人工智能、工业自动化、新能源、生物医药、环保等行业不仅没有收缩，反而迎来了行业的飞速发展，扩大了招聘的需求。以往招聘会总是局限在某一个学校、某几间教室，跑招聘会既辛苦又缓慢，开放的互联网对于所有同学来说，只要主观能动性够强，可以抓住的就业机会更多了。

心态要更好。如今绝大多数企业采用了“无接触面试”，比如视频面试、电话面试、网络面试等，这对于求职者来说其实是一个好消息。简单地说，面试的时间无法把控，但面试的地点则由自己说了算。这对我们有什么帮助呢？心理学上有一种现象叫曝光效应，熟悉的地方让人更有安全感，指的是人们会偏好自己熟悉的事物，在熟悉的环境有更好的可控感和确定感。比如，视频面试的地点，可以是卧室、客厅，也可以是书房、阳台，总之是会让面试者能够放松的环境，这对拥有良好的面试心态会有很大的帮助。

一代人有一代人的使命，一代人有一代人的担当。无论何时都有人在创业，既然去创业，就会有成功，也会有失败，没有人会永远成功，也没有人会永远失败。在危机中寻找商机，需要一双慧眼和持久的激情，涵养愈挫愈勇的积极心态。

采访中，罗力多次提到陕西科技大学“三创两迁”的大学精神，这样一种精神是自强不息、艰苦奋斗的创业精神，是求实创新、锐意进取的科学精神，是扎根西部、服务社会的奉献精神。陕科大60余年建设发展的不凡历程是坚守初心、不断奋进的历程，几代陕科大人始终以国家需要、社会需求为出发点，以为国家、社会培养有用人才为使命和责任，谱写了波澜壮阔的奋斗篇章。

千千万万个“罗力”从陕科大奔赴祖国大地，在各行各业扎根、创新、发展，以变应变，始终坚守初心。新一代陕科大人把“三创两迁”精神内化于心、外践于行，扎根脚下热土，生动诠释了“三创两迁”精神在新时代的丰富内涵，展现了陕科大人最忠诚的坚守、最坚韧的担当、最朴素的情怀。

# 王喜英：坚毅执着的创业者

**编者按**

王喜英，女，内蒙古扎兰屯人，1999 年本科毕业于陕西科技大学(原西北轻工业学院)管理工程专业。毕业之后，她凭借着优秀的在校表现成功拿到了世界五百强企业珠海佳能公司的录用通知。因喜欢市场营销的工作，王喜英不久便离开了佳能公司，先后在华为和星网锐捷这样的知名企业工作。

别人梦寐以求的工作岗位却不是属于王喜英的天空。2012 年，在企业工作中积累了足够经验的王喜英毅然放弃了稳定的工作，推开了创业的大门。经过一年的筹备，三盟科技股份有限公司于 2013 年正式成立，王喜英出任董事长兼总经理。

“野火烧不尽，春风吹又生。”王喜英的故事是草根创业的代表。在她的创业起步阶段，知识、能力和创业资源都相对匮乏。可她凭借着自己对目标的执着坚持、困难面前的百折不挠，在充满荆棘和风险的创业路上坚定前行，最终在这优胜劣汰的市场上拼下了自己的一片天地。

学生时代，王喜英是同学身边爱折腾的活泼女孩；在公司，她是上级眼里勇于创新的优秀员工；创业之时，她是员工心中不畏艰险的“领头羊”。从校园时期起，王喜英便保持着坚毅执着、目标明确、敢想敢做的优秀品质，也正是这些品质让她取得了如今的成就。

## 七年创业路的执着

2020年，王喜英接受我们采访时，已经在创业这条道路上拼搏了7个年头。回忆起自己这7年的创业历程，她直言不讳地说："这条路走起来可真不容易，创业是一个充满艰辛的过程。"

结束了在星网锐捷的销售工作后，王喜英便开始着手准备创业。在创业之初，王喜英没有千载难逢的机遇，也没有珍贵的资源和经验。"草根"创业便是如此，从一穷二白到星辰大海，依靠的只有拼搏奋进和百折不挠。

机会从来不是等来的，没有机遇，王喜英便用双手去探寻。从保持企业竞争力到实现产品差异化、寻找创新品到分析顾客的痛点需求，王喜英层层拆解创业所需要的核心竞争力，同时也逐渐明确了自己的目标。

拥有了创业的决心，但创业的方向还是一片空白。自毕业来的13年工作经历如电影一般，一幕幕在王喜英的大脑里重现。在十三载的寒来暑往中，她接触过通信、政府、教育、金融、医疗等方方面面。那段初创的时间里，王喜英不断筛选回忆，也不断通过各种途径查阅资料，最终让公司的根系扎在了教育行业的土地上。王喜英和她的团队选择了新一代的信息技术在教育行业的应用。

到底能走多远？会遇到什么样的困难？一切都是未知数。

公司筹备是在2012年，那时的人们还沉浸在3G网普及带来的网速飞升的便利中。人们惊奇于3G网能够浏览网页、传输图像，但是对互联网+、对未来4G网的生活并没有任何概念。将新一代的信息技术应用于教育行业，对王喜英来说是寻觅来的机遇，也是一个大胆且未知的挑战。

王喜英的公司刚刚成立便迎来了超乎想象的困难。新的领域一切都是空白的，没有任何相关的经验和案例。在三盟科技公司初创的半年里，竟然一个项目都没有接到。这对初创企业的资金链造成巨大压力，更像一盆极寒的冰水，毫不留情的倾泻在充满激情和希望的王喜英身上。曾在IT行业工作了十余年的王喜英从来没有料想过，会遇到如此窘迫、举步维艰的局面。在创业准备阶段，王喜英和她的团队分析过未来将遇到的挑战，想象过未来会承担的风险。可现实还是超出了她的想象，亲身经历之后，这样的艰难让她感到难以承受。

面对新领域巨大的不确定性，王喜英以前接触过的很多客户都不敢同三盟科技公司合作。这颗在新领域发芽的幼苗，其实力、资金、技术、服务等方方面面都难以使客户信服。一方面是一个稚嫩的企业用不确定的技术在未知的领域初创，另一方面是稳定且底蕴深厚的传统教育模式。几乎没有客户愿意冒着风险相信这个毫无背景的三盟科技公司。

王喜英尝试了很多方法，想要扭转这样的局面，但是付出的努力就像打了水漂一样。纵然做了很多尝试，但窘境还是一如既往，纹丝未动。王喜英甚至想过要放弃，但是几经内心的挣扎，她最终还是坚持了下来。

为了打破这样的僵局，减轻客户对新创公司的顾虑，王喜英亲自上阵。那段时间，她和员工们一起东奔西跑，同各方谈生意，到处跑业务。为了减少顾客对公司技术实力的疑虑，她通过努力邀请来了有经验的技术人员加盟；为了解除客户对公司实力和对新领域的顾虑，王喜英打造了样板工程引领示范，向客户传递新的价值理念。

在不懈的努力下，王喜英带领的团队终于收获了第一桶金，在广东中山大学成功打造出了一个标杆项目。这第一步的迈出给整个公司的发展带来了非凡的意义。项目在中山大学的成功落地给了教育行业客户们很大的信心，也让客户们看到了新技术、新领域的巨大价值和潜力。在接下来的短短半年内，三盟科技公司便达成了8000万合同的巨大突破。客户的涌来像是一簇从漫漫长夜中升起的曙光，让王喜英倍感欣慰，长久的努力终于盼来了成功。

## 执着努力终迎来曙光

后来，王喜英时常回忆这段初创时期的经历，既然做了选择，就应该坚持下去，不轻言放弃。遇到半年都没有一个项目这样的窘境时，王喜英没有选择当“逃兵”。她非常喜欢“执着”二字，在她眼里，这比“聪明”更加可贵，比“智慧”更能让人获得成功。“尽最大努力，做到最好的结果”，这是王喜英拼搏路上最大的感悟。

有了客户，但困难并没有给王喜英喘息的时间。

中山大学项目的成功使三盟科技公司获得了教育界的关注。但是久旱后的第一场雨不是甘霖，而是大水漫灌一般的洪灾。业务量陡增的第二个月，原始的资本便难以为继，资金周转面临着巨大的压力。王喜英及她的合伙人被迫四处借钱，大家几乎找遍了多年来积累的所有人脉关系，最终才筹集来一批资金缓解面临的困难，度过了经济上的危机。随着资金慢慢回流，三盟科技公司才终于走上了正常轨道，站稳了脚跟。

在那个普通大众对大数据前沿科技都不了解的时代，推广这样的互联网技术非常困难。在最开始，王喜英团队所面对的是广泛的不理解、不认可、不接受。但是她们并没有因此而放弃，一直执着地坚持着自己的理念。她们一次又一次地开技术讨论会，举办产品发布会，坚持不懈地开拓教育市场，终究成为这个领域的领路者、铺路人。

截至2020年，王喜英所创立的三盟科技公司，已经为300余所高校送去了新的教育技术。三盟科技公司也拥有了比较成熟的大数据技术，共积累了4000余个算法。在高校开发了23条产品线，业务已经推广到了清华大学、北京师范大学、西安交通大学、武汉大学等国内顶尖学府。高校大数据解决方案已服务500余所高校，智慧教室系列产品落地实施12280余间教室，最大单所在学校应用规模达441间，应用规模案例位居业界前列。

王喜英的不断努力，再加上互联网时代的大发展，让王喜英和她的教育大数据终于得到了教育行业用户的普遍认可。近几年，三盟科技公司的在线教育技术更是为教育行业提供了莫大的支持，其相继推出了人工智能就业平台产品及智学堂在线学习平台。

如今，取得成功的王喜英仍没有掉以轻心，不断解决工作中面临的挑战。在新一代信息技术蓬勃发展的时代背景下，王喜英还会带领她所创立的公司，在市场寻找机遇，快速奔跑。将科技需要转化为生产力，为教育用户带去更多创新产品及专业服务。

## 爱一行， 干一行的摸索

人们常说：干一行，爱一行。但是王喜英建议在校的陕科大学子在选择自己的未来就业岗位时，更加应该“爱一行，干一行”。寻找工作前，需要认真地分析自己的兴趣、能力。用科学的职业规划来规避盲目择业所造成的时间和精力的浪费。

就像前文所提到的那样，王喜英一直是一个活泼爱折腾、有活力敢创新的人。走完四年校园生活的她全身都迸发着刚踏入社会的热情，对学管理出身的王喜英来说，市场营销无疑是最适合她的职业。可是那个时候的王喜英却还不明白什么是适合，仅仅为了就业而寻找工作。佳能公司的一份关于生产计划的岗位来到面前时，王喜英没有多想，便接了下来。

王喜英在这个岗位上工作了两年，每天两点一线的工作，从一开始便让她感到索然无味。这个时候的王喜英才意识到自己喜欢市场营销的工作，而且她的性格、能力各方面也更适合市场营销。虽然任何岗位都会有所历练和收获，但经过一番深思熟虑，最终她还是选择了离开。

王喜英喜欢给自己设立目标，无论是短期还是长期，她都能坚定地向着目标前进。从佳能公司离开后，王喜英去了华为公司。在华为工作的一年里，她也学到了不少东西，可是当时的华为公司不接受非技术部门员工转岗销售，尽管华为公司有着丰厚的待遇和不可限量的前景，王喜英仍决然地选择了离开。

从华为离开后，已经是王喜英毕业的第四个年头，两次离职带给她的并不是迷茫，而是对市场营销更执着的选择。最终，她选择了一家IT行业的公司——星网锐捷，如愿以偿地做了自己适合且喜爱的市场营销工作。

先是从世界五百强企业佳能辞职，后是放弃了待遇和前景都极佳的华为，最终选择了一家成立不久、声名不显的创业型公司，在很多人的选项里，这是最不可能的一项。在星网锐捷，王喜英拿较低的工资，却需要完成更多的任务。身边有太多不理解的声音，但是王喜英明白，这里才是属于她的舞台。

由于星网锐捷刚刚成立，需要员工一专多能，干更多的业务。不少员工对此怨声载道，而王喜英却认为这反而是一个很好的锻炼机会。她在星网锐捷工作了十年之久，随着公司的一步步壮大，王喜英也一点点成长。在星网锐捷学习到的东西，对创立三盟科技起到了莫大的帮助。

入职自己所喜欢的工作，王喜英如鱼得水一般。

第一年，她便惊人地超额完成了160％的工作任务。

第二年，王喜英得到了提拔，成为团队的负责人，再次带领队伍超额完成了指标。

第三年，她当上了区域总经理。

职业和兴趣的切合，使她对工作充满了激情。“爱一行，干一行”，工作上的兴趣，正是王喜英在销售路上顺风顺水的最初动力。

在高涨的职业兴趣背后，王喜英一直拥有不断学习和提升自己的良好习惯。这是她成功的另一大利器。

大学时期，王喜英身边有不少浑浑噩噩度日的大学生。但是她并没有同他们一样，把四年青春定义为可以随意放纵的时光。在西北轻工业学院的校园生活中，王喜英有意识地培养自己的执行能力、沟通能力、独立思考能力、抗压能力等。通过长期和短期的目标结合，不断强化自己的综合素质。她在课余时间积极参加社团、课外活动。闲不住且爱折腾的王喜英，在社团和活动中总是表现积极的那一位。正是对自己综合素质的有意培养和各类活动的锻炼，才能够让她在毕业后快速适应职场环境。也是这些能力的提升，让她无论是在哪一家企业工作都能得心应手。

在佳能和华为两家公司工作时，尽管从事的不是自己喜爱的工作，王喜英仍然没有放弃不断学习、不断积累的习惯。她希望像海绵吸水一样学习和提升自己。这些年的积累，促进了她在星网锐捷的迅速成功，也推动了后来她领导的三盟科技公司一步步向成功迈进。

即便创业已经取得了夺目的成就，但王喜英还保持着她一贯的谦虚。“人外有人，天外有天”，她认为自己和公司目前都远达不到成功的标准，还需要不断进步和成长。

王喜英最喜爱的一个词是“执着”。她对自己喜爱的工作保持着执着、对创业的目标保持着执着、对学习和进步保持着执着。遇事不退，敢撞南墙，学习、求职和创业，“执着”二字像一根丝带，串起她漫漫成长之路，串起她每一段苦尽甘来，也将串联起她未来每一个坚定向前的步伐。

# 张高峰：从"草根"到CEO的逆袭

编者按

张高峰，男，陕西韩城人，2003 年本科毕业于陕西科技大学会计学专业。与其他大学生不同的是，除了完成日常的学业外，张高峰每天下午还要做兼职补贴生活费。不平凡的大学经历，磨炼了他坚强踏实的品格。从商 17 年，张高峰一直在酒类快消品行业中努力着。成大事者，不在于自身能力的大小，而在于能为梦想持之以恒，历经风雨和彩虹，他定会坚定前行。

## 贯穿大学四年的"牛奶"生活

作为家中唯一有机会上大学的孩子，张高峰创业的第一桶金来自校园。1999 年，张高峰考上了大学，"我从高中时就有创业的念头，因为学业压力大，没有时间实施。当时家里条件不是很好，交完学费后就没有了生活费，从考入大学第一天开始，我就寻找校园及周边兼职的机会，功夫不负有心人，终于让我找到了。"张高峰笑着说道。

张高峰同宿舍的舍友从小有喝牛奶的习惯，听舍友说外面有送牛奶的业务，就像报纸投递到家一样，天天送牛奶到户，门槛较低且报酬丰厚。他便毫不犹豫地开始了送牛奶的兼职，刚开始只是为了勤工俭学补贴生活的日常花销，结果没想到自己整整坚持了四年，张高峰也从普通的投递员做到分站的站长，后来做到咸阳市区的总代理。这段经历便成了张高峰职业选择的起点，毕业找工作时他直接选择了快消品行业，可以说与自己所学专业毫不沾边。

他回忆说，那个时候由于技术的原因牛奶不像现在这样保质期很长，所有的牛奶经过巴氏消毒，保质期只有 24 小时。张高峰成为咸阳市总代理后，每天需要将 3 万袋牛奶，配送到 2 万多客户的家里，由于塑料包装袋容易漏袋、涨袋，所以得多放几百袋作为临时补救。一旦有些客户今天家里没人，那今天就送不出去了，每天晚上都会剩几百袋牛奶，到第二天就喝不成了，下班回学校时，他总是提着两大袋子的牛奶回到宿舍，免费发给大家喝。直到现在，他们班的同学每次相聚，张高峰和他的牛奶都是必谈话题，大家都打趣地说，谁没有喝过张高峰的“奶”呢?

## 机遇敲门的声音，用心才能听到

2003 年毕业后，张高峰本来打算一直从事奶站(乳品配送公司)的工作。但是天有不测风云，那时非典暴发，家家户户都进不去，奶站被迫关闭。没有任何特长、任何背景的他，只能住在潮湿黑暗的地下室里，找一些零活解决基本的生存问题。“很艰难，到处借钱生活，有时几天不吃饭。该吃的苦都吃了，该受的罪都受了。”谈起曾经的经历，张高峰哽咽了一下，某天晚上的某个瞬间，他忽然醒悟，总不能这样混下去，得找一条适合自己的出路。于是，张高峰开始拿着简历去各个招聘会现场找工作，没有一技之长的他面对招聘人员的各种问题不知如何回答，几经周折，处处碰壁。经过深思熟虑，四年送牛奶的经历让张高峰继续选择做快消品行业。这次，他看好白酒，白酒存放的时间越长，产品的价值就越高，老酒市场越来越火爆，同样的品种，十年前的价格会更高，越老越吃香。

起初张高峰也是在别人的公司里工作，刚开始的时候他是业务员，月工资只有 700 多块钱，后来做到区域经理，月工资 900 元，再做到首席经理拿到 2000 元的月工资，最后一直做到大厅经理能拿到 5000 元的月工资，这在当时是十分丰厚的薪水。经过多年在酒类行业的摸爬滚打，到了 2007 年年底，他觉得各方面条件都比较成熟了，于是才自己干了起来。“初生牛犊不怕虎”，那个时候他觉得自己的能力很强，但现实给了他当头一棒，第一单他就亏了 18 万，紧接着 2008 年和 2009 年这两年也都是亏钱的，前前后后共亏损了 90 多万。

创业初期哪有那么顺利？纸上得来终觉浅，绝知此事要躬行，被现实鞭打的张高峰此时意识到做一个合格的老板，遇到的困难远比想象中多得多。

从业 17 年，他遇到的各方面困难数不胜数。同窗会上，同学们见到他时会有点羡慕地说："当年我们还在上学，你已经工作，能自食其力了。"当年张高峰也想学习，可是没有办法，家里给不出生活费。

这种吃苦精神锻炼了张高峰极大的耐力和韧劲。后来公司规模扩大，他需要经常面试员工，吃苦耐劳成了他最为看重的品质。有些年轻人完全体会不到劳动的辛苦，工作做事就是凭心情，心情好了就干，心情不好了给再多的钱都不愿意干，这在他那个年代是不敢想象的事情。张高峰是从苦日子里走过来的，公司刚成立时，他要去见客户，西北五省到处跑，风餐露宿是常有的事。白手起家的张高峰，深知挣的每分钱都来之不易。

有数据显示，每一年一百家企业中存活下来的只有三家，大部分企业都是亏损的，一个公司不论规模大小，能在激烈的市场环境中存活下来，都是了不起的，老板都是花费了很多心血的。经过激烈角逐，现在的公司对张高峰来说就像他自己的孩子一样。他认为公司是一艘船，当遇到危险的时候，所有人都可以跳船，但船长不可以。

## 躬身入局， 酒尽情未终

有些人很幸运，从一开始就有职业选择的自由，而像张高峰这样出身贫困家庭的大学生，往往开始一份工作是因为生活所迫，误打误撞进入快消品领域的张高峰是没有选择的自由的，一直以来支撑他的都是紧咬牙关的坚持。慢慢地，因为熟悉，他也喜欢上了这个行业，他评价自己说道："除了快消品行业，可能其他的行业我也做不了，而且我也提不起太大的兴趣，工作时间长了以后，就是工作适合我，我也喜欢工作，我觉得这是一个相互适应的过程。"

张高峰谈到目前公司最大的短板就是人员不稳定，其实他给员工的福利待遇特别好。双休、国家法定假期都按规定放假，每逢节假日，公司都会给员工发礼品，甚至他们的招聘广告上直截了当地表明"如果有员工觉得心情不好，想出去玩，公司会想法设法来满足"。在张高峰的公司享受的福利待遇、每天工作的环境和心情，离开他的公司后去别的公司可能会适应不了，事实上好多员工到了别的公司会频繁跳槽。张高峰表示，他能给的，都会给大家，他和员工之间的利润分配，一直是二八分成，员工为公司做的贡献中员工拿80%，剩下的20%公司会用于后续的发展，或者提升大家的福利。但是如果员工觉得还是不满足，出去了绝不会轻易被允许回来。因为那样会导致团队的凝聚力变低，没有规矩不成方圆。

总体上，在员工心里对张高峰的评价是非常不错的，包括离职员工。他们到其他公司后，对张高峰这个人和公司的评价都是赞扬，每年张高峰的公司给在职员工发福利的时候，离职的员工也可以来领一份，他觉得不管员工有没有来领，至少公司没有忘记他们，不管他们现在在哪里，他们曾经是给公司作过贡献的，所以只要是有感恩之心的人，都会觉得张高峰不错。可就算是这样还是招不到人，是因为大家对销售行业还是存在很多偏见和误会。

快消品主要是日常用品，和老百姓的日常生活息息相关。以前做牛奶销售，现在做白酒销售，在这个行业里张高峰已经做了十几年，快消品行业注重产品的质量，他最早做的是咸阳当地的一个品牌，做了一年后，产品的质量总是出现问题。后来上海光明乳业集团来找代理商，他们两家一拍即合，后来张高峰就一直做的是光明牛奶。在张高峰看来，快消品的销售，品牌知名度很重要，但更重要的还是产品的质量。

任何行业的销售对销售技术都是有要求的，并不是所有人都能做得了销售，在学校里，可能觉得某个人可以，但是当他进入实操阶段有可能会出现各种各样的问题。做销售首先要有耐心，要坐得住，因为在现在的市场环境下雷同产品特别多，如果想在某个行业里做出成绩，就必须有很长时间的积累。很多人做销售做了一个月，没有业绩他就退出来了，但可能他坚持两三个月就会有一定的成绩。客户资源、社会经验、行业经验等都是一点一滴积累起来的，所以一定要有坚持的精神。

销售是一个挑战性的工作，是一个比较锻炼人的职业。做销售会遇到形形色色的人和各种各样事，每解决一件事情，每完成一个单子都是一种成长，以后可能在社会上也会遇到同样的事情，这也是一种经验的积累。销售带来的不只是高薪资和好的福利待遇，更可喜的是它带来的社会资源和人脉关系，让我们在遇到事情时能够从容应对。酒类销售行业和老百姓的生活息息相关，比如今天你拿了奖金高兴，想喝个酒；今天你失业了，可能也会借酒消愁。酒类行业不是一个朝阳行业也不是一个夕阳行业，中国几千年前就有这个行业了，到现在依然存在，相信往后它肯定也存在。你说它是个物质的东西，它实际上是和精神息息相关的，更多的时候，它是精神上的一种慰藉。

成为老板的张高峰谈起公司招聘时表示，以前他们公司在招聘的时候可能比较重视个人能力方面，但是随着这两年发展，刚毕业的学生经过公司专业的培训也能够拿到很好的业绩，反而很多能力强的人会出现频繁跳槽等问题。他的公司这 12 年间走的人很多，持续跟踪一些人发现，他们从公司走后频繁跳槽，几乎没有任何一个工作能做满三个月或半年的时间，没有固定的工作。这两年，他们发现这个情况很多，所以他现在首先看重的是员工的忠诚度。

张高峰回忆起上学时做牛奶销售的心态，现在跟那时候相比变化很大。年轻人总是充满热情，想法比较多，进入社会后发现好多想法不切实际，书本上的知识可能会和社会上的实际完全不一样，他建议毕业生们进入一个行业后要先去默默学习前辈们的经验，踏踏实实地去做，先去适应，从小事做起，胸怀大志同时脚踏实地。

## 择一事， 终一生， 上下求索

有开船能力的人重在约束、稳定、规范、追求绩效和效率，化繁为简是其突出特征；而有造船能力的人重在激励、创新、灵活，追求收入利润，无中生有、以小博大是其基本要素。张高峰觉得现在的酒类行业好像都停留在一个保守的阶段，不往前冲，也不死掉，就是慢慢等着。但想要突破障碍的话就不能等，等待就是原地踏步，别的公司就会走得比较快，一两年后就可能会被淘汰。

这两年他一直关注白酒消费群体的变化，市场上有一款酒叫江小白，年轻人喝的比较多一些。江小白为什么能做出年轻人喜欢的产品？因为很多人可能十几岁的时候喝江小白，等到 30 多岁的时候就会喝别的种类的白酒，所以江小白从二十几岁的年轻消费群体开始培养，花费大量资金一直在研发一批批的白酒，据他了解，年轻人购买白酒占的比例不小，而且“80 后”和“90 后”购买白酒的比例都占到了 20%多。他讲道，“喝白酒是每个人到年纪就会做的事情。如果你看到一个人三四十岁了还喝啤酒，这和我们中国的酒桌文化是格格不入的，一般谈生意，喝啤酒不太正式，必须得是红酒或者白酒才可以，当你到了一定的年纪或者是环境你就会那样去做。”张高峰的创业逻辑也是这样，想好了做什么、能做多大、值不值得做、谁来参与，以及大家未来的方向这几点。做熟不做生，通过 17 年在酒行业的积淀，对商业丛林的全局鸟瞰，商业战略和战术能力的提高，让他更有信心和勇气面对未来的不确定性。

也许有人会羡慕张高峰今日的“春风得意马蹄疾”，可这一切，又怎能与他昔日一路的乘风破浪、披荆斩棘分得开。如果他当日未能坚持梦想、持之以恒，在生意失败后便偃旗息鼓，黯然收场，又怎能有今时今日的荣光？

张高峰建议学弟学妹们应抱着锻炼自己的心态去做兼职，一是可以做和自己专业相关的，或是自己未来想从事的行业，可以提前了解一下；二是可以去尝试和自己专业无关的工作，试着做一下，拓宽视野和认知，这些实践虽然决定不了毕业后的路，但是“不积跬步无以至千里，不积小流无以成江海”，社会经验的积累，从实践中寻找真理，用实践引导前行。敢想敢做敢拼，坚定信念，将无所不能。

# 王凯：在光电海域中远航

**编者按**

王凯，男，陕西汉中人，2005 年本科毕业于陕西科技大学电子信息科学与技术专业。毕业后，12 年勤恳工作，3 年艰苦创业，15 年的从业生涯，王凯一直与自己热爱的领域——光电行业互相成就。披荆斩棘、坚定前行，从研发人员到一家企业的管理者，踏实认真是他一贯的风格，如今的王凯是厦门市易阳光电子有限公司的总经理。回顾他的成长历程，有遗憾、有欢笑、有成功，未来，他表示会继续在自己热爱的领域发光发热。此次访谈，他希望自己的亲身经历能给学弟学妹们带来一些实用的建议，避免走一些不必要的弯路。

## 大学四年，他在适应中成长

人生像是一本书，有精彩，有失意，饱含了酸甜苦辣咸，而大学生涯就像是书中最绚丽的彩页。在漫长的成长旅途中，校园生活是最宝贵、最精彩的一段时光，也是求知立德的重要阶段，更是实现人生理想的启蒙站。大学最重要的不仅是掌握专业知识，更要树立正确的价值观，体验不一样的风景，适应不同的环境，得到全方位的锻炼。

王凯一直认为专业知识可以在以后的工作中重新捡起来，但情商的培养并不是一蹴而就的事情，在大学中对于情商的培养和提升尤为重要。集体宿舍是一个能很好地锻炼自己情商的地方。王凯说："大家来自五湖四海，刚认识的时候，大家需要认真听完每个人的想法和建议。"认真倾听，大家的关系才会随之提升，因为只有当你真正关心别人说的内容时，别人才会关心你说的是什么。认真倾听是王凯在集体宿舍学到的第一个内容。

大学阶段的组织、社团和各项活动，是锻炼综合素质、能力的不二之选。王凯认为，社团和组织活动是大学生活不可缺少的一部分。"没有参加社团和组织一直是我的一个小小的遗憾，在步入社会之后才发现，许多能力应该在大学生活中汲取，才能更好适应初期职业生涯。"虽有遗憾，但大学时候的王凯，性格开朗，乐于助人，经常以力所能及的方式为大家提供帮助，在和同学、舍友的相处中逐渐摸索出自己的处事方式，随和踏实的性格也让他在大学生活中彰显出独特的人格魅力，给他带来了意想不到的机会。

大四时，王凯去参加学校的招聘会，热心的他一直积极地帮助招聘公司搬物资、联系相关人员。王凯回忆说，当时招聘电子专业职员的公司非常抢手，很多大三的同学早已签约，所剩的岗位并不多。也许因为王凯的热心和这股帮忙的认真劲儿，让他在电子专业职员岗位如此抢手的情况下，获得了东莞国夏电子公司同等职员的面试机会，顺利通过面试拿到了这家公司的录用通知。

## 就业十二载，不断超越自我

王凯的岗位属于研发类，对知识的专业性要求较高，虽然专业对口，成绩也不错，但要用到职场上还是任重而道远。学无止境，王凯深知这个道理。"我一直认为任何行业、任何领域都要不断学习新知识、拓宽新视野，人的一生就是学习的一生。"王凯并不局限学习的环境，车间、办公室、地铁上、餐桌旁……一边学习一边思考，应用、复盘、调整、再应用。后来，他逐渐从职场小白成长为职场精英，不断发现，不断磨砺，打破舒适圈，走出自己的职业道路。

入行以来，王凯有两个学习感悟：一是学书本上专业的知识，二是请教行业里的师傅。师傅是行业中经验丰富的老前辈，他们的经验与指导都是很宝贵的，可以帮助新手快速地熟悉工作。幸运的是，王凯有着不止一位与他渊源匪浅的师傅们。“很多骨干和同事都是陕科大毕业的学长学姐，有几个还是同门师兄师姐，在公司上班就像回到家一样，很亲切。”也许正是这层师出同门的关系，大家给了他很多帮助与照顾，也给了他鼓励和指导，让他受益匪浅。

俗话说：“师父领进门，修行在个人。”工作上的经验积累往往还是需要自己来发挥主观能动性的。王凯举了一个简单的例子，他说研发工作需要特别仔细认真，毫厘之差就能导致产品的各种故障，也会给企业带来不小的损失。刚开始上手时他也会因为注意力不集中，在研究时出现一些错误，好在他会反复检查，及时地发现错误并改正，并且有意识地叮嘱自己不再犯同样的错误，就这样慢慢把做事不细致的毛病改正了。“反而现在身边有很多人说我太爱较真了，太仔细了。”这也许就是工作带给王凯的“职业病”吧，当然这无疑也是他工作认真负责、不断超越自我的体现。

## 厚积薄发，积淀后的转型之路

时光荏苒，工作辗转，在不同的公司体验不同的岗位后，王凯渐渐感受到了阶段性的职场限制。工作 12 年，积淀 12 年，他希望这一次的改变能打破个人上升空间的限制。

时代有召唤，青年就要有回声。创业那一年，正是国家出台扶持电子科技产业更上一层楼的时期，加之国家近年来一直鼓励创新创业，乘着东风，王凯看到了电子领域发展的新机遇。另外，王凯就读于陕科大比较有优势的电子专业，与母校多位同专业的优秀校友保持业务往来。既然时机正好，那便莫负良辰。经过和好友们一段时间的策划，王凯便带着 12 年的经历开启了充满未知的创业之旅。

创业之路，道阻且长。创业初期，企业规模小，公信力不够，但取得发展的关键就在于取得客户的信任。万事开头难，在如何增强市场信任度方面，王凯可是下足了功夫。借助自身研发出身的优势，王凯逐渐让客户感受到企业的专业水平和业务能力，进而产生信任达成合作。创业初期人才招聘进展很慢，事情头绪比较多，很多非常琐碎和具体的工作需要王凯和自己的好友分担。有时一个人要处理很多岗位的不同事情，每个人肩上的担子都很重，几乎没有时间休息，有时好几天都在“连轴转”。从一开始的摸索、无序状态，慢慢地公司人才引进和部门结构愈加完善，发展逐渐进入正轨。

“欲戴王冠，必承其重。”想要经营好公司当然也要付出别人所不能及的辛苦。王凯成立的公司位于厦门，由于房价偏高，创业初期资金短缺，只能缩减自己日常的生活开支，便选择了离公司比较远的房子居住。这样一来王凯每天的作息便会像上学时那样自律，每天六点左右起床，工作到晚上八九点。由于公司60%的客户都在海外，存在一定的时差，除了协调自身的作息之外，王凯还要兼顾客户的作息时间，在客户的工作时间回复邮件，随后参考邮件交流工作内容，分配任务。此外，他还要和供应商联系，解决问题，把关新产品的评估和研发。每天的安排都满满当当，有时忙得脚不沾地，有时十几个小时得不到休息，王凯却乐此不疲，干劲十足。

“干一行，爱一行，我看好显示屏领域的前景，在我们这个行业里永远有靓丽的新品。”王凯跟我们讲以前很多产品是不用显示屏的，但随着科技的不断发展，显示屏的使用慢慢普及，他经常会和客户沟通，告诉客户使用显示屏的优点，让更多的人爱上带有显示屏的产品。他认为这份工作充满了创新和创意，也很有成就感，这也是他热爱这份事业的主要原因。近几年，医疗行业和娱乐服务业对显示屏的需求不断增多，针对现状，王凯便审时度势，积极面对，大胆转型，将产品重心放到医疗卫生领域，通过设计并开发显示产品把新的医疗应用直观清晰地呈现给客户，告诉客户产品的适用范围和配套设施等，趋利避害。

创业后，作为公司的最高管理者，王凯更是学习全方位的知识，着眼于大局，在设计、生产、销售等新接触的领域努力学习、深化认知。“好儿女志在四方，有志者奋斗无悔。”如今，厦门的创业扶持政策非常好，发展潜力很大，厦门的机会很多，这将为王凯发掘更多潜力和空间。

作为企业的决策者，招聘环节也很重要，“招人的时候企业主要看重求职者的秉性。从业十五年，我招聘过一些应届毕业生和已经有过工作经验的求职者，我觉得踏实和认真是很重要的。”他身边有很多人一年要换几份工作，他们不停地在尝试新的内容，没有积累。“如果能在一个行业里换岗位，先做产品，再做销售是可以的。因为持续在一个行业里工作，对产品沉淀的足够多，对生产的流程、公司的运营会更熟悉，行业里的人脉也会有积累。”但是很多人往往更看重薪资，五六年后，转过头来看，会发现自己试了很多，却没有找到方向。做研发，最重要的是仔细、刻苦，肯学习，能钻研，在研发的过程中会遇到很多不同的问题，涉及不同的知识，需要不停地学习，静下心来钻研，其实任何工作都是这样。

王凯对自己的要求是要力行，知行合一，做实干家。“纸上得来终觉浅，绝知此事要躬行。”学到的东西，不能停留在书本上，不能只装在脑袋里，而应该落实到行动上，做到知行合一、以知促行、以行求知。

王凯希望有更多优秀的人才进入光电领域，也祝愿每一位青年大学生坚守初心，大胆创新。

# 蒋旭：
# 找准生命中的启明星

编者按

蒋旭，男，河南商丘人，2008年本科毕业于陕西科技大学无机非金属材料工程专业。他创办了江苏先丰纳米材料科技有限公司，公司产品远销美国、德国等数十个国家和地区，在国内石墨烯市场占有率更是遥遥领先。他同时担任美国ACS Material公司董事，是国家石墨烯标准化推进工作组成员、江苏省石墨烯产业技术创新战略联盟副理事长、江苏省科技企业家、南京市创新型企业家、中国石墨烯产业技术创新战略联盟标委会委员。蒋旭找准了自己生命中的“启明星”，一路打拼，成功创业，母校“至诚至博”的校训也为他的成功注入了源源不断的精神动力。

“你要始终明白自己内心最想要的是什么，然后理智地分析自己，始终保持清醒的头脑”，这是蒋旭最常讲的话，也是他成功的秘诀。

## 学生时代不要怕犯错

蒋旭出生在河南的一个农村家庭，读书考大学，实现自己价值的同时能为社会作贡献是他学习的动力，也从没有问过为什么，因此争取更高的考试分数成了他进入大学前唯一的努力目标。2004年他以不错的成绩考入陕西科技大学，就读于材料科学与工程学院无机非金属材料工程专业。进入大学后，他是班级里适应大学生活较快的那一类学生，他很快发现以往追求更高考试分数的学习方式不再适用于大学的学习生活。除了分数外，大学时期意味着综合能力的锻炼与提升。经过观察和分析，他认为学生工作是锻炼综合能力的一个很好的实践机会，因此他的大学生活很大一部分精力用在了这方面，他始终活跃在班级、学生会的舞台上，一路从班长成长为学生会的主要干部。

没有经验，该怎样做好眼前的学生工作呢？“学生时代不要怕犯错，因为这时的犯错成本最低”，正如他所说，学校乃至整个社会对学生的包容度更高，而进入社会后的犯错成本将会成倍增长。他凭着一腔热情和追求完美的工作态度，成功竞选所在班级班长和学院学生会主要干部职务，带领同学们交出了一份份满意的答卷。

通过学生工作，蒋旭在许多次失败与成功的尝试中总结出影响他之后为人处事的三方面能力：一是要有抢抓机会、主动出击的能力。自己认为是正确有价值的事情，不管再艰难都要努力去完成；二是要有善于总结、分析的能力。及时总结复盘可以让人更加准确地认识自我，更加清楚全面地分析所遇到的问题，确保不再犯同样的错误；三是要有良好的人际交往与管理协调的能力。良好的人际关系是融入团队的必要因素，同时作为一个团队的负责人要具备优秀的管理协调能力，才能激发团队成员的潜能，为团队的进步作出贡献。以上这些经历与体验都为他后期的创业奠定了基础。

一个人的精力毕竟是有限的，学生工作占据了蒋旭大部分的精力，那么他的学习成绩怎样呢？善于平衡生活中各部分所耗费的精力是他的又一个突出能力。他善于将时间与精力在学生工作与学习之间进行合理分配，同时他又是一个自控力很强又追求完美的人。因此，他在学生工作与学习之间做到了很好的平衡，学习成绩同样保持优秀，期间得过不少学业奖学金、企业奖学金。同时他还做过销售等相关的校外兼职工作。优秀的学习成绩为他继续深造打下了专业基础，本科毕业后他继续深造获得了硕士学位，为他在专业领域内创业创造了机会。

## 偶然中的必然

作为一个本科毕业的年轻人，与大多数毕业生一样，站在考研与就业的十字路口难免会徘徊。如何做出更适合自己的选择，这一问题又回到了蒋旭常说的“始终明白自己内心的追求”“理智地分析自己，做好自己的职业生涯规划”。那个时候职业生涯规划在学生中重视程度还不够，很多同学基本是处于迷茫状态。蒋旭则从入学就开始思考着自己的职业发展之路，现实中没有现成的答案，他就从书本里学，在实践中做，边学习，边实践，边调整。作为一个理工科学生，他认识到自己对人文知识的学习与理解不够，尤其是对经典国学只知皮毛，因此课余时间经常会研读《道德经》《论语》等国学经典著作，从书中感受伟人的成功之道，思考人生的发展方向。当时的蒋旭对知识充满了渴望，大学成绩比较优秀，通过与师长、家长的充分交流后，他逐渐清晰地认识到进入工厂按部就班工作并非自己的最终追求，提升学历寻求更高层面的发展是自己内心的呼唤。从此，他继续开始了研究生阶段的深造学习。

偶然中蕴藏着必然。2008 年读研期间，蒋旭所在团队是国内最早开展石墨烯相关方面研究的团队，一次偶然的机会他认识了一个从事这一领域产业的朋友，他敏锐地捕捉到石墨烯领域具有良好的发展前景，他将自己的想法与导师沟通后得到导师的认同与支持，从而他逐渐萌生出在石墨烯领域创业的想法。

说干就干。他找到老师、校友进行咨询指导，寻找志同道合的创业伙伴一起策划方案，创办了先丰纳米材料科技有限公司。他们很快找到石墨烯产品市场的切入点，一方面不断改进产品，升级换代，另一方面凭借敏锐的销售经验迅速地搭上互联网的“快车”，广泛宣传产品，有效拓展客户群，一步一步将创业的小公司扩大。

创业之路从来不是一帆风顺的，但是如果选择了，便要坚持。从事专业知识领域的创业成为蒋旭生命中的启明星，做出选择后他义无反顾地一路披荆斩棘。创业初期，蒋旭与他的团队遇到了一系列的困难，这也是所有创业者初期可能会遇到的问题，如何不被困难打到，他认为自己对这些困难的正确认识是帮助他与团队带着公司一步一步从摸爬滚打中逐步成长的关键。

对于从事所学专业知识领域的创业者，从单纯的学术环境中脱离出来，很多创业者缺少社会经验，对于创业产品缺少从市场大局上的认知和把握。蒋旭认为在刚开始进入社会时，创业者应该放下戒备，胸怀至诚之心，积极向自己的家人、老师、朋友寻求帮助，多多听取他们的建议，从而少走弯路，这对于年轻的创业者尤为重要。

创业者在起步阶段往往没有足够的启动资金。蒋旭的做法是千方百计让企业活下来，充分利用政府对大学生创业补贴、融资担保等政策筹措资金，也可以通过向身边信赖的亲朋好友进行融资借资，然后再审时度势，以质量求市场、求发展。在推动创业公司内涵式发展的过程中，一定要找准自身企业的产品定位、服务人群，开发企业的产品核心技术，打造企业产品的品牌特色，找到自身的立足之点。

创业初期创业团队往往没相关经验，该如何寻求支持？面对这一问题，蒋旭认为首先切忌盲目自信、好高骛远，要始终保持理智、冷静的头脑，脚踏实地，一步一个脚印往前走。没有哪个公司一创业就是行业顶端、知名连锁大品牌。世界上没有免费的午餐，要保持清醒相信自己的判断，坚持走自己的路，找准市场定位。

创业成功后如何将企业做大做强，而不只是因为搭上运气的便车昙花一现。母校"至诚至博"的校训是推动蒋旭带领企业一路前行的力量之源，一直以来，他将"至诚至博"视为自己的精神支柱和行动指南，并将其内涵融入企业管理中。他认为，首先要至诚做人。人无信而不立，一个人在生活中只有做到了诚信才能赢得他人的信任。工作中，尤其是作为企业的管理者拥有良好的人际关系才能积累人脉，创造更多成长的机会，也只有处理好员工之间的关系才能营造融洽的工作环境，构建积极向上的企业文化。其次要学会感恩。不要总是要求别人做什么，别人没有帮助你的义务。在交往中我们应该少点功利心，多点感恩心。只有将自己的工作做好才是最重要的，而不应舍本逐末。也只有在做到"至诚"的基础上才可以领略到"至博"的要义。"至博"，很多人理解是追求广博。在蒋旭看来广博只是一个结果，我们不仅仅要去追求广博，而且更要专注，拥有一颗包容广博的心胸，才能以小见大，才能将事情做精做实，从而扎下根来，事业才能越来越大，这才是"至博"的真正内涵。

## 学长如是说

多年的经历让蒋旭也对面临毕业的学弟学妹们提出了一些做人做事、择业就业的建议。

首先，要学会做人。人具有社会属性，生活在一定的集体中。而我们中国人的家族观念和乡土人情让我们始终生活在亲人的注视与期盼中，我们从小听着别人家孩子的故事长大，自觉地将自己与他人进行比较。"比较"的种子在我们心中悄悄生根发芽，年龄越大，这棵幼苗也越长越大，我们变得越来越在意面子，越来越在意别人的看法，逐渐迷失了自己。蒋旭认为要改变这种情况，就要学会和自己和解，抛开面子做真实的自己，找准属于自己生命的那颗启明星，明确自己的目标，做到自己的最好。

其次，学无止境，要始终保持一颗好学的心。在社会的发展进步中，一个人、一个公司、一个组织要想不掉队就必须跟紧社会的前进步伐，只有学习才能进步。一是要学习书本知识，学好自己的专业，为进入某一专业领域打好基础，当然提升学历也有助于创造更高的发展平台；二是要博览群书，拓展知识视野，尤其要重视逻辑思维能力的训练，学会站在巨人的肩膀上看问题，学会用辩证的方法看问题；三是要重视实践，实践出真知，要清醒地认识到走出校园之后，社会考察我们的不再是简单直白的书本知识点，社会不会让你直接去解答一个函数题，而是通过问题的解决来考察我们的能力素质。在实践中不要嫌弃自己的起点低，每个人的成长都是一步一步的积淀，要给自己一定的时间去完成阶段性的目标，这样我们的生活才会进入正向循环。

再次，要学会职业生涯规划。“凡事预则立，不预则废。”蒋旭在清楚自己目标并为之奋斗的时候，虽然过程很累但是对他而言还是充满干劲与满足感的。在整个协调过程中，他会借助思维导图将自己要干的事情提前列出来，高效率完成并且随着事情的变动不断地调整计划。他建议大学生要充分利用学校职业生涯规划课所学的知识，尽早做好个人职业生涯规划，并根据个人成长状况及时调整，确定好长远目标与短期目标。在大学校园里，我们经常会发现一些同学因为注意力不集中，静不下心来，在工作学习中容易出现跑神、学习效率低、放不下手机等情况，他认为是因为他们缺少紧迫感与目标性。如果一个人没有阶段性的目标，他就没有奋斗的动力，不知道怎样努力才可以达到最终目标，不知道发展前景在哪里，表面上显现出来的是静不下心来。因此他认为阶段性目标的制定和调整是非常重要的，把大目标分解成一个个小目标，一个个小目标就是一份份动力。一个人只有有了动力，才可以抛开一切杂念去将事情做好。

最后，面临如何选择就业单位时，蒋旭认为，每家企业都像一个人一样有自己的性格，这就是它的企业文化。求职者要确定好自己的定位，尽量选择那些企业文化适合自己的企业。衡量一家企业是否适合自己的简单方法是：第一，工作是否让自己有价值感；第二，自身是否能得到成长；第三，环境的影响是否有利。环境可以影响一个人的人生观和世界观，如果进入不合适的环境，人的个性和习惯都可能向着不健康的方向发展。

另外，企业更看重的是能力而不是学历。有些企业尤其是一些知名企业可能会因为成本与效率的问题选择去层次较高的学校进行招聘，大家要有自信，不要因为不敢去投简历而错失进入心仪企业的机会。现在的网络招聘信息比较畅通，同学们可以广泛浏览相关高校发布的招聘信息，积极“跑”招聘会，用能力赢得企业面试官的青睐。

磨刀不误砍柴工，蒋旭认为要有针对性地制作和投递简历。毕业生要广泛收集企业的信息，挖掘自己的潜能，制作符合特定企业特定岗位需求的个人简历，学会用 SMART 法则来制作简历，学校组织的简历制作大赛、简历训练营等都可以很好地锻炼自己。一份与众不同的简历才能让你在众多的简历中脱颖而出。因此在你的简历中应该将自己最有优势、最特别的能力写出来。比如你对数字特别敏感，那么你可能在面对投资理财等对数字敏感要求高的岗位中备受欢迎。他同时建议大家应该避开城市的限制性，可以趁年轻多出去看看，感受不同城市的文化、经济、社会发展状况等，这也有助于开拓自己的眼界，为个人的发展创造更多的机会。

蒋旭很喜欢现在的一首流行歌——《夜空中最亮的星》：夜空中最亮的星，请指引我靠近你，每当我迷失在黑夜里，夜空中最亮的星，请照亮我前行……

每个人都有自己生命中的启明星，请找准你的启明星，满怀信心，勇往直前。

# 王斌：
# 小人物的大时代

编者按

王斌，男，湖南怀化人，2010 年本科毕业于陕西科技大学无机非金属材料工程专业，毕业后曾在江苏吴江南玻华东工程玻璃有限公司（以下简称“南玻”）工作 5 年，离职后开启自主创业之路。出发，再次出发，他的人生之河，在巨石阻挡之下，滚滚向前。成长历练后，责任、担当与理想让他再次回归家乡，在漫漫长路上砥砺前行。

“小人物从来不是大时代的被动接受者，每一个小人物的参与和行动，汇成大时代的洪流。”

## 归来，仍是少年

20 世纪 80 年代，改革开放的浪潮荡漾在祖国各地，农村剩余劳动力大规模向城市转移，出现进城务工热潮，“农民工”群体就此诞生，“留守儿童”规模逐渐扩大。

王斌出生在湖南怀化。那个时代，“留守”似乎算不上所谓的大事，父亲常年在外，母亲有时也会外出务工，村子里的小孩大多如此，仿佛本就理当如此，没有任何不妥。少了父母管束，大部分时间王斌都是自由自在度过，也算是无忧无虑。他的爷爷是一位地地道道的农民，就是这样一位“大字不识一个”的老头，常常给王斌灌输要多读书的思想，时常念叨读书的好处。“只有读书才能改变命运，走出去，过上不一样的生活。”这句话对小小的他产生了巨大的魔力，就此深深埋下了对未来生活的憧憬。

“时光真快啊，一晃都已经七年了。”忙碌的日子，让时间奔涌向前，突然回头，已是多年之前。2022 年，是王斌重返故土的第七年。他走出去过，却依旧选择回来。此时的他，不再是当年懵懂的少年，而是幼女的父亲、父母的儿子、妻子的肩膀。童年留守的经历，让王斌不忍再让自己的孩子成为一名留守儿童。同时个人在公司的发展空间已至上限，短期之内，也难以在苏州立足安身，恰逢劳务合同期限已至。于是，他决定回到家人身边，开始自主创业，与朋友合伙开办了一家商贸公司。外面的世界固然繁华，责任与担当呼唤他回到家乡，与家庭并肩同在。

王斌是先成家后立业，毕业一年便步入婚姻。“如果有志同道合的有缘人，也不一定非得要干出点什么再成家，也完全可以先成家再立业。”如今，女儿的优秀、贴心，是他最大的幸福，也是他奋斗的最大动力。毕业 12 年，所处的环境截然不同，生活压力自是成倍增长，日常经营压力、资金周转压力、子女成长压力，都是压在他肩上的巨石。“但是面对生活，我们依然要保持阳光、保持微笑。”积极向上才是好好生活的样子，他始终在不断向前。

即使处在低谷之中，他也从来不是“孤军一人”。身边满满正能量的朋友，总能在他感到迷茫、挫败、自我怀疑的时候，给予支持和鼓励，让他重拾信心。面对机会，他犹豫不决时，朋友会说：“干就是了，也不会失去什么。”当他因资金实力不足，在“大佬们”面前自觉矮一截时，朋友会说：“你脸上又没有写着银行余额，谁知道你有多少实力，别怕。”朋友时常成为他坚强的后盾，让他勇敢迈步。

这是王斌第一次创业，他形容自主创业其实是一个披荆斩棘的过程。在南玻上班的时候，王斌的本职就是坚守岗位，认真工作对于公司运营风险不会有太大的感知。因此，几乎是毫无相关经验与知识储备。但是，真正进入创业阶段后，王斌需要自己面对所有形形色色的问题，他迅速调整身份，几乎是一人身兼数职，压力倍增。在瓶颈时期，常常是昼夜疲惫，非一“苦”字可以形容。“所有的问题都要解决掉，不能稍有松懈，这可不是到点发工资呢。”一声声感叹，在心里荡起过千万遍，这其中的艰难，窗外的月光必定知晓，落在整夜踌躇踱步的身影上。2019 年以来，公司日常经营业绩更是下滑三分之一左右，现在仍没有明显恢复的迹象。好在团队内部团结一致，即使大风大浪肆虐，也难吹散他们拧成一股绳向前发展的决心。

创业期间得到的提携与扶持能够极大促进公司蜕变成长，但这往往建立在个人的良好人品上，如果个人有担当、有原则，做事靠谱，讲诚信，懂感恩，是个实诚人，机缘巧合下，有能力的前辈就愿意在关键的时候搭把手拉一下、扶一把。也许这对他们来说是举手之劳，但对初出茅庐的后辈而言就是救命稻草。刚创业的时候，公司资金紧缺，一位与王斌仅仅打过几次交道的行业前辈借了 30 万元给团队，甚至没要任何借据。雪中送炭之举，他至今不敢忘怀。

“人都是逼出来的，当到了一定的境地，人的潜能就被无限激发出来了。这类似于在学校最后一个星期备战期末考试时，学习能力被无限激发。”家庭责任、亲友信任、个人荣辱，让王斌没有退路，只能砥砺前行。“现在仍然是一路跌跌撞撞，不忘初心，矢志前行。”把一棵小树苗变成一棵参天大树的过程，就像一条漫长而陡峭的山路，需要一步一步慢慢攀爬，王斌仍在继续。“霸蛮”一词完美体现了这位湖南人的执拗，认定方向便一往直前，不轻易回头。曾经风华正茂的少年郎与他此时的影子重合起来，一股冲劲彻底迸发出来。

## 成长，总有遗憾

2006 年学校主体从咸阳东迁西安，正是王斌大一刚入学的那一年。由于学校的西安校区还尚处于建设当中，学生一直等到 10 月中旬才进校报名，几乎比其他学校晚了一个多月。后来，他终于等到入学通知，一颗悬着的心才算轻松放下来了。到了学校以后，他才知道校区还没有完全建好，宿舍区机器轰鸣，尘土飞扬，工程车来回穿梭，几乎与工地一样。8 个人一个宿舍，既拥挤又热闹。王斌住进宿舍的时候，搅拌车还在往楼顶铺灌水泥。从实验室到教室，需要“翻山越岭”在草丛和土堆中穿行，那时候的图书馆和科大湖还是一片片荒草地。校园的树都是刚栽的小树苗。4 年时间，王斌见证了学校一栋栋大楼拔地而起的全过程。

“大学 4 年，我们和学校相互见证了对方的变化和成长。处在第三次创业中的母校当时虽没有现在这样好的硬件条件，但全校上下干劲十足，老师们充满了教育的热情，学生们也深受感染。”一季又一季，一年又一年，陕科大的面貌发生了翻天覆地的变化，王斌也在求学之路上不断行进。作为当时未央湖大学城唯一一所重点大学，学校的学习氛围是相当不错的。“占座”之举相当风行，上课去得晚了，前四排就没有位置了，晚自习去晚了，前面的、低楼层的教室就没有座位了，就得去更远的联排教学楼的高层了。教学楼西侧的小树林，每天早上挤满了疯狂英语的践行者，每天读书声琅琅，热闹非凡。积极主动的态度不禁引人赞叹，潜移默化地激励、影响着更多人的加入。这种主动积极的学习态度，早已掩盖住那些不尽如人意的生活条件，渴求知识、珍惜时光的学子们，一点一点地向高处攀登。

“有开学前踌躇满志的憧憬，入学时满怀激情的成长，也有中途短暂地对未来不确定的迷茫，当然风雨过后依然昂首前行。”这是王斌对于自己大学 4 年的形容。大学时的他洋溢着青春阳光气息，拥有着高昂的斗志，是一个对未来充满无限向往、无限希望，有着无限可能的青年。

他的课余生活从不无聊，他爱好踢足球，闲暇时也从图书馆借一堆书慢慢翻看阅读，又或者同舍友组团到学校网络实验室消遣，既缓解了周内的疲惫又联络了朋友间的感情。周末或假期，他们便结队去西安城里、周边风景区或西安的各大高校游玩。持学生证风景区门票减半的福利，让他们几乎不错过任何景点。那时候各个大学可自由进出，相互去“串门”充满着各种未知、无穷的乐趣。或者仅仅是花一元钱坐着公交车沿着西安城环游，熟悉这座有着深厚文化历史底蕴的城市，也是一件非常惬意的事情。丰富多彩的课余生活，让王斌与朋友的关系更加亲密，毕业之后，也是时常联系。拥有共同的兴趣，便能一起分享更多的快乐，大学时的友谊，一直持续至今，温暖而美好。

4 年时光，可短可长，积极行动，才能避免遗憾。王斌略有些沉重地思索起来：大学 4 年也许是人生中最后的全职学生生涯，能有 4 年的时间让自己纯粹地去学习、去发展、去提高、去思考，其实真的很难得。这是一段很愉快的经历，更是人生中重要的经历。倘若重新踏入大学生活，他想他一定会更加珍惜和合理分配时间，在深耕专业学习的前提下，也要加强全方位知识的涉猎，使学习更全面、更贴近实践。寒暑假期间找机会参加一些必要的社会实践，在走上社会前更好地认识和了解自己，才能够取长补短，丰富羽翼，需要之时，方可信手拈来。

没有真正规划好自己人生，将来要去干什么，想要什么样的生活，没有明确和长远的目标算是王斌大学期间的遗憾。同宿舍 6 位同学，其中父母是老师的有 2 位，他们选择了考研深造，现在都是大学教授；父母在国企的有 1 位，现在这位同学也在国企工作；家里是农村的有 3 位，现在有 2 位在工厂，另一位就是王斌，在自主创业打拼。条条大路通罗马，大家目前都过着自己的小日子，幸福虽然不分优劣，但高远的目标能让一个人充满奋斗的动力，实现自身更多的可能，对社会的贡献也会有大小之分。由此可见，家庭教育对个人择业选择的影响还是比较大的。

虽然大学时错失了一些发展的机会，但王斌仍然是乐观的。“积极的人像太阳，走到哪里哪里亮；消极的人像月亮，初一十五不一样。”作为年轻人多一点阳光向上，多一些正能量，浑身会散发出亲和力，吸引他人靠近。人们大多数都愿意与正能量的人交往，而远离一身负面情绪的人。就如同那句老话：爱笑的人，运气都不会差。这不仅仅是他对年轻人的寄语，也是他不断向前时的指导语。

## 历练， 一路向上

2010 年 7 月，王斌已是一名应届毕业生。南玻是王斌从学校走向社会的开始，也是他的第一份正式工作。南玻锤炼了他在社会生存所需要的方方面面的技能，见证了他的成长，也见证了他成家立业。步入社会的第一份工作主要关注的便是一个良好的平台和学习的机会，这份工作能够学到做事的方法及处理事情的模式，“一般来说，大的公司愿意培训新人，给新人机会，先学习、充实自己，然后再追求更高层次的需求。”这是王斌的见解。平台越大，机会越多，锻炼更是常态，成长进步也会更加明显。

王斌在南玻的总体发展可以用“顺利”一词归结。入职三个月调薪，六个月代理班长兼助理工程师，一年任工程师，两年任主管工程师，三年任主任，第四年部门经理考察。虽然算不上上升得很快，但基本有着步步向前的趋势。刚入职的时候，王斌不断强调自己要摆正位置，积极虚心请教前辈，不端着所谓大学生的架子，深入一线，认真钻研。有态度，有韧劲，前辈才能愿意提携指导，才能尽快掌握技能，尽快进入角色。他时刻保持着多看、多学、多做的态度，成长阶段不能怕吃亏，不要太计较得失，眼里有活，手里有事，才能不被随便替代，才能站稳脚跟。同时，要尽快体现自我的价值或潜力，难以替代的能力能够发挥出最大价值，才能在团队中尽己之能、尽己之力、尽己之智，去扮演越来越重要的角色，逐渐靠向核心层，做一个有实力、有能力、有话语权的奋进者。

“既要埋头拉车，也要抬头看路。”回顾他在南玻的五年，个人历程大致分为两个阶段。首先站稳脚跟，找到位置，融入集体，不要被边缘化。沉淀两三年后，技术工作得心应手了，考虑上升时，找到能力与兴趣的契合点，再进一步发展。倘若想要走行政管理路线，需要善于与人打交道。若只走技术路线，掌握核心技术是关键。两者兼而有之当然更好，这就需要付出更多的努力，把握更多机遇。

2015 年 7 月，劳务合同期限已至，出于家庭团聚的考虑，他放弃了续约，离开了历练 5 年的苏州，踏上了自主创业的漫漫长路。

这个时代是迅猛变化的时代，也是最好的时代，每个人都有追求生活的权利。王斌的人生就如同他的户口，从老家到西安，从西安到苏州，从苏州再到老家，兜兜转转一大圈，最后回到了梦开始的地方。年少的时候需要远方的历练，必须要有年轻的冲劲和拼搏，去挥斥方遒。中年的时候需要担负更多的家庭责任，毕竟生活不只是诗与远方，还有柴米油盐和烟火气息。

如今，王斌的公司正在一步步发展壮大，未来也许会遇到更大的风浪，但责任、担当让这个看似平凡普通的男儿淋雨奔跑，愈加奋发。小人物绘就大时代，这个时代属于千千万万个他们，也将属于千千万万个我们。

# 王驰：
# 一剪薄弱的光，也能骄傲地捧出辉煌

编者按

王驰，男，陕西西安人，2013 年本科毕业于陕西科技大学轻化工程专业。王驰在外企工作 2 年多后，加入新农人行业回乡创业，7 年砥砺前行，获陕西省农产品经理人技能大赛第一名、陕西省技术能手、首届西安市农村电子商务大赛创业组第一名、第二届西安市丰收节第二名、周至县农广校致富带头人创业导师、西安市优秀高素质农民、陕西省高素质农民领军人才等荣誉和称号。入选西安市英才计划，创业事迹入选国家农业农村部官网。

人要甘于平凡，但不能在平凡中沉沦。王驰也是芸芸众生里的一个平凡人，可是平凡的他却有着不平凡的农业梦想。辞职回乡创业，王驰在新农人的道路上坚定地前行着，“我们的这个事情，影响力尚微，只是希望对大家能有一点帮助，这便是我们一以贯之的初衷。”此次访谈，让我们走进王驰的梦想，走进他的心路历程。

## 把学习的主动权握在手中

告别校园，走进社会，从天之骄子变成凡夫俗子，从梦想的天空降落到纷扰的尘世，这一切都是陌生的，都需要去认真学习，去用心感受。面对陌生的环境和挑战，王驰始终坚持把主动学习的机会掌握在自己手中，不断探索新领域、开拓新征程。

2013 年年初，王驰通过校招的方式拿到了世界前 100 强企业巴斯夫中国有限公司的录用通知书。6 月参加完毕业典礼后，王驰便启程奔赴上海；7 月 31 日，王驰以管培生的身份入职该公司。当时算上王驰在内，这一批公司共录用了 52 人，其中大部分是来自清华、北大这些名校的硕士，还有一部分是海归，面对这样激烈的竞争压力，本科生出身的王驰显得不那么淡定了。“我是不是来错地方了”，这句话仿佛成了王驰最初入职企业的每日一问。当然，焦虑并不能解决问题，在意识到重重的竞争压迫感之后，王驰燃起了熊熊斗志，“我当时赶忙给自己制定了一个周密的‘笨鸟先飞充电计划’，这个计划主要是提升英语和专业技能，这两项技能是在外企工作必不可少的，而且也恰恰是我当时所欠缺的。”除了按照计划学习英语和练习口语，其余时间王驰还会主动请教同事熟练操作 SAP 系统的方法，以及其他一些工作中常用到的办公软件的使用。王驰始终保持着这样的学习和求知状态，在入职一年半的时间里翻译了 2 本 800 多页专业相关的英文书籍。

春风终会化雨，春华总会秋实，付出定有回报。在王驰不断地努力学习下，他很快融入了外企的工作环境，能够独立承担一些工作，能够熟练用英文写邮件，在午餐间隙，可以轻松地和外籍员工用英文开玩笑……

王驰说：“我始终告诉自己，即使是工作了，学习的劲头也不能丢，要时刻把学习的主动权掌握在自己手里。”在巴斯夫工作的 2 年时间里，他一直保持着热情的学习状态，获得了无数新知识，也开启了很多新的认知。

新的阶段有新的定位和考量，2016 年年初，准备辞职的王驰在意识到农产品电商带来新商机那刻，便毅然决定开启自己的返乡创业之旅。归乡的他，把“无形的财富”也带回了家，他将在外企工作的知识积累和技术资源全部投入到了他的第一份创业当中。选取包装、物流、修图、装修、上市营业……一家“秦岭山货馆”的淘宝店就这样诞生了。“以前没觉得有用的技能，到这会显得格外重要，那一刻我更加意识到了学习的重要性。”

当然，除了“看得见，摸得到”的实用技术知识外，作为新农人，老一辈农民的种植经验确是实实在在、可遇而不可求的“无形财富”。机缘巧合下，王驰听村里有人聊天说起，周至县农广校(中央农业广播电视学校)有一个职业农民的培训班，成为职业农民后，可以申请无息贷款还有项目扶持。对于王驰这样初期创业者来说，有胆量和冲劲是远远不够的，有资金才能有底气。所以，抱着无息贷款这样一个“不良动机”的王驰便去报了名，恰好赶上了

2017年的最后一批培训班。在一开始的学习中，王驰并没有把学习当回事。直到偶然一次和一位农民的深入交流，王驰才意识到自己的自大和无知。“这些土生土长的农民所掌握的种植和农业田间管理的知识，是书本上永远学不到且恰恰是我所欠缺的。”自那之后，王驰看到了这个培训班更深层次的价值，便也沉下了心，认真学习，从老师那里、从优秀农民的创业经历中学到了很多在书本和网络上学不到的东西。

## 在新起点向着希望奔跑

回忆起毕业近10年的经历，王驰直言，最难忘的便是未能如愿调整到心仪岗位时的无助和迷茫，那是他人生的转折点。

2015年，距离王驰加入巴斯夫公司已有2年的时间，管培生的培训结束，到了定岗阶段。由于公司架构调整，王驰并没有去他想去的技术销售岗，而是来到了研发岗位。“说实话，心理落差蛮大的”，王驰努力地调整自己的心态和状态，努力地向这个岗位靠近，但奋不顾身的努力换来的却是长达半年的彻夜失眠。在不适合的岗位继续坚持是毫无意义的，于是王驰将眼光放向了别处，他对自己开始了一番新的打量和定位，并试着去发现新的可以着手的领域，准备归乡的他偶然意识到了农村这片土地可能带来的机会，嗅到了农产品电商带来的新商机。

通过不断地了解调查，终于在2015年年底，王驰做好了回乡创业的决定。2016年1月1日，他乘坐新年的第一趟航班，回到了家乡，踏上了人生的新起点。

“我预想了很多种可能遇到的困难，实际上遇到的困难比这还要多，还要复杂。”王驰说当初最大的压力莫过于心理压力。一是自身从巴斯夫辞职回来，从一个熟悉的工作岗位跳到完全不相关的行业，陌生感和落差感难免会造成一定的心理压力。二是对于回乡创业，最大的困难是家人的不认同。“对于一个传统的农村家庭而言，父母含辛茹苦供养出一个大学生，肯定是不愿意看到再回到农村的，在他们的观念中，在这片土地上用铁锹和锄头是干不出事业的，要想过得好，还得往外走。”家人的不理解和不支持，让王驰备受压迫感和孤独感的煎熬。王驰理解父母的想法，但是又不想放弃自己的创业梦想。在苦劝家人无果后，王驰决定赌一把，用事实来说服家人，证明自己。

创业过程中，村子里有一部分人，眼神里总带着异样和轻微的嘲讽，也难免一些人在背后说闲话，他们总等着看我失败后灰溜溜回去的笑话，因为在我之前他们已经看到太多失败的案例。王驰说："越是如此，越是激发了我的'犟驴'脾气，他们越是如此，我越是要做成。"

从想法到实践落地并不是一蹴而就的，往往需要等待一个合适的契机。时至冬雪刚刚消融，万物复苏，王驰家乡所在的北方正处于农产品空缺期，他看到了村里有人把前一年冷冻的荠菜拿出来包饺子，这一下让他醍醐灌顶，王驰有了新思路：为何不把秦岭山的荠菜作为一款淘宝产品呢？有了想法便行动，创建店铺、分析数据、精准把控，利用南方、北方荠菜成熟的时间差来获得更多的客户，再通过秦岭这个大的"保鲜柜"，延长野生荠菜的成长周期，先是平原，再是浅山，然后是深山，在时间和地理位置上面，创造其他卖家不具备的优势。有需求就会有销量，秦岭荠菜上架不久便有了不错的销路。

方法可行，尝到甜头的王驰便不再局限于荠菜的销售了。将同样的方法用在了野生洋槐花、蒲公英等上面。随着商品种类的丰富，店铺信誉也渐渐构建起来，店铺的固定用户也在逐步增多。发货量最多的时候，一天可以接到 500 多单，一单的利润能够保证在 10 元左右。就这样，王驰收获了他创业路上的第一桶金。"这样的收获，让身边人对我所做的事情，有了不一样的看法，更重要的是给了我自己坚定走下去的信念和决心。"

在创业的过程中，王驰也结识了几波合伙人，但总因为这样那样的原因，大家都没法将农业创业持续进行下去，甚至有一段时间，只有他一个人还在坚持。问到能够坚持下来的原因，王驰笑着说："始终源于自己内心深处的这份对家乡的感情和热爱吧。想把这份事业做好，哪怕只有我一个人，也是有希望的。"一边承担着农业创业带来的身体和心灵上的辛苦，同时，也享受农业创业带来的前所未有的满足感。"当我把那一张张面额不大的人民币送到给我挖荠菜的婆婆们手中，她们慈祥又发自内心的笑容让我满足；当我让村里面闲散的劳动力有更多就近工作的机会，孩子们不再为离开父母而哭闹让我感到满足；当我把一份份可口的翠香猕猴桃寄往全国，他们都为周至猕猴桃竖起大拇指时让我感到满足。"正是这份满足感带给王驰对家乡更深沉的热爱，更加愿意去服务乡亲。

"站在这个新的起点，我没有后悔当初的选择，并坚定地向着希望的大路上奔跑着。"王驰如是说。

## 因为有你，从未平凡

“一个执着的人，上天总会在适当的时候，为他送来满意的方法。”在职业农民的学习过程中，王驰结识了一群真正爱农业的年轻农民，他们各有所长，目标一致，相互了解，相互帮助，组建了一支“不平凡”的团队。“我们都是平凡人，做着平凡的事情，但是我们又不甘于平凡，所以我们团队名字叫作不平凡职农创业团队。”

刚刚返乡创业之际，是王驰创业阶段中比较艰难的时刻。当时的他还是一个接触工作 2 年，资金尚不丰厚的青年，在创业“巨额”的启动资金面前，王驰感到了一丝丝忧虑。“当时返乡创业没有很多积蓄，也不好意思向家里人要钱，每次有了好点子可能也会折服于资金的短缺问题上。”船到桥头自然直，追梦的人往往惺惺相惜，在得知王驰想要回乡自主创业之后，王驰的小伙伴带着资金找上了门来。“当时多亏了我这好同学在资金上帮我出了一份力，才使得一开始的创业资金能够充足地周转起来，带来了我创业的敲门砖。”王驰笑着回忆道。

创业 7 年，难免有磕磕绊绊，留给王驰印象最深的是 2019 年的一场经营危机。那是一次农场基地的扩建，在线上店铺运营逐渐稳定且有较好的发展趋势之际，农产品种类的增加和规模的扩大，变成了王驰团队进一步发展的不二之选。扩建基地说大不大，说小不小，付出精力是必不可少的，遇到困难也在所难免。“起初的扩建，我们先从花房做起，也就是我们现在农场的前身，但是恰不逢时，遇上了秦岭整治大棚房事件，农场扩建的事情便遇到了瓶颈。”遇山开山，遇水架桥，方法总比困难多，“党和国家的环保政策要坚决执行，扩建农场不能按照往常的思路，那我们就转型”。王驰和他的小伙伴们商讨之后，采取了和学校合作进行农场转型的方法。方案确定之后，王驰回了陕科大，找到前沿技术研究院的强老师咨询。果然，术业有专攻，强老师为王驰的团队分析建议，借助学校现有的技术，将其农场改造成一个高新产品的试验基地，顺利地解决了传统农场农地非农化的问题，也开启了和学校合作的一个新时期，这也是王驰在毕业多年后与母校重新联系起来的第一个纽带。

后来，王驰回母校的次数越来越多，借助学校的技术手段，开展了可降解地膜、叶面肥等不同领域的新产品试验和销售开发，为当地电商销售做支撑的同时也增加了产品的附加值。“母校陕科大去年(2021 年)和周至县人民政府共建了一个技术转移中心，我们是其中的一个签约企业，未来，我们将有更多机会和母校进一步加强合作，和母校共同发展。”

慢慢地，线下农场规模扩大，网上店铺运营稳定，投入的资金逐渐回本，越来越多的小伙伴加入王驰的团队中，共同磨合，共同进步。“我们这个团队7 年来，有变动有感动，人员去留，结构调整，一切都在慢慢变好。”问到能够顺利发展的关键，王驰也作出了比较详细的解释：作为职业农民，首先要具备的基础条件便是热爱农村农业农民，热爱才能长久。其次要组建一个职业农民团队，成员之间志同道合、相互扶持、相互理解。再者，农业生长和建设的周期长，相对于其他行业来说比较考验人心，耐得下性子去把这个事情做好也很关键，创业者得很好地控制自己的步伐和节奏，不能盲目扩大。

王驰坦言，决定我们成为什么样的人，不是我们的能力，而是我们的选择。首先，不管是选择读研究生还是就业找工作，都要对自己的职业生涯规划有一个清晰的定位，而且这个定位在大学期间越早发现越好，之后要带着既定的目标不断尝试、不断调整，实践出真知，这个很关键。其次，要客观看待专业对口的问题，决定你发展得好不好的不是你的专业是什么，而是你的专业技能扎实与否。

王驰非常喜欢路遥的《平凡的世界》，“只有永不遏制的奋斗，才能使青春之花，即便是凋谢，也是壮丽的凋谢。”就是这句话，无数次给了绝望中的王驰站起来的信念和勇气。

王驰是一名平凡的勇士，可贵的是他用奋斗之花浇灌出不平凡的人生。

# 席伟：
# 让艺术以文创的形式为更多人所接受

**编者按**

席伟，男，甘肃庆阳人，2018年本科毕业于陕西科技大学环境设计专业。现为西安远歌艺术文化传播有限公司总经理、文创产品开发策划负责人。

将一个地区的历史讲述给更多的人，方式不当便枯燥乏味。以文创的方式拉近年轻人与历史的距离，既不失历史的厚重，也能带给人们轻松愉悦的体验。席伟正在这条路上奋进，其间遇到了大大小小的挫折，但他对此从不气馁，立足陕西，面向全国，不断超越自己。正是这种“越是艰险越向前”的精神，使更多像席伟这样的复合型人才在时代发展的大潮流中发挥自己的用武之地。

## 小试牛刀——初尝成功之喜悦

“最有希望的成功者，并不是才干出众的人，而是那些最善于利用时机去努力开创事业的人”，这句话贯彻了席伟整个创业历程，一路上他遇到过许多坎坷，但是他却从未放弃实现自己的梦想，依旧会抓住一切机会奋力一搏，因为他坚信成功就在努力的前方。

席伟很早就将他的创业想法付之于行动中，并且他的创业经历可谓是十分丰富。而他之所以选择创业而不是就业，因为他坚信就业是对自己负责，而创业是要对所有人负责，两者之间的最低标准不同。在公司就业，需要做到的最低标准是付出与所得成正比。而创业却不只是做好自己的工作就行了，更重要的还有为自己的家人及公司员工等这些人的事业与未来负责。席伟从来都是思想活跃、做事积极的人，他不甘于平庸，与其去从事需要听从他人安排的工作，不如去创业，为自己的人生多寻找一种可能。

创业不仅仅要有梦想，更要有实力。席伟的创业经历非常丰富，他从大一就开始创业了。他的第一次创业是开花店。花店的一草一木都是他精心布置的，一盆花摆放在哪里才能恰到好处，传达一种意境，这些细枝末节都是经过他仔细研究和实践过的。初次创业，席伟一窍不通，但是他一点一滴地摸索最终将这个花店成功地开了起来，极大地方便了学校的老师和同学们对绿植和盆栽的需求。他精心服务每一位顾客，哪怕是 5 元钱买走一朵花的大学生，都会享受“上帝”的待遇。很快，他收获了同学们和老师们的鼓励和支持，学校创新创业教研室的老师也给他带来了很多理论和技术上的指导，给予他初次创业迷茫时的信心和定力。

大二的时候，席伟对创业有了更深的认识，于是在学校后街开了第二家店——水果店。对于这个水果店，他也投入了很多精力，还开创性地启动线上加线下的运营模式。一开始因为刚刚开业，店里的顾客大部分都是他的同学，后来慢慢经过这些同学的口口相传，再加上店铺的水果也确实经济实惠，席伟的店铺人流量开始多了起来，附近小区的许多居民也常常会光顾他的水果店。

虽然生意日渐红火起来，但是考虑到学生终究还是要以学业为重，繁忙的学业和生意越来越好的水果店都是极其耗费精力的，升入大三，学业越来越繁重的时候，席伟忍痛将水果店转让了。

## 热爱和专长——创业方向的确定

此后，席伟把精力主要放在了学习上，但他想要创业的念头并未停止，他开始思考将自己的专业所长和创业进一步结合起来，走技术创业路线。很快，他开始了新一轮的尝试，他和几位校友合作开了一个手工艺工作坊，地点是在未央区大学生创业孵化基地示范点。这个创业项目不仅得到了学校领导和老师们的大力支持，而且得到了政府和商会的支持，还获得了政府 20 万元的补贴和学校的资助，可以说席伟这次创业的第一步走得十分稳妥。他们的手工艺产品业务范围很广，包括摄影、绘画、陶艺等。

由于经营经验的不足，大学快毕业的时候，席伟的手工艺工作坊被迫终止了。但席伟并没有因此气馁，他认为大学时期创业失败是非常正常的一件事，青年学生的学识、见识、经验等都太稚嫩，远没有达到真正的创业者的要求。创业的热情和失败的经历是宝贵的，他要把创业中遇到的困难当作经验积累起来，没有经历过失败就不敢迈步追求成功，一步步把小的任务脚踏实地做成大项目，才是创业者应有的态度。

之后，席伟的创业开始聚焦文创产品的开发。正因为有大学时期的创业经历，他才深刻地理解了什么是好的管理模式，要打造什么样的团队。他创办了西安远歌艺术文化传播有限公司，目前主要业务就是文创产品的开发，比如景区 IP 相关产品的延展开发，合作景区有大唐不夜城、秦始皇陵博物院、陕文投集团、陕西省自然博物馆等。他们公司第二个板块的业务，则是针对中小微企业的品牌策划、企业文创产品的梳理开发，以及节日礼品的设计与采购等。

确定文创产品作为创业方向，席伟说出了其中的缘由。做花店是源于他的专业——环境设计，当初报考这个专业是因为他对环境设计尤其是园林植物景观设计的爱好，最后开起了这个花店。第二个虽是水果店，但店面的整体造型是一个小木屋，从设计方案、购置材料到装修全过程都是他亲自动手操作，这也源于他的热爱和专业特长。当时的想法很简单，这样既能为创业节省很多成本，还可以将专业知识学以致用，在创业的实践中提高自己解决问题的能力。第三次的手工艺工作坊也延续了艺术方向，虽然和环境设计专业不同，但艺术都是相互关联的。可见，尽管大学期间席伟的创业经历显得还很稚嫩，但并不是盲目的，一切都源于热爱和专业特长。

经过这么多次的创业，席伟也初步确定了自己的创业方向，总结出了几点经验，第一点是创业者需要有深刻的洞察能力，能抓住机遇、把握机遇，实时掌握行业动态，精准挖掘客户需求。第二点是管理能力，得组织团队进行高效合理的运营，合理配置人员和资源。当然，经济基础也是非常必要的，资金的运转是创业的基础。

## 趁热打铁——对时代和时机的把握

创业带动就业，是提供工作岗位的一种重要手段。我们耳熟能详的创业者、天使投资人雷军认为："创业成功是一个低概率事件。一般企业能活过

10 年的不超过 10％，因此，创业成功概率是非常低的。”席伟非常认同这个观点。席伟坦言：“时代大潮，浩浩荡荡，顺之者昌，逆之者亡，创业成功的关键在于把握时代的脉搏。”近年来，国家和地方出台的相关产业政策和指导意见加大了对文化创意产业的扶持力度，表明各级政府对发展文化创意和科技创新的高度重视，为文化创意产业发展提供了有利的政策及制度保障。随着人们物质生活水平的不断提高，人们对精神层面的文创产品需求也持续增长，这几年全国文创企业数量持续增加，带动了对高质量办公环境、社群化服务、共享开放空间的需求，这些都为文创行业未来发展开辟了广阔的空间。

席伟喜欢古城西安，这是一个拥有悠久历史的魅力名城，历史文化底蕴深厚，旅游资源丰富，对于文创产品的开发需求是很大的。一方面，由景区 IP 衍生出来的文创产品发展趋势一直处于稳定的状态，还有极大的上升空间；另一方面，企业和各级组织打造的 IP 也越来越多，很多企业和公司开始塑造自己的企业文化，从精神上激励自我，更好地宣传自己。文创产品今后肯定能发展成为集文化性、实用性和美观性为一体的产业。

除此之外，席伟还谈道，在全球化背景下，挖掘独有的地域文化资源特色进行设计创新正是建立和提升文化产品价值的重要手段和方式，也是继承、发展、传播文化的重要媒介，对提升我国文化自信具有重大意义。所以说，进行创意文化产品的传播研究对文化和文化产业、产品的发展不仅大有裨益，也符合时代和市场的需要。

如今，文创产品的传播迎来了新媒体变革的关键发展期，企业应该与时俱进地进行自我革新，调整传播策略，以便抓住新时代的发展机遇，席伟和他的西安远歌艺术文化传播有限公司就是这样，抓准时机，迎难而上。

# 公益服务篇

# 代文斌：
# 选择蓝天白云，爱与信仰同行

**编者按**

代文斌，男，四川自贡人，2013年本科毕业于陕西科技大学应用化学专业。毕业后不同于同窗们的道路，他选择了部队，选择了基层，选择了边疆，在平凡的岗位上，在蓝天白云处，坚定自身最初的信仰。如今，他扎根西藏边疆小城，用平凡却又坚定的行动践行着青春的荣光。

## 人生初选择，让奋斗的青春与祖国同行

来自四川自贡的代文斌，曾经是个天天泡在图书馆，书生气十足的理工科学生。近十年的军旅生涯，如今的他肤色黝黑，面庞褪去了稚气，一身笔直挺拔的军装，一头利索的短寸发型，淳朴而庄严，爽朗的笑声里带着高原特有的韵味。山高志坚未能移，海深心初不可改，回想刚入伍的那一段时光，他说自己流过泪、痛苦过也怯懦过，但却从未后悔过。

2013年6月，代文斌从陕西科技大学化学与化工学院毕业，四年间他在学业上完成了华丽的转身，以优异的成绩实现了转专业，先后就读了化学、应用化学两个专业。那时的他除了学习和实习之外，大部分时间都待在图书馆，和几个志同道合的朋友谈论人生，憧憬理想。《老人与海》《战争与和平》

《平凡的世界》……无数的文学名著滋润着渴望成长的代文斌。一晃四年，转眼来到了人生第一个重要的十字路口，不同于同窗们选择稳定的工作，代文斌坚定自己的信仰，毅然地选择了入伍。他选择加入武警西藏消防总队，远离繁华都市，献身祖国消防事业。

说起代文斌入伍，身边的同学、朋友都表示突然又不意外。2013 年毕业前夕，已经准备与成都一家专业对口企业签约的代文斌，得知武警西藏消防总队要接收一批普通高等学校毕业生入伍，他犹豫了。大学四年，他刻苦学习，掌握了扎实的专业知识，一直以来，和其他同学一样，大家都立志成为化工领域的专业精英。“好男儿志在四方”，他也和室友们促膝长谈，羡慕那一身戎装，燃起过保家卫国的一腔热血，但那仿佛是梦里遥不可及的彼岸。一边是即将签约的都市工作，另一边是投身军营的理想，他陷入了沉思。漫步在校园里，一条征兵横幅突然闯入了他的眼帘，“志存高远砺青春，建功立业赴军营”，男儿的热血彻底沸腾了。“西藏是祖国最需要人才的地方，入伍当兵，支援西部是一件神圣伟大的事情，是对人生的磨炼，对信仰的仰望。”好男儿就该追求最伟大的事业，就应该在国家、社会最需要的地方建功立业，这是多少次和朋友们交谈时的真情流露。于是，他解除了与公司的合约，放弃了工作的机会，毅然选择加入武警西藏消防总队，到西部、到基层、到祖国最需要的地方去。

代文斌开始了他的军旅生涯。初到部队，理想的高涨和严苛的现实形成了鲜明的对比。面对困难，他选择用信念支撑。作为一名与图书馆、实验室打了四年交道的大学生士兵，一年的军事训练，强度与难度可想而知。严格的军事纪律、超负荷的体能训练、繁杂的装备技能操作、繁重的理论学习任务，都足以让任何一个新兵望而生畏。尤其是器械装备训练和体能素质训练，是对代文斌最大的考验。没有部队生活的经验、没有专业对口的知识，也曾让他动摇了自己的信心。每天一睁眼，面对 8 公里的山地距离，18 公斤行囊的体能拉练，他也曾有过放弃的打算：不如回那个是家的城市，过安稳的日子。每当想偷懒的时候，他看到其他战友也是不同的专业背景，却每日坚持高强度训练，未有怨言与退缩。代文斌直言，入伍第一年看似是对体力的考验，实际上是对意志的锻炼，保家卫国，服务人民，这不是一句随随便便的口号，是军人一辈子追随的事业，没有强大的意志和坚定的信念，是绝对不可能完成的。

聚是一团火，散是满天星，这些来自全国各地的年轻人相互鼓励，不断成长。代文斌告诉自己：这个选择是自己的信仰，是自己价值的体现，既然已经来到了部队，就必须做好吃各种苦、面对各种困难挑战的准备，别人能做到的，我也能做到，而且要比他们做得更好。浮躁动摇的心很快就沉静了下来，或许正是这口憋着的气让他一股劲熬过了最初一年的考验，最终代文斌以优异的成绩圆满完成了各项培训任务，被评为“优秀入警大学生学员”。

## 倔强地成长，大爱与使命镌刻在心中

结束了为期一年的培训后，代文斌拒绝留在条件相对优越的西藏省会城市拉萨，毅然选择了日喀则最为偏远的县城——吉隆县。这个与尼泊尔接壤的小县城，不仅经济落后、交通不便，自然条件更为恶劣。真正到达吉隆那一天的景象让代文斌至今难忘，复杂的情绪一瞬间就涌了上来：包含着强烈紫外线的高原阳光，稀薄氧气带来的高原反应，一眼就望穿的县城和相隔几十公里零星分布的村落。一天两天过去了，代文斌发现自己根本没有时间再去惆怅。面对陌生和不适，他用积极的行动赢得赞誉。“既然选择了部队，挺过了集训；既然选择了西藏，放弃了繁华；既然选择了这样蓝天白云未知艰辛的生活，那就不要害怕接下来命运为我安排的任何磨练与挑战！”

此时的代文斌，已不是那个初入军营的文弱书生，他已经成长为一名真正的军人了。进入实战中，他才发现，一年的训练其实还是远远不够的，“纸上得来终觉浅，绝知此事要躬行”，他的性格虽然有点内向，但自小坚韧要强，不服输的性格驱使着代文斌有空就向老兵请教，不放弃任何学习的机会。整个吉隆县消防大队都知道这个新来的四川小伙子爱学习、爱提问，也都愿意与他交流切磋，教给他高原作战的技巧。他保持着大学以来养成的良好习惯，工作和训练时富有团队协作精神，一个人的时候，安静和自律带给他无穷的力量。基层消防任务烦琐劳累，白天他尽自己最大的努力克服各种困难，学习新知识，练习消防救援技术。闲暇的时候，他就自己琢磨火灾抢险的技术要领，慢慢地，他的业务能力越来越突出，很快就能独立开展工作。

人生的路每一段都算数。原本他以为进了部队，就要和自己大学所学的化学专业告别了，戍守边疆，与边陲百姓打交道，哪里能用得上实验室和烧杯里的学问啊。但是，他没想到，曾经学过的压力、流量、燃点、沸点等化学专业的基础知识，像一把把小钥匙帮他打开了一扇扇门，那些理论知识背后形成的专业思维，以及大学时代所塑造的人格、性格、品格，无形之中都在影响着他，推动着他。美好的大学时代结束了，但更有意义的未来正在迎接着他。代文斌像一棵压不垮的小草在西藏的土地上扎下根来，吸收着边陲的阳光雨露、蓝天白云，也感受着高原凛冽的寒风和孤独的长夜，他倔强顽强地成长着。

面对成长，代文斌用使命诠释自身的价值。飞速的进步和谦恭的态度让这个成长于川蜀，求学于三秦的男孩在短短几个月间就适应了艰苦恶劣的环境，慢慢开始学会了享受生活和训练带给他的满足。改变的不仅仅是日益黝黑的肤色和越来越强健的体魄，更多的是这个男孩逐渐强大、逐渐刚毅的内心。彼时的代文斌，内心仿佛激荡着一股永不衰竭的热流，因为儿时的军人梦成为现实。他说第一次感受到内心的强大是世界上最喜悦的事情，是任何艰难险阻都战胜不了的，从这个角度来讲，部队的历练是每个渴望成长的男儿最好的选择。

有时候，人的成长蜕变仿佛是一瞬间的事情。代文斌回忆起自己的一次执勤经历，他坦言，那是一次再平常不过的执勤，平常到他根本记不起是哪一天，和谁在一起，做了什么特别的事情。他只记得，那天晚上他换上制服，照例执勤站岗，茫茫的大地上空无一人，四周一片静谧，只有星星点点不断闪烁的灯光。蓦地，他抬了抬头，仰望那片深邃的天空，幽深的天空中布满了繁星，似乎伸手便可触及，这样壮美无垠的景色一下子震撼了他，使命感和责任感使他充满无限的骄傲和自豪，他们驻守在这里，保护这片土地，这是多么美好而神圣的使命！

“男儿何不带吴钩，收取关山五十州”，代文斌在对国家的大爱和使命中找到了自己人生的坐标。我们无法知道，这可能是代文斌人生旅途中一次关键时刻的顿悟，也可能是无数次仰望星空从量变到质变的人生蜕变。和当初大学毕业时懵懂青涩的选择相比，一年多的历练和成长，画下了一个川蜀少年、科大学子人生厚重的底色。

## 坚定地行走，用行动诠释“为人民服务”

面对灾情，代文斌用行动无声地诠释着何为“为人民服务”。2015 年 4 月 25 日 2 点 14 分，尼泊尔发生 8.1 级地震。吉隆县因其地理位置与尼泊尔相邻，当地人员、牲畜伤亡惨重。当地消防大队作为震后抢险救援与火灾防控任务的责任部队迅速反应。作为大队的一名警官，代文斌第一时间受命带领中队迅速深入吉隆县吉普村展开救援。由于中队成立不久，灾难救援设备无法及时调配，他们就用手刨、徒手搬运这种原始古老的方式展开救援。战士们累了，动作迟缓了，但却没有任何一个人停下搜救的步伐。在村中救援时，中队发现一名老人因行动不便还未及时逃离危房，此时房屋面临着倒塌的危险，代文斌顾不上思考，一个箭步冲进屋内迅速将老人背了出来，惊魂未定的老人拉着代文斌的手流着泪用藏语不停地说着谢谢，代文斌挠挠头笑一笑，轻轻地安抚老人，不着痕迹地抽出自己被攥着的手后转身跟上中队的步伐，继续前进。

4 月 25 日 19 时，代文斌所在的吉隆消防口岸中队官兵接到县政府命令，立即前往萨勒村、色琼村开展救援工作。当时道路已经因地震而中断，但救援任务迫在眉睫，民众的生命财产都系在这条中断了的路上。代文斌与其战友们冒着余震与山体随时滑坡的危险，徒步进入萨勒村、色琼村搜寻抢救被困灾民。震中救援就是与时间的赛跑，在两个村落的救援工作中，代文斌和队友不仅要解救被困牧民，还要帮助牧民们在废墟中搜寻财务，驱赶受惊的牛羊群。从 4 月 25 日地震发生的那一刻至 4 月 27 日接到返回驻地的命令，此时的代文斌双眼布满血丝，他和队友们已经两天两夜未曾合眼。从抗震救灾第一线退下来的代文斌根本没有休息的意愿，他主动请缨，申请继续加入搜救被困人员、疏散物资、搭建帐篷等工作中去。

这样的青春让人敬佩，这样的人生弥足珍贵！“从小在我心中，西藏就是个神圣的地方，也是祖国最需要青年人的地方，既然来到了这里，我们就应该奋不顾身为这个地方做点什么，给这个地方留下点什么。”这样的信念朴素而伟大，支撑起他近十年三千多个日夜选择高原的初心，坚定如炬的目光、粗糙黝黑的皮肤、质朴爽朗的笑容说明了一切。

之后的代文斌，从日喀则市吉隆县走到了萨迦寺，又从萨迦寺一路走到了亚东县，相继担任亚东县定亚路消防救援站站长、聂拉木口岸消防救援站站长等职，曾在 2016—2018 年连续三年获得年度考核“优秀”称号，荣立“三等功”两次。谈起这些经历和成绩，代文斌只是淡淡一笑，他说比起这些荣誉，他更开心的是拥有比家还温暖的部队，比亲人还亲的战友，以及对他们充满赞许的藏族老阿妈们。

后来，那些荣誉证书早都不知道放到哪个犄角旮旯了，但有几件“小”事，他一直记在心里。其中一件是有一对夫妻打电话向他们救援队求救，说他们的老母亲被困在家里情况不明，打不开门也接不通电话，开锁公司迟迟没有赶来，老人有严重的疾病，如果再晚一些，可能会有生命危险。接到任务的代文斌把生命安全摆在第一位，用熟练、专业的跃窗动作迅速跳进房间，很快打开了房门。当确认老人抢救及时没有危险的时候，这一对夫妻哽咽激动，发自肺腑地念叨着一句句感谢，这场面让代文斌至今记忆尤深。一次平常的任务，一场简单的救援，在老百姓的家里却有千斤重量。这些看似平常、日复一日地救援工作，一次次涤荡着这个七尺男儿的心胸，也让他升华出别人无法体会的职业荣誉感和自豪感。他说，幸福莫过于此吧。

如今，日喀则已经是他第二个故乡了。回想起他的家乡和远在家乡的父母，他留下的却只有沉默。也许是年轻，也许是一腔热忱，又或许是父母无私的鼓励，入伍后的两年多，代文斌一头扎进消防部队，从训练到工作，从执勤到抢险，一直未离开部队回四川家乡探亲休假。两年多时间里，身为家中独子的他，带着家人沉重的牵挂来到雪域高原，却只能通过电话传递对父母的思念。每每以最近工作繁忙、任务重、走不开为由拒绝休假的时候，代文斌心中更多的是对父母的愧疚。逢年过节打电话问候父母安好时，多少次他咽下了心中的哽咽，多少次他只能留下无言的泪水。擦干泪滴的他脚步坚定，和所有戍守边疆的年轻战士一样，他要为自己的理想践行诺言，继续努力，放下个人情感的他还要和队友们一起守护百姓，保一方平安。

说起自己的职业规划，代文斌是满满的自信和幸福，他说自己目前已经成家立业，马上就要当上爸爸了。虽然妻子、父母和自己天各一方，一年只有两个多月的探亲假期，但家人的支持、理解和工作上认可，是他获得幸福的源泉，让他已经感受到了喜悦和成功。他一再强调，一路走来，虽然自己也积极努力，追求卓越，但他深知，是国家的强大和对国防事业的重视，他才获得了个人的成长和发展。现在的他，依旧平凡却努力，和所有把青春献给祖国消防救援事业的战士一样，经历了2018年的消防体制改革，退出了现役部队，实现了职业化发展。“消防兵”变成了真正的“消防员”，他那一段武警消防部队的生涯已经成为一段历史，载入了个人的史册。但是，这在代文斌看来，只是时代和体制变了，于他自己而言，他仍坚定地做那个“最美逆行者”。

代文斌在西藏日喀则的小县城找到了人生的意义，一次次的训练和救援让他更加坚定了自己最初的信仰。来到西藏、适应藏区，慢慢地爱上了西藏，被这里的人、这里的事一点点地感动着。亲历地震又参与震后救援，亲手救出无数生命，他说自己已经是西藏的“儿子”了，牧民们对所有官兵的依赖让他和千千万万像他一样的士兵愿意将自己的整个青春一股脑地都奉献给这片海拔四千米的热土，用一腔热血和终身事业来守护这片土地的蓝天白云、冰川雪山。

# 蔡建星：逆着人群冲向烈火

**编者按**

蔡建星，男，江西吉安人，2014 年本科毕业于陕西科技大学电子科学与技术专业，同年应征入伍成为一位消防指战员，现为广东肇庆市消防救援支队高新中队队长。

在校期间表现优异，曾荣获科技创新竞赛一等奖、优秀学业奖学金等多个奖项，被授予科技创新标兵称号，毕业论文《超声比测距仪的设计》被评为陕西科技大学 2014 年度优秀毕业设计论文三等奖。参加消防工作后严格要求自己，临危不惧，有责任心，带领自己的队伍保一方平安，多次被肇庆市消防救援支队记个人嘉奖。

## 向火而行，顺光而进

蔡建星自 2014 年 6 月从陕西科技大学毕业就应征入伍成为一位消防指战员。

“凡事都有偶然的凑巧，结果却都是宿命的必然。”当时他无意间了解到公安先行部队正在应届毕业生中招消防指战员，要求应征者必须接受一系列考核，包括文化考核、理论考核、体能考核、心理测试、政审及面试。一直对消防员心生崇敬与向往的他对此产生了强烈的想法，于是他在大四第一学期便开始着手准备所需材料，每天学习相关的知识，并为自己制定了一项可行的体能训练计划，而后日复一日完成既定计划，没有一天间断。功夫不负有心人，最终他如愿以偿地成为一名光荣的消防兵。

如今的他是一名消防指战员，也是广东省肇庆市消防救援支队高新中队队长。作为一名消防指战员，能力和素质是必备的。首先，对于各项器材、工具都要熟练运用，因为在火场上只有熟练使用手上的装备才能完成灭火救援任务，这是一位消防员需要具备的最基本的素质。而作为队长，要能统筹协调、临危不乱。救援现场变幻莫测，遇到突发状况时，没有丝毫的时间可以犹豫，及时决策是作为队长的职责。

在一起紧急救援中，蔡建星带领队员们到达火灾现场的时候，火势并不是很大，本以为很快就能处理完，但是他为了全面了解火场信息，就带着队员们多停留了一会儿，没想到火突然烧得很大，就快要控制不住了。当时天色已晚，但是在火场边，刺眼的火光已经让人分辨不出白天还是黑夜，火场上还会时不时地发生爆燃爆闪的现象。前线的战斗员中有的人从未见过如此大的火势，有些慌了神，害怕是难免的，蔡建星也同样怕，但作为队长，只能咬紧牙关，面不改色地带领队员们冲进火场。“我要是慌了其他人只会更加不知所措，现场就会变得混乱，所以我必须坚守住。有一个主心骨带着大家前进，才能在艰险的环境下完成救援任务。”

火灾救援，就像在前线战场，有很多未知的危险。而面对瞬息万变的火情、煎熬的高温、窒息的烟雾，他们依旧要逆着人群往前冲，冲进离死亡最近的地方，只为了让百姓多一丝生的希望。

消防员和消防工作是任何地方都需要的，它关系到人民生命财产的安全和社会的稳定，是国民经济和社会发展的重要组成部分。消防员是份特殊的职业，可以串起生命的锁链，架起生死两端的桥梁。可以说，消防员是世界上最受人尊敬的职业，没有之一，因为在和平年代，消防员时刻冲在一线参加灭火抢险救援，保护群众生命和财产安全，是一个十分危险但又非常光荣伟大的职业。

“我们的职责和使命就是——继续往里冲。”蔡建星在进入消防部队之前对于消防员的了解不是很全面，当时的媒体对于这方面的宣传力度不够，很多人并不知道这个职业这么辛苦和危险。真正地踏入消防大队时，他才发现，以后的每时每刻都会面临危险，学会危难时保护好自己本就不易，况且消防员最终的目的是保证他人的生命、财产安全。但他没有丝毫的后悔，并且甘愿为这个光荣的职业奉献出一切。

这份工作为何对他有如此大的吸引力呢?

几年前，消防队还叫作公安消防部队，而现在已经是国家综合性消防救援队。早在2018年两会时期，就听闻消防队要改制，但当时蔡建星充满了迷茫，不知道会怎样改。接近年底的时候具体的通知下来，新的制式服装和标志服饰正式启用，他们集体脱下军装，穿上“火焰蓝”。他拿起刚换下来的那身陪伴他多年的军装，良久都没放下，军装不重，沉重的是他的心，他不知道未来将会开启怎样的旅程，只知道现在他要正式告别军旅生涯了。

不过，一切都往更好的方面发展。改制之后。消防员这个职业更加趋向专业化、职业化。专业化，是根据个人特点和专业特长，进行不同方向的培养，例如大学时的分专业培养。职业化，就是把消防工作变成一种职业，利于减少人员流失，保证大家都能在自己喜欢的岗位上发光发热。

蔡建星认为自己既然选择了消防员这个职业，在享受这个职业带来的社会地位、福利保障、荣誉感和经济收入的同时，就必须承担起作为消防队队长的责任与义务。

蔡建星说到，国家对消防员的待遇和保障都是很到位的。经济收入方面与公务员不相上下，还会有一些地方补助，这与所在地域、省份的经济发展有很大关联。在社会保障方面，凭消防员证件在一些景区是可以免票进入的，在机场、车站等公共领域也能享受优待，子女入学方面也有相关的保障，付出的回报在生活的多个领域都能体现。在他看来，优待是其次的，这份职业中令他感到最幸福的还是老百姓的笑容与尊敬。

俗话说，“救人一命胜造七级浮屠”。训练的疲惫和救援过程中的劳累，最终都会在老百姓的一句又一句“谢谢，辛苦了”中烟消云散，存留下来的只有莫大的成就感与荣誉感。

“时代的一粒灰，落在个人头上就是一座山。”在时代面前，人是渺小的，也是伟大的。消防员，是父母的儿子、妻子的丈夫、儿女的父亲……更是人民的英雄。

曾经的少年褪去稚气，长成大人，大人长出了翅膀，飞向了更远的地方，但纵使过去了很久，他的初心却始终如一。

在蔡建星眼中一年不分四季，天气也不分晴风雨雪，哨声一响，就得穿好正装，背起行囊，冲向新的战场。

繁忙的训练与工作日复一日，周而复始。早晨6:00准时起床，出操半小时，刷牙洗脸，打扫卫生，7:00吃早饭，7:30维护器材，每天都要保证装备器材没有问题，完好无损，8:00进行三个小时的操课，11:00收操休息，11:30吃午饭，14:40出操，17:00收操，17:30开饭。

晚上根据情况，有可能是操课，也有可能会安排休息。操课不光是室外训练，也有理论学习、业务学习和思想政治学习，有时候需要参加一些会议或者培训。

周六和周日虽是休息日，但他们只能在营里休息，只要是在营里，任何时候有警报器响起，都要在一分钟内完成准备工作。有特殊情况需要出去必须得申请休假。一年的休假日也是有限定的，会根据级别、结婚状况等确定。

对于蔡建星来说，最主要的压力其实是带队。作为队长，要对所有人的安全负责，带出去多少人，就要带回来多少人。这份承诺带着生命的重量，每一次出警完，都必须清点人数，询问受伤情况，每当队里有人受伤，他会感到自责，如果真的少了哪一个，可能会内疚一辈子。所以，每一次救援行动对他来说都是一种压力，自己面对的是未知的危险，身后肩负的更是全队人的生命安全。

蔡建星工作在基层一线，每天的主要工作就是训练和救援。严苛的训练是必要的，队员抱怨训练任务重也是常有的现象，除了自我调节压力克服困难，还要给队员们做一些思想工作。每当有人开始放松懈怠，他便会严肃地告诉队员们："这本来就是自己的选择，不是被谁逼着来的，既然来了那就要做足准备，提高自己的承受能力。一件事情要做就要好好做，坚持做，要让能力配得上这份荣誉。"

消防员这个职业本就不轻松，每天都有可能面临各种突发状况。在互联网并不发达的年代，大众了解更多的是这个行业光鲜亮丽的一面。随着自媒体兴起，大家开始宣传这份职业，越来越多的人开始注意并了解消防员的工作，大家终于看到还有这样一群人，和平年代也依旧要冲锋陷阵，不论是陡峭的山岭、高耸的大楼还是混乱的废墟、汹涌的洪水，只要需要救援，他们就会随时待命，奔赴最危险的地方。

2019年11月，新华网、《人民日报》等多家媒体疯狂发表并转载了一篇名叫《喜宴中，新郎抛下新娘跑了……》的文章，而这篇文章的主人公正是蔡建星。

2019年11月17日，蔡建星刚和妻子领完结婚证，但是因执勤需要，无法外出，单位领导了解后，决定在中队食堂加菜，并邀请家属一同参加。聚餐期间，正当大家举起酒杯为新人庆祝的时候，警铃却突然响起。蔡建星带着餐桌上还未动筷的兄弟们迅速出警。对于此类突发状况，新娘早已习以为常，她只能目送着新郎离开，随后把饭桌旁的凳子整理好。“举杯瞬间的喜悦是为了心爱的人，放下杯子的奔跑是为了肩上的责任。”

“每个人都有朋友，但不是每个人都有战友。”提起他的队友，那些日常的相处在他们看来很平常，比如今天太累了，两个人就互相靠一下，回去之后给对方按按摩；比如某个战友训练时扭到了脚，大家就找机会让他放松一下，帮他涂药。彼此间的关爱形成了一种日常习惯，但对于蔡建星来说，这确实是一种很特别的感情和关系。

这些年做消防员的经历也让他变得更有担当，得到了成长和锻炼。在保护别人的过程中也更懂得了要怎样保护自己、保护家人。每一位负重前行的英雄背后，都有一群默默无闻的家人，他们承担的心理压力并不比消防员们小。

与家人的会面不多，但每一次会面，他都无比珍惜。思念与不舍是他觉得最难熬的事，也是支撑着他继续走下去的动力。

## 忆往昔岁月，诉殷切寄语

“时光匆匆把人抛，红了樱桃，绿了芭蕉。”

回望大学时光，蔡建星最难忘的一段经历是在大三参加科创比赛的时候，没日没夜地忙了一个月，但却很充实，也能感觉到自己在这个过程中一点一滴地在进步。从每一天的日出开始，他和团队成员们就开始收集资料、查阅文献、讨论、完善方案……之后各自去上课，那一段时间课程任务非常繁重，忙碌了一天，晚上还要巩固专业知识。大家都是在晚自习后抽时间准备竞赛，经常晚上回去洗漱后一个人悄悄地在被窝里继续准备材料。

就这样忙碌了一个多月，他们的电子设计项目不仅取得了全校一等奖的好成绩，还代表学校到省上参加比赛，取得了不错的名次。参加竞赛成了他大学期间最难忘的经历，极大地增强了他的自信。现在回想起来，刚开始进入比赛团队的他还有很大的顾虑，大三学习压力大，怕太忙会耽误学习，怕付出了没有什么收获。其实，参与竞赛的过程比竞赛的结果要有意义多了，一旦决定去尝试，制定详细的计划和目标，合理安排好时间，他就知道究竟要做什么了。大学生活不是只有枯燥的学习、周末的安逸，还有诗和远方。有规划，有目标，并且为之不断努力奋斗，珍惜大学生活，才能不负这短短四年的大学时光。

“虽说消防员这一职业是光荣伟大的。但是在决定成为消防员之前，自己也一定要考虑清楚。”蔡建星语重心长地说道。

消防员的日常生活枯燥、单调，没那么多自由，也没有那么丰富多彩，不确定的危险随时都有可能降临，高强度的训练也是必要的。每天都是千篇一律地早起、出操、训练、出任务等，活动范围也有限制。在谈恋爱方面，时间上也没有在学校时那么充裕，不能天天见面。所以，如果想要成为消防员，首先就要做好这方面的思想准备和心理准备。

在蔡建星看来，入伍是一件很有意义的事情。在部队里可以把身上的一些相对不太好的习惯给磨掉，可以塑造性格、锤炼品质，对于自我有很大的提升，也能得到历练、成长，变得更有担当，百利而无害。国家对于参军的人会有一些优待政策，但是在享受一些福利的同时，也就必须得履行更大的职责，例如艰苦的训练。如果有入伍的想法，确实值得去尝试一下，在部队里会有不一样的经历，不一样的感受，接触不一样的人，更重要的是能收获一群与自己共同经历生死患难的战友，还有更好的自己。

大学毕业后参军也是有一定优势的，在退役军人的就业方面，国家会有一系列保障。在部队里学到的东西，可能当下觉得没什么，但当离开部队走向社会以后，就会发现在部队学到的这一身本领是受益终身的。

当然，是否参军是一件需要慎重思考的人生大事，若只是因为新鲜、好奇，或者仅仅是想来军营体验一番，不是出于职业规划的话，可能这两年对于自己来说就是浪费了。在部队里还会面临各种挑战，被分配的岗位可能并不是自己想要的。面临这样的情况，一是要学会自我调节，积极主动地去适应，二是可以把它当作是对自己的一次锻炼，抱着学习成长的心态，很多困难就会迎刃而解。

“如果参军是自己的梦想，决定好了，那就去吧。尽量不留遗憾，也不后悔。”对于梦想，要大胆地去追逐。对于当下的生活，要好好珍惜，转眼即逝的大学时光，参加工作之后就会无比怀念。这里的珍惜不仅仅是把大学生活过得丰富多彩，更重要的是要有意识、有目标地在大学里丰满自己的羽翼，多学习、多实践、多总结，在搞好学业的前提下，去挖掘自身的潜力，去发现更优秀的自己。

好的身体才能扛得住工作的压力。说到这里，蔡建星非常怀念那些年和朋友们在陕科大操场上随风奔跑的日子，红色的跑道上洋溢的是年轻的活力，激扬的是不怕困难、永不服输的壮志。

在严酷的生死考验中，蔡建星从一名基层指战员成长为救援支队中队长，成为职业化专业化消防员。一次次在火光中出生入死，一次次在险境中拯救生命，无数个和蔡建星一样的消防员们，他们光有胆量远远不够，还需要硬功夫。如若没有真本领，他们就闯不过“火焰山”，他们苦练基本功，精研救援技术和战术，一本本用生命写就的“火场日记”记录了他们无悔的青春、伟大的青春！这是蔡建星告诉我们的故事，是他积极昂扬、无私奉献的成长之路，更是他未来人生继续行走的轨迹。

# 石海旺：
# 信仰坚定的人，本身就是一道光

编者按

石海旺，男，黑龙江绥化人，2015年本科毕业于陕西科技大学艺术设计专业。他是一个具有坚定信仰和纯粹信念的人。大学期间曾担任设计与艺术学院青年志愿服务团副团长。临近毕业，当得知自己有机会加入支援新疆的队伍，他便毅然放弃了西安的一份理想工作。石海旺放弃了西安的繁华，放弃了家乡的秀美，横跨整个西部，来到新疆和田，扎根基层，深入群众，在边疆贡献着自己的光和热。

心中装有阳光，定能照亮和温暖前方。如今，石海旺已经在新疆工作了7年之久，他心中那一份真挚的信仰和其他援疆的同志一样，汇聚成了时代光芒，共同照亮着和田市伊里其乡的发展之路，温暖着伊里其乡老百姓的生活。

## 有些人，注定为信仰而生

大四下学期，石海旺就已经在西安签下了一份非常理想的工作。毕业前，身边的同学们都还在四处奔波，为找工作而焦头烂额，石海旺便已经在所签下的公司工作了很长一段时间，公司氛围融洽，工作也十分顺利，这让很多同学十分羡慕和向往。在西安这个繁华的城市，拥有一份喜欢的工作，享受丰厚的薪酬，谁又舍得弃而远之呢？原本石海旺自己也认为，以后自己就归属于这里了，自己将在西安扎根、发展。

可是临近毕业，一则消息完全改变了石海旺的人生道路。

这些年“三支一扶”和“西部计划”等援疆政策性岗位吸引了大批有志青年。怀着报国热忱去往祖国最西部建功立业，是一件幸福又壮美的事情。一听到招录信息，石海旺就开始马不停蹄地准备，当得知自己顺利通过筛选时，他心中别提有多激动了。石海旺没有丝毫犹豫就放弃了自己的工作，选择去往新疆和田市伊里其乡，做一名深入群众的基层工作者。

身边不理解和劝阻声此起彼伏，不绝于耳。事实上，石海旺这样的决定并不是临时起意，也并非心血来潮。放弃良好的工作和安逸的生活，在旁人看来有些不可思议，但熟悉他的人知道，这样的选择对他来说再正常不过。

在校期间，石海旺一直是一个性格率真、乐于助人、有着极强的责任心和事业心的学生。2011 年夏末，刚刚结束军训，正式开启大学生活的时候，石海旺便加入了设计与艺术学院的青年志愿者服务团。这个组织刚刚成立，部门规章、管理制度、日常活动方案等都还没明确，可以说那时的志愿者服务团还是个一无所有的“新生儿”。可是“青年志愿者”这五个大字却深深地吸引住了石海旺，从此与青年志愿服务团结下了不解之缘。从大一入学到大三换届，石海旺几乎把自己所有的课余时间都倾注到这个组织和志愿服务当中了。日常小的活动如“擦亮科大”活动中的打扫教室、清洁校园；大的活动如承担博物馆讲解任务、组织师生为贫困山区捐赠衣物等，每一次志愿活动石海旺都积极参与其中，每一次志愿活动对他来说都是一份收获。对他人的一份帮助，在年轻的石海旺心中，这些都是在实现自身价值的途径。

石海旺所在的环境艺术设计专业大三的课程是最繁重的，课程之间的内容也是环环相扣，稍有些落下都需要花费多倍的功夫才能够弥补。但是，石海旺还是决定接任志愿服务团副团长的职务。在他心里，志愿活动一直是件非常有意义的事情。或许是老师们清楚他对志愿服务的热爱，让石海旺意外的事，所有的老师都支持他继续在青年志愿服务团留任。他们与石海旺谈心时，帮助他分析了在大三学业中将会遇到的困难，在服务团留任会面临的任务。这些真挚的建议让石海旺少走了很多弯路，大三的生活虽然辛苦忙碌，经常是一大清早就离开了宿舍，晚上披星戴月回来，但石海旺保持理想成绩的同时还将青年志愿服务团越做越好。

大四初始，卸任了志愿服务团副团长职务的石海旺接着便开始关注国家的援疆政策，他也一直关注着毕业生才能参与的“三支一扶”和“西部计划”等活动。能够进入援疆的队伍，绝非偶然，这是他在信仰的驱使下追寻来的结果。

## 初到和田

时间来到毕业后，火车顶着风沙的呼啸，在新疆大地上穿行。窗外是茫茫的大漠，沙土的颜色渲染着荒凉一直延伸到目光所穷极的尽头。窗内是另一幅截然不同的景象，一群满怀朝气和热血的青年，正热闹地谈天说地，向往着此行的目的地。石海旺望着窗外的风沙有些出神，他想到了专业课上老师们经常提到的梁思成，想到了张锦秋，想到了一个意气风发的青年正聚精会神的塑造着一处精美雅致的园林景观。他们是石海旺曾经最崇拜的偶像，曾经的他也想要成为一名优秀的设计师。可最终的他，却来到了沙丘遍地、黄土漫天的西部，走上了和最初规划截然相反的道路。

那些回忆在石海旺的脑海中一闪而过，面对眼前的风沙，他表现出更加坚定的神情。在他心里，能够为社会作出贡献，到祖国最需要的地方才是最有意义的。这里的生活，不会让他走向万众瞩目的舞台，没有机会高谈阔论艺术的未来。但是，伊里其乡的群众的柴米油盐，衣食住行能够让他触及内心的追求，实现心中的价值。

抵达和田市伊里其乡人民政府，石海旺的援疆工作正式开始。新疆和田南依昆仑，北临瀚海，有着深厚的历史文化底蕴和丰富的物产。石海旺到达这里时，伊里其乡基础设施尚不发达，和繁华的西安相比有较大的差距，不过这些并不影响他被这里的风土人情和独特的自然景观深深地吸引着。

援疆工作开始时，困难接踵而至。对环境的不适应及对当地语言的不通是困扰石海旺的两个大问题。石海旺的家乡位于黑龙江，长期在祖国最寒冷的北方生活，他练就了一身耐寒的体质，但是对炎热却难以忍受。决定加入援助新疆的队伍之中，石海旺对这样的环境变化自然是做足了心理准备，但伊里其乡的酷热气候让石海旺很长一段时间里都很难适应。新疆和田属于典型的干旱荒漠性气候，虽然也有分明的四季，但是冬季刚结束，气温便猛地飞升，春季尚未过半便攀升的炎热及酷暑的夏天着实让他感到难以忍受，但为了追寻自己心中的信念，他咬牙坚持了下来。

身体上的不适可以调整和克服，但是语言上的不熟悉除了长时间的磨合别无他法。石海旺的工作是和当地的维吾尔族党员同志一起进行的。尽管开展工作时会有当地懂得汉语的同志帮助翻译，但是工作效率和工作范围都受到了很大的限制。在校期间，石海旺最不擅长的学科就是外语，他认为自己是一个没有语言天赋的人。但是来到了这里，为了更快地适应这里的生活及工作，石海旺自己搜集了不少资料，开始自学维吾尔语。尽管每天都很忙碌，但无论多忙，石海旺总会抽出一些空闲时间练习维吾尔语，常常主动用自己略显蹩脚的维吾尔语和当地人交流，以求更快掌握和老百姓打交道的本领。

## 美丽乡村的参与者和建设者

如今，七年时光匆匆而过，和田市伊里其乡已经成为石海旺的另一个家乡，他也完全适应了当地的气候环境，能够毫无障碍的和当地的群众交流。七年中，他从一个青涩稚嫩的青年变成了一个工作熟练能够独当一面的干部，但是始终不变的是他一直深入群众之中，在南疆的土地上坚守自己的信仰。这其中，离不开一位维吾尔族的老党员带给他的影响。

初次和他接触时，这位维吾尔族老党员已经到了耄耋之年。他退休后的时间都和石海旺的年龄相当了，但仍然坚守在工作一线。虽然年事已高，身体却非常硬朗，他对支部党建工作的热情让石海旺这个富有朝气和活力的年轻干部都自愧不如。这位老党员总能够找到生活中不引人注目的细节来为所在的支部建言献策。他时刻保持谦虚的态度，从来不因自己年龄大、资历高退居到后方，反而是日复一日地坚持在一线，深刻诠释了从群众中来到群众中去的精神。每当党的惠民政策下达，他总会积极热情地做惠民政策宣讲员；邻里之间偶有纠纷，他也会不辞辛劳到达现场，亲自进行调解。在这位维吾尔族老党员的身上，石海旺看到了共产党员无私的奉献精神，他对共产主义的坚定信仰和热爱，深深地感染着石海旺。后来，从工作方法到精神信仰，石海旺一直将这位老党员作为自己的榜样。希望自己也能够通过在南疆的工作、在群众中的坚守，实现自己的人生价值。

石海旺所在的伊里其乡靠近塔克拉玛干沙漠，七八年前，这里的生产生活条件还比较恶劣。晴天里尘土飞扬，到了雨天道路便泥泞不堪。“每天吃上二两土，白天不够晚上补”，当地一直流传着这样一句俗语。乡里也有很多贫困村，不少农户房屋年久失修，条件简陋。来到这里，石海旺也经历了很长一段时间的“吃土”生活，和家乡或是学习生活过的西安相比，这里的环境带给他的是巨大的落差。

这样的落差感不仅没有吓退石海旺，他不退反进，认为自己来对了地方。

这里需要他，需要他的知识，也需要他的见识。石海旺觉得自己这些年所积累的知识有了用武之地，自己的理想信念，有了实现的场所。

近年来，新疆和田迎来了快速的发展。在国家脱贫攻坚政策下，伊里其乡一个个贫困村接连摘掉了贫困的帽子，错落有致的农家小院排列在乡村公路的两旁。石海旺不仅是这美丽乡村的见证者，更是参与者、建设者，日复一日奋战在脱贫攻坚的一线。这些年，他走遍了伊里其乡的每个地方，深入群众开展工作，看着砖瓦一片片垒起新房，公路一段段伸向远方，石海旺从内心油然而生一股自豪感：能够参与这样的宏伟的建设当中，看到村落由贫瘠变得富裕，他更加深刻体会到，坚定不移地贯彻党的方针、路线、政策，就一定能够让人民过上幸福美好的生活。

命运就像掌间的纹路，无论它怎样变化，石海旺都将它掌握在自己的手里。在他心里，不管未来的生活如何，重要的是要对国家、对社会有贡献，要时刻追寻心中的阳光，保持坚定的步伐。

因为心中装有阳光，定能照亮和温暖前方。

# 张宸光：看到了另一片风景

编者按

张宸光，男，陕西宝鸡人，2016年本科毕业于陕西科技大学热能与动力工程专业。一直立志站上三尺讲台的他与师范院校失之交臂，机缘巧合下进入陕科大，柳暗花明，在这里他找到了新的人生方向。

大学期间，张宸光担任过班长、轻工学院的学生会主席。初入大学，他便萌生了考公务员的想法，后来的他也一直为之努力着。在西安读书的他始终记挂着家乡的发展，刻苦努力后成功考取了宝鸡市的公务员。此刻的他，生活在自己牵挂的城市，在平凡的岗位上发挥着光和热，温暖着家人，更服务着他人。

## 心里的一抹柔软

和大多数陕西人一样，张宸光也是非常恋家的。谈起家乡，他的语气瞬间温柔下来。宝鸡，一个环境幽美、适宜居住的地方。不同于一线城市的繁忙，宝鸡是一个生活压力小的地方，人间烟火气，最抚凡人心。正因如此，它是一个幸福感非常强的地方。而这里，也是张宸光一直的牵挂。

从小生活在和谐氛围中的张宸光，是一个积极向上的人。谈起父母，张宸光的言语之间满是感激。在他的印象中，父母是非常努力、非常刻苦的人，他的父亲在公安局工作，母亲在“华山论剑”酒厂的总部工作，因为父母的原因，张宸光从一出生生活条件就好一些，所以他一直很感谢自己的父母。从小在农村长大的父母，凭借着自身的努力，从求学到工作，从无到有，创造出今天的生活。在张宸光心中，父母一直都是努力刻苦的人，很少从他们口中听到“放弃”二字，他们也经常教导他一定要多努力一点。生活的琐碎总能磨平很多的棱角，但张宸光的父母心胸宽广，很少对一些事斤斤计较，在这种氛围下长大的他深感触动。

成长的浪潮风起云涌，少年借春风不断成长。一路走来，张宸光非常怀念自己的高中时代。因为在这里，他完成了第一次自我蜕变，让那个自卑的男生变得开朗和自信起来。那是他第一次在市区里的学校上学——宝鸡中学，整个宝鸡市最好的学校。从县城到市区，不仅仅是地域的区别，更是见识的差距，张宸光心里的自卑感愈加强烈。然而，这里的同学让他感到意外，热情开朗，在开学的第一天就让他感受到了温暖。

随着时间的推移，张宸光愈发自信起来了，他在高中开始了一场自我的修行，不止是性格的改变，更是兴趣与能力的双重培养。那时，他就学会了很多生活技能，同时加入学生会也让他得到了非常多的锻炼，这为他大学时期竞选学生会主席奠定了基础。对于张宸光而言，这不仅仅是县城向市区的靠近，更是自身能力与学识的大大提升。张宸光人生的第一次蜕变是在这里，他的牵挂与理想也是在这里，他始终记挂着他的家乡，大学毕业后便决定返回宝鸡工作，他想回到这个让他拥有奋斗目标的地方，让他幸福感爆棚的地方。

## 在锻炼中成长的大学时代

三尺讲台，桃李纷飞。这原本是张宸光理想中的样子，他想站在三尺讲台上，面对着青春活力的学生，将知识传送到他们的脑海中，也一直按照这个方向努力着。然而，人生并非一帆风顺，所有的轨迹也在迷雾中模糊难辨，不断地调整才能让车头驶向更宽阔的道路，到那时，一定会有不一样的风景。高考失误的他难圆自己的“教师梦”，也一度陷入迷茫中。报考陕科大或许是机缘巧合，但在这里，他的人生开启了一个崭新的方向。

与“教师梦”失之交臂的张宸光在仔细思量后，决定报考公务员，这个想法并不是一时兴起。张宸光的父亲是一位公安民警，小时候他经常跟随父亲去公安局，慢慢地对这个行业产生了敬仰。在进入大学时，他就想成为一名公务员，回到宝鸡，想在自己生活的城市里留下足迹。这一想法，在大一就已经很浓烈了，也确实成为他的指路灯。

谈起在陕科大的点点滴滴，张宸光最想感谢一个人——他的辅导员王佳瑜老师。刚刚步入大学生活的张宸光与刚刚研究生毕业的王老师一直是亦师亦友的关系，很多时候他们都是彼此帮助，在如何更好地扮演自己角色的立场中，他们始终互相理解。张宸光的言语中尽是对王老师的感激，在记忆的深海中一直有一件事让他感动不已。当时，张宸光所在班级有一个同学不幸感染了出血热，身为班长的他第一时间召集几个班委一起讨论相关事宜。因为患出血热的同学家离得比较远，并不在陕西本地，所以张宸光和几个班委商量排班照顾生病的同学。他立即将这件事报告给辅导员王老师，王老师迅速赶往医院，除了用言语安慰生病的学生，她还跑上跑下缴纳各种费用，垫付了医药费，并全程陪同，在那一刻，张宸光和其他同学感受到了王老师的温暖，这份情谊也被他们一直记在心中。

如果说高中时期是张宸光的第一次蜕变，那么大学便是第二次。他坦言，也许是性格使然，他从小到大都不是一个非常有主见的人，经常亦步亦趋，前后观望，别人的做法也似乎成了他的最终决定。高中时期得到锻炼的张宸光一上大学就参与了班委的竞选，4 年的大学时光，在学院老师和辅导员的关心和鼓励下，他一直担任班长一职，同时兼任轻工学院的学生会主席。虽然起初是在学生会的文艺部当部长，但张宸光想做的远远不止举办活动，在成功竞选学生会主席后，他提出学生会要“去形式化、去活动化”，要站在学生的立场上为学生去服务，引导广大同学自我服务、自我教育。英语四级是每个大学生必须闯过的关口，但当时学校和学院没有针对性的四级培训课程，他便萌生出举办英语四级培训班的想法。张宸光组织同学分头行动，在网上购买了四级练习题，选拔英语成绩好的同学作为班级助理和培训讲师，协调好上课的场地、课件等资源，通过学生会各部门的共同宣传，持续性地组织大家学习。这种自主、自发的学习方式受到了很多同学的响应和喜欢，他看到很多同学把四级培训班的学习延伸到日常生活中，大家的英语学习兴趣提高了，学习风气浓厚了，学习成绩也慢慢地好转了。

这些服务班级和同学的经历对张宸光的成长产生了巨大的推动作用，工作中他不断地精益求精、反思总结。一路上，他摸索前进，将自己锻炼成为一个独立的个体，遇见事情有自我判断和独立思考的能力。站在成长的渡口，张宸光始终感激陕科大“三创两迁”精神的滋养及“至诚至博”的力量，让他从稚嫩到成熟，从犹豫到坚持，从茫然到坚定，逐渐成长为一个有思想、有主见并为之坚持的人。

## 静心沉淀，让自己目标明确

成功的路上并不拥挤，因为坚持到最后的人不多。大一刚刚入校时，很多同学都定下了考研、考公务员的学业目标，但随着大学生活的展开，很多人在纷纷扰扰的人际关系中迷失了，在一件一件看似毫无关联的事件中没有及时反思和总结，以至于最后为自己学习变成了考个好成绩，甚至只求60分。在大一决定报考公务员时，张宸光的目标就非常清晰，他认为要成为一名合格的公务员，不能光有一颗服务大家的心愿，更重要的是要有服务大家的能力和格局。学习、班级工作、学院工作，校外实习实践等，他从做一个为班级服务的班长开始，保持自身成绩优异稳定的同时，全力以赴当好学院和老师与同学们之间服务沟通的桥梁，每学期都进行目标规划，不断地调整优化，每学期也有复盘和反馈。

当然，他和所有人一样，也会偶尔放纵自己，工作中出现的困难和委屈有时也会打倒他。然而，累过、苦过、伤心过之后，不放弃、不抛弃成了他的人生信条。正是这一次次的成长经历，慢慢地把一个坚强勇敢的张宸光塑造了出来。经过了大一的迷茫与调整，以及二三年级时在学习和实践中的坚持和努力，时间很快来到了大四，几年的锻炼让当初大一定的考公务员的目标越来越清晰。那一段时间周围的同学们都奔波在热闹的招聘会上，陆陆续续有人签约了非常好的公司和岗位，有很多同学劝他，考公务员的岗位很少，竞争激烈，成功率非常低，更何况未来的工资待遇并不比专业技术岗好。但他一心想回到家乡就业，那里有爸爸妈妈，还有让他永远忘不了的父老乡亲。家乡是个小地方，并没有太多适合他专业的岗位，他就从一名基层公务员踏踏实实干起来。

再次确认过目标之后，张宸光开始近似疯狂地备考。考公务员的道路并不轻松，一边面临毕业，另一边还要考公，双重压力下可能会使人懒散，也很容易产生放弃的念头。他找到了一个同伴，一个人的坚守或许不易，但倘若有一个可以与之同行的人，也会为之带来坚守的动力。在这条前途漫漫、无法预料结果的考公路上，他们相互陪伴、相互鼓励、相互提醒，无论谁冒出退缩的念头，另一个人都会对其进行“批评”。那段难熬的日子，张宸光始终都感谢他的这位好兄弟，他们一起“泡”图书馆、一起去线下培训班、一起听网课、一起吃饭的日子，时至今日依旧留在他的脑海里，始终温暖着他。而他们的友谊也并没有被时间冲淡，现在依旧联系紧密，愈加要好。

大学时光最为宝贵，当张宸光回过头看自己的心态变化时，他不禁感叹成长的迅疾和悄无声息。在学校的时候，他可能会觉得自己还是一个学生，不需要考虑特别多的事情。但是当真正进入社会的时候，难免会发现很多东西和在学校了解的或者所认知的其实是不同的。在大学的象牙塔里待久了，如果没有大量的实践锻炼，很容易滋生出一种盲目肤浅的自豪感和优越感，从而迷失了方向和目标，也丧失了行动和坚持的力量。

张宸光觉得，我们都只是芸芸众生中的一个普通人，无论什么时候都要保持成长的心态，脚踏实地，不断地突破和超越自己，不断地设立并实现一个个小的奋斗目标，再把小目标汇聚成大目标，成长的方向和轨迹就是积极的、正确的。不虚度年华，不妄自菲薄，不要被一些诱惑所干扰，成长中的年轻人需要真正静下心来，慢慢去思索和对比脚下正在走的路和自己未来要走的路。

## 道阻且长， 行则将至

或许，刚参加工作的张宸光想要在这个城市留下自己的足迹，想要成就一个优秀的自己，成就一番值得骄傲的事业。可当他真正深入到基层时，才发现做自己的能力非常有限，才发现广阔的事业何其伟大！“为人民服务”不仅仅是一句响亮的口号，必须从一件件小事做起，把心态放正，才是最重要的。

刚刚参与工作的他被分到了基层，负责乡镇民政方面的工作。分配到他手中的有 81 个低保户，张宸光一一走访了这些低保户。倾听民生、服务生活、调解纷争、临时救助等，这些都是他当时的工作内容。在处理很多比较棘手的事情时，共情能力是很重要的，尤其是脱贫攻坚方面，张宸光总是要亲自去看看，亲耳听听民众的心声，每一次深受感染的同时，他更想好好努力把自己力所能及的事情做好。每深入一户，与相亲们深入交流后，他都能深切感受到人生不易，家家都有本难念的经，他们的情况真的已经糟糕到某种程度。除了深切同情他们的遭遇之外，张宸光有种深深的无力感。对比他们，张宸光觉得自己的心灵受到了冲击，人生没有过不去的坎，知足者常乐，我们要学会满足。也正是深知这些人的疾苦，他更下定决心要当一名合格的体察民情的基层干部。位卑未敢忘忧国，在分管这些工作的时候，张宸光一贯秉承的就是公平公正的原则，对于政策的把控有原则、非常严格，但却富有同情心。

张宸光又一次开始迅速地成长了。从学生身份到乡镇基层干部，纷乱复杂的调研，切实地帮助低保户解决实际问题，如何让一个家庭可以脱贫，如何帮助老百姓意识到并解决家庭的贫困问题……一个个挥之不去的难题，对分析问题和解决问题的能力要求非常高，对一个干部是否融入百姓、得到百姓信赖非常重要。有时候为解决一个群众难题，尤其是利益问题，张宸光协调了一遍又一遍，当事双方始终不能百分之百满意，有些问题始终盘旋在他的脑海里，尤其是夜深人静，辗转反侧，他也曾质疑过自己是不是学识不够、能力不够、努力不够。实在想不通的时候，他告诉自己人生的成长总要经历风风雨雨，解决百姓的基础事情就是对他的锻炼，一定要扛过去。初出茅庐的张宸光，在顺利完成职业生涯初期的目标后，开始勇敢地迎接一个个新的挑战，这是全新的领域，对成长经历较为平顺的他来说，还需要很长一段不断超越、不断成长的过程。像张宸光一样，对很多“80后”“90后”的年轻人来说，因为有家庭的呵护，很多人只是体会到学习之苦、竞争之苦，并没有深入体会生活之苦、人生之苦，进入职场后，身份的转换、能力的提升、心态的调整，哪一个都不能出现长久的停滞，更不能出现差错，才能快速地成长为一个合格或优秀的职场人士，才能在适应之后，成长到职业生涯的下一个步骤，寻找自己事业的价值，进而去追问自己生命的使命。

谈到这个，张宸光说，他时常有敬畏之心，总觉得自己还有很多不足之处，还需要在基层中刻苦学习，虚心请教，扎实磨炼，在一个又一个现实而又难解的问题面前、一次次帮助老百姓处理问题中提升自我，最终成长为一个老百姓喜欢、能办好事、能办实事的干部。坦言自己不足的人往往都更有前行的动力，把遗憾留在了过去，张宸光向着更远的地方前行着，从容且坚定。

无论过去多少年，我再看你，依旧如初。前方的道路或许迷雾重重，但是张宸光有一颗坚定且柔软的心。人生的成长不必操之过急，无论什么时候，我们都要记得是为什么出发，就如同此时的张宸光一般，心中常存民生百态，尽己之力，发光聚热，为社会作出一点贡献。

# 薛宇慧：<br>定向选调，在尝试中邂逅未来

**编者按**

薛宇慧，女，陕西榆林人，2017年本科毕业于陕西科技大学轻化工程专业，现任职于西安市碑林区行政审批局。从陕西科技大学的学生团支书到华南理工大学的研究生学生会主席，这些年薛宇慧怀揣着心底的自信，勇于尝试，服务他人，一直向前。无论走了多远，她始终都不曾忘记“三创两迁”的科大精神，也始终铭记着“至诚至博”的校训。陕科大是她展翅翱翔的起飞点，也是她始终心怀感激与怀念的青春所在地。她的故事是一个看似水到渠成，实则充满汗水的奋斗故事。

## 与科大初相遇

6月的科大校园是热闹的。学校门口、图书馆前、教学楼里、科大湖畔，随处可见身着学位服拍照留念的科大学子。一代代科大学子与科大合影留念，一张张照片定格下他们黄金一般闪耀的青春。6月的校园也是寂寥的。在仍旧炎热的午后，在星空笼罩的夜晚，在科大湖畔的树林里，在光影斑驳的课桌上，是谁在人生的十字路口纠结着未来，又是谁在脑海里一遍遍回放着在科大的点点滴滴。

2017年6月，薛宇慧的毕业季如期而至。回望在科大的四年，她未曾感到过多的遗憾，因为这四年里，她凭借着个人的努力与师友的帮助收获颇丰。

2013年的那个夏天，排名一直位于年级前列的薛宇慧在高考时却不幸发挥失常，高考分数与其正常水平相差了几十分。薛宇慧的父母从小便对其管教颇严，一贯听从父母之言的她在全家都极力劝其复读的情况下却选择了放弃复读。“当时我也不清楚自己到底是怎么想的，可能也是出于一种对未知的恐惧吧，毕竟复读一年谁也不知道会发生什么，也不知道下一次自己的发挥如何。”薛宇慧谈及此事时说道。人生的重大选择很多时候在一种自己并不知情的情况下便做出了，也许仅仅只是在一个平常的下午，你的一个决定便悄无声息地影响了你的未来。

时光荏苒，离薛宇慧高考那年早已过去了9年，当年的决定也冥冥之中注定了她和陕科大的缘分。在多方了解后，薛宇慧最终选择了陕西科技大学的“王牌专业”——轻化工程专业。2013年的金秋9月，当薛宇慧拖着行李箱从家乡榆林出发，迈进科大的大门，在迎新大道的轻工学院帐篷处报道，从那一刻起，她的科大之旅便正式开始了。

宏伟的图书馆、丰富的绿化、美丽的科大湖，这是薛宇慧对科大校园环境的第一印象。经历过军训等常规的开学之初的流程，薛宇慧的科大生活也渐渐步入正轨。相比于高中时期的只顾埋头苦读，薛宇慧想让自己的大学生活有些不一样。抱着锻炼自己的初心，她参加了班委的竞选并成功当选了团支书。

一个偶然的机会，薛宇慧无意中看到了班委竞选表上辅导员对自己的评价：语言表达能力强、思维活泼、性格外向。“当时挺惊讶的，感觉自己似乎也没有发现自己这些优点。”薛宇慧笑道。上大学之前，父母管教严格的薛宇慧除了埋头读书便再无展现自己的机会与舞台，当她步入大学，逐渐摆脱了父母的限制，真正的自我遂开始显现。辅导员的评语既点醒了薛宇慧，让其明白了自己有着尚不自知的优点，也给了初来乍到的她莫名的自信与勇气。带着这份自信与勇气，薛宇慧在她未来的学生工作中敢想敢做，飞速成长。

“我的辅导员老师叫钱鑫。”薛宇慧激动地强调。“经师易遇，人师难求”，陕西科技大学轻工学院的钱鑫老师是薛宇慧当年的辅导员，在她四年的科大生涯中，他以真诚与温暖在薛宇慧的生命里留下了一笔宝贵的财富。“他善于发现我的优缺点，也更能让我自己明白如何去扬长避短地发展。”薛宇慧如此说道。

12月初，初雪飘零，来不及细细感受渐渐逼近的寒冷，大家早已被洁白的校园雪景吸引了。本是一个可以约上三五好友在校园里欣赏雪景的美好日子，奈何此时的薛宇慧却因为突如其来的肠胃炎在教室疼痛辗转。钱鑫老师得知此事后，立即放下手头的工作为薛宇慧买了药并亲自把她送到了宿舍。钱鑫老师在宿舍门口拍落羽绒服上星星点点的雪花，呼着热气不断叮嘱着薛宇慧正确用药及各种注意事项。窗外，雪花夹杂着冷气依旧飘零着，屋内，真情夹杂着温暖感动着薛宇慧。看着眼前尽心为学生服务的老师，薛宇慧心中感动不已。时隔多年，她依旧记得这温暖的一天。

初至科大便邂逅良师，薛宇慧始终心存感激，老师们对她的帮助始终是她前行的动力之一。除了辅导员，很多任课老师也给薛宇慧留下了深刻的印象。“他们身上有一种工匠精神，我们作为学生可以很容易地体会到他们对待课堂的那种一丝不苟的精神。”对于当年的大部分任课老师，薛宇慧如此回答道。其中令她印象最深的当属池东明老师，池老师对待课堂的认真与终身学习的人生态度深深地影响着薛宇慧，因此哪怕事隔经年，她仍然清晰地记得仅仅只给她上过一门课程的池老师。池东明老师是陕西省造纸技术及特种纸品开发重点实验室高级工程师，他在给薛宇慧那一届轻工学子们上课时已近50岁。但每次上课丝毫看不出池老师的疲惫，池老师总会精神焕发地出现在教室，像二三十岁精力充沛的小伙子。对于上课所用的课件，他也会时时更新。“池老师的课件无论是从排版还是内容都不比那些擅长电脑的年轻老师做得差，他善于启发学生思考，深入浅出地把知识传授给大家……”正是这样一批拥有高尚师德、善于启迪心智的老师们，给予了像薛宇慧一样的学子们不断前进的力量。

## 宿舍齐心， 共逐天光

一起上课、一起吃饭、一起在校园里嬉戏、一起在夜里漫步……舍友是我们步入大学认识的第一批人，也是与我们朝夕相伴大学时光最重要的人。那年9月，当你小心翼翼推开那扇宿舍门时，往后的数年里，你的青春便将与他们互相分享并息息相关。酸甜苦辣咸，在一屋里上演，一年又一年，终究要说再见。

“一屋不扫何以扫天下”，大部分优秀的人似乎都有着良好的宿舍关系，宿舍的内务，几个女孩子争着抢着做。薛宇慧所在的宿舍不仅人际关系处理得好，还可以说是典型的“学霸”宿舍。在大一时便有2名舍友的专业成绩排名位于年级前十，到大三时，宿舍里更是有4人进入了年级前十。“大一的时候大家可能没有那么注重学习，我们都在各自选择的社团与学生组织里满足着上大学的好奇心，释放着各自高中时被压抑的年少激情。”薛宇慧笑道。青春易逝，快乐的时光总是短暂的。

短短一年，大一的快乐生活仍意犹未尽之时，大二便已悄然而至。一年时间早已让薛宇慧习惯了大学生活，也渐渐明晰了各自的方向。薛宇慧与舍友们有所选择地放弃与留任了一些学生组织，腾出了更多的时间用于学习。薛宇慧也会时常犯困，在午睡闹钟响起的瞬间想再睡一会儿，在周末太阳刚升起时想继续把头埋进被子里，在追剧意犹未尽时想赶快追下一集……诸如此类的情况并不少见，然而看着舍友们背着书包往图书馆走去的背影，看着周末早上八九点便空无一人的宿舍，薛宇慧实在无法心安理得地留在宿舍虚度时光。

团结和谐、积极上进的宿舍氛围，在四年里无形地鞭策着薛宇慧。一起分享的零食、畅所欲言的夜谈、考试前的互相鼓励、偶尔一起聚餐放松的闲暇时光，这些美好都是6个姑娘大学生活里的“小确幸”。6个来自天南海北的姑娘也时常在宿舍讨论学习问题，互相鼓励着朝各自的目标努力。

## 用心用情去做事

班委、学生组织、社团等各平台都能给学生提供锻炼自我的机会。性格活泼的薛宇慧不曾错过这些机会，除了在班级担任团支书以外，她还加入了学院党务中心、校团委科奕报社等学生组织。丰富的学生组织工作既充实了薛宇慧的课余生活，也让她经历了很多从未体验过的人和事，在与同学和老师的工作接触中她逐渐培养了个人处理问题与人际交往的能力。

2014年，浙江卫视推出的一档综艺节目《奔跑吧兄弟》开播，播出没多久便凭借其新颖有趣的内容火遍了大江南北。当时身为团支书的薛宇慧正苦恼于如何开展更加吸引支部同学、方式更灵活新颖的团日活动，无意中便想到了当时正热播的《奔跑吧兄弟》中撕名牌的活动方式。于是她便熬夜做好了详细的团日活动计划书，在得到学院认可和经费支持后便联系了另外几个班级一起举办了那次团日活动。“那次团日活动的效果很好，支部同学的参与度也很高，同学们很有收获，感到很开心”，薛宇慧感叹道。

望着大家脸上洋溢的发自内心的笑容，薛宇慧那一刻才明白用心用情去做一件事情，用自己的真心去服务班级和组织、去换来大家的认可和喜欢，这样的快乐才是更深层次的快乐。这一感悟影响着她未来的公务员生涯，在为群众服务时她时常会扪心自问有无用心用情，这些都是在科大上学时的经历所带给她的成长。

## 融入时代洪流的人生定位

考研、考公、出国留学还是找工作，这或许是大三、大四学生亘古不变的难题。站在人生的十字路口上，不少人如身处大雾中，寸步难行，更看不见方向。

“俗话说，鼻子底下一张嘴，不懂就问嘛，迷茫的时候还是要向前辈多请教”，薛宇慧说道。在决定考研之前，薛宇慧曾获得过一份不错的工作，但在深入了解过后，她觉得工作前景并不是自己想要的生活。权衡再三后，薛宇慧毅然放弃了那份工作，怀揣着破釜沉舟的信念全身心地投入了考研备考之中。“当时也没想那么多，也经常跟自己说要是考不上就得面临毕业即失业的落魄境地了”，薛宇慧玩笑道。

在备考前，薛宇慧曾报名参加了华南理工大学的夏令营，并获得了优秀营员的称号，凭借优秀营员身份便能免去华南理工大学研究生考试的复试。谈及如何获得优秀营员资格时，薛宇慧认为扎实的专业知识是关键。在夏令营的一次面试中，老师曾询问过很多专业知识，甚至仔细到了相关知识点的具体数值。对此薛宇慧至今仍心有余悸，一路走来，她非常感谢当初能够扎实学习的自己。

“别人可能在毕业前便找到了称心如意的工作，而我还不知道自己考研的结果。”在薛宇慧心中，学会等待是一件很重要的事情，对于很多事情我们在短时期内无法直接知晓结果，此时一定要坚持自我，对未来充满希望的同时要在当下倍加努力。通过近一年的努力与生活的锤炼，薛宇慧顺利通过了初试考上了华南理工大学的研究生。

时光飞逝，数载匆匆。属于薛宇慧的毕业季来得不快不慢，但也让她猝不及防。记忆里，难忘的是红色为基调的教学楼与落日余晖交相辉映的美丽场景，是图书馆里总是充满埋头身影没有多余位置的学习氛围，是科大那年那月那些日子。

无论是人际交往方面还是专业知识方面，抑或是眼界与格局的拓宽，科大所带给薛宇慧的是全方位的提升。后来，在珠江三角洲北缘广府文化的发源地——花城广州，薛宇慧度过了她 3 年的研究生生涯。这 3 年里，她凭借在科大养成的勤学自律的习惯，踏实自信的工作态度，担任了华南理工大学研究生学生会主席，在一边科研中一边感受为大家服务的成就感，此时的她更加明晰了自己的职业方向，果断放弃了读博的道路。

研究生毕业时，薛定慧牢牢地抓住了定向选调生的机会。定向选调生是指部分省份面向国内部分重点高校定向选调一批全日制应届优秀大学毕业生。定向选调生的招录非常注重毕业生的政治素质，要求报考人员有正确的政治立场和政治态度，有远大的理想抱负和真挚的家国情怀，同时选调对象必须是中共党员、优秀学生干部、获得校级以上奖励的人员或具有参军入伍经历的人员。通过学校推荐，薛宇慧顺利参加了省委组织部所组织的笔试与面试。过往丰富的学生经历、面对面试时的自信姿态、扎实的理论功底，这些都为薛宇慧在选拔中脱颖而出提供了力量。最终，她得到了全校仅有的面向陕西省的 3 个定向选调生名额之一。

实现人生价值的方式有很多种，而只有把自己的奋斗与祖国和人民深深连接在一起，才是最有价值的人生。薛定慧既是那个在深夜刻苦读书的学生，也是那个忙碌在各种学生组织的协调者、组织者、奉献者。科大带领着她完成了学业，更塑造了她人生价值的底层逻辑。

当陕西科技大学与华南理工大学的经历陆续成为回忆，也意味着薛宇慧的学生时代正式退出了她的人生舞台。在西安市碑林区行政审批局，她正式踏上一名基层公务员的人生之路。薛定慧通过定向选调生的身份回到了秦川大地，回到了陕西，在区县公务员的岗位上扎根基层，服务人民，带着这份已经奠定好的坚实基础，迈开步子奔向新一程山海。

# 任旭：
# 热血青春闪耀在西部

**编者按**

任旭，男，山东菏泽人，2018 年硕士研究生毕业于陕西科技大学企业管理专业。2014 年本科毕业后作为陕科大第十六届研究生支教团队长，奔赴秦岭深处的太白县桃川镇中心小学进行志愿支教。在支教的一年时间里，他秉承志愿服务精神，在大山深处挥洒青春，用奉献、热爱书写着不一样的青春故事和支教赞歌。因表现出色，荣获“优秀支教教师”“优秀志愿者”等称号。2018 年硕士毕业后，任旭主动选择留在西部高校从事思想政治辅导员工作，担任设计与艺术学院团委副书记。近年来，指导学生荣获国家级荣誉 30 余次，省部级荣誉 60 余次。任旭本人荣获“思想政治工作先进个人”等称号。

从齐鲁大地到雪域太白再到古都长安，从研究生支教团到思想政治辅导员，从一个支教青年的热血到一份育人事业的坚守。他是任旭，扎根西部，始于“用一年不长的时间，做一件终身难忘的事 ”，一年的时间，成为 40 个孩子的“任大树”，这让他懂得了“学为人师的意义在于教化从容，行为师范的境界最能砥砺无穷”。2018 年，任旭成为一名大学辅导员，4 年时间，与学生风雨同行，以信仰滋养理想，以学习增强本领，以实干锤炼担当，践行着“共同成长，彼此成就”的承诺。

## 选择支教，做一件终生难忘的事

2013 年 10 月，进入大四的任旭已经拿到了两家单位的录用通知，同时他还在准备公务员考试。或许在旁人看来，他无论如何选择都是正确的，但是他却犹豫了……他开始惆怅未来、感慨青春没留下色彩就要逝去了。

在大学期间，志愿服务已经成为任旭生活中的一部分，连续 3 年参加大学生暑期“三下乡”社会实践的支教经历，让他亲眼看见了偏远地区基础教育资源的匮乏，每每想起讲台下孩子们眼中流露出的求知欲，他总会在欣喜的同时心疼难过。从那个时候起，他的心中就种下了一颗支教的梦想种子……

当任旭看到研究生支教团招募公告的那一刻，他感到徘徊许久的心灵重又激荡起来，他听到了来自内心的召唤：选择它，用一年不长的时间，做一件终生难忘的事！他做到了，而且第一次，用执着和坚定说服了家人，去追逐自己想要的无悔青春。

## 习惯孤独，支教让自己真正长大

2014 年 9 月，他来到陕西省太白县桃川镇中心小学，一个距离太白县城 60 里山路的全镇唯一的小学。这里四面环山，山青天蓝，美得令从平原地区初到此地的他眩晕和惊喜。但是，没过多久就开始麻烦不断：语言不通、难懂当地方言、不吃辣却遭遇餐餐麻辣的当地饮食习惯、寂静的山谷配着呼啸的山风引发了失眠、水土不服、耳鸣喉痛等问题。突然，支教生活开始了另一番滋味……

相比于生活环境的挑战，更难的还是心理上的适应。来到当地不过一周的时间就是中秋佳节，一个团圆、喜庆的日子，偌大的校园只剩他一人，连日阴雨的天气让人孤独倍增，从未如此无助的大男孩在电话中对着妈妈数度哽咽。他说那一刻，他懂了一句话：孤独寂寞冷。妈妈心疼地对他说：“实在不适应就回来吧！”他却毫不犹豫地拒绝了，他清醒地知道，选择支教并不仅仅代表自己，背后还有支教团闪耀着光辉的名字，更何况，如果在支教伊始就输给了自己，他一定不甘心。

后来的每个周末，陪伴他的除了电脑，就是书本，想吃顿饭要走好远的山路到镇上唯一的街道，夜间洗漱的时候，水龙头冲击脸盆的声音大到令人胆战……但这个过程也让他学会了如何与自己和解、如何与孤独相处、如何与时间为伴。在自我的沉淀中逐渐清晰、饱满，在孤独寂寞中学会了坚韧。

## 转换角色，初为人师敢历练

桃川小学的师资力量不足、教师结构不合理，中老年教师约占80%，近年来，学校用合并缩减同年级教学班级数量的办法维持正常教学。加入桃川小学之后，他成为当地教师队伍中最年轻的一位，被学校领导寄予厚望，这也使他感受到自己肩负的责任和使命。

开学伊始，学校领导就安排他担任二年级的语文教学和班主任工作。每周9节语文课、5节语文辅导、3节写字课、3节晨读、1节班会、1节少先队活动。这样的任务对仍处在从学生到老师角色转变期的他来说，确实是一个很大的挑战，讲什么？怎么讲？都是摆在他面前的问题，更何况这里一个年级只有一个教学班级，没有老师可以给他分享经验。

任旭说，他永远都不会忘记自己的第一次公开试讲课。他选择了古诗《赠刘景文》作为主讲内容，一节课讲下来，自我感觉良好，却被语文教研组的所有老师委婉否定，老师们一致认为他没有把握好二年级小学生的接受水平，没有正确评估二年级小学生的接受能力，以至于学生听得糊涂，才会让课堂气氛变得沉寂。这样的评价多少令他有些沮丧，尽管他已经很尽力地备课，作者介绍、写作背景、精美课件、周边资料、逻辑思维一应俱全，可还是没有得到肯定。冷静下来的他认真分析，很快意识到自己的课堂对于二年级小学生来说，确实略显晦涩难懂。

于是，之后的日子他虚心向当地老师请教，认真研究教材，明确教育教学的目标和要求，精心备课上课，细心辅导，认真批改作业，注意发掘学生的闪光点来鼓励学生，注重培养学生学习的兴趣，积极参加每周一次的教学研讨活动并认真学习。因为兼任班主任，要早起和孩子们一起做操，要处理孩子们的各种突发状况，要在课间预防孩子们的意外伤害，初为人师的他备课时间常常不够，只能把晚上休息的时间挤出来备课、改作业。渐渐地，课堂教学效果得到了提升，孩子们也慢慢喜欢上了这个老师。

他很快发现这里的孩子学习起步晚、底子薄、理解能力和接受能力较差，通过谈心、家校沟通等方式，他发现家庭教育的缺失是产生这些现象的主要原因，因此他决定为孩子们做些什么。于是除正常教学以外，他尝试着用多种形式的教学来提高学生的学习热情——课前讲小故事，激发兴趣、促进竞争，以先进带后进，创设一个你追我赶的优良学习气氛等，他主动拿出自己的一部分生活经费购买学习用品，作为奖品奖励进步的学生。

功夫不负有心人，在全校公开课评比中，他终于得到了全校老师肯定的高分。更为可喜的是全班学生的平均成绩从他刚接手时的78分，期末测评提高到88分，位居全县前列，更有一名学生语文成绩从刚接手时的21分，到期末测评进步到73分，他说这是他和孩子们共同努力的结果。他用踏实和勤奋赢得了学校师生的充分信任和肯定。

## 坚定信念，倾心付出获感动

作为班主任，他举办了“我的未来不是梦”“感恩父母”等主题班会，激励学生努力学习、拼搏进取、学会感恩；组织建设以“群星文化”为主题的班级文化，增进班级文化氛围，增强班级凝聚力。除此之外，他还积极参与学校的各项工作，如指导文艺汇演、少先队工作等。

任旭清楚记录了所有孩子的生日，并在每个孩子生日当天，号召全班同学为他(她)演唱生日歌。欣雨生日的当天，她被老师请到讲台上接受全班同学的祝福，正当大家唱得起劲时，欣雨哇地一声哭了，任旭非常震惊。后来，孩子偷偷告诉他：“爸爸妈妈外出打工，奶奶也没有记住我的生日，还以为自己8岁的生日就这样过去了……谢谢你，老师。”听到这里，他的眼眶也湿润了，他深切地感到一个支教老师平凡的举动对这些孩子们的意义。

支教以来，任旭每天都与这群孩子编织着各种各样的动人故事……有孩子不小心磕破头，半夜他陪着去医院；有孩子发烧，12月零下十几度的夜里，他骑着自行车带着孩子去镇上打点滴；有孩子饭卡丢了，他们就刷任旭的卡去吃饭……爱，不断流淌，他逐渐收获了孩子们的信任，孩子们会跟他分享好多心事和心里话。“老师，我最不喜欢的就是春天，因为春天一到，爸爸妈妈就要去很远的地方干活……”，孩子们也会向他坦诚之前不愿承认的错误，会在做游戏时放心大胆地后仰在他的臂弯里，会在他宿舍查寝时和他聊心里话，说到动情处，会把他们自己说哭……可能很多事情在成人眼里是可笑且幼稚的，但是任旭知道这些可笑和幼稚的表达是出于对他的信任。

2014年教师节，孩子们把他们眼中的世界呈现在自制贺卡上，满满当当堆了一讲台，这是他们所能想到的对老师表达节日祝福的最好方式，这种淳朴的表达让任旭瞬间热泪盈眶。后来的日子里，任旭总能陆续收到孩子们自制的各种各样贺卡，所有的祝福都凝结了学生们的可爱、单纯、善良。站过讲台后，任旭更理解为人师的不易和责任担当，他在不断用力呵护大山里这群孩子的成长。

## 无悔奉献，校地联手献温暖

支教这件事情，主角永远都是孩子。孩子的世界尽是善意和真诚，在融入孩子们的过程中，那种快乐和简单是放空的。所有的付出都换来了孩子们的尊重，除了担任孩子们的语文老师、班主任、少先队辅导员，他还解锁一个新的身份，就是孩子们的“任爸爸”。他很骄傲也很珍惜能有这样一个充满了荣誉感的身份。

之前的家访和查阅的统计数据让他了解到桃川小学的留守儿童和家庭贫困儿童不在少数，所以萌生了为他们办些实事的想法，他联合母校陕西科技大学管理学院青年志愿者服务团，通过校内义卖的形式，利用活动所得为桃川镇中心小学捐赠“暖心包”100余件，共计价值5000余元，为业已严寒的雪域太白带来温暖。此次活动也得到了中青网、搜狐网、《宝鸡日报》、陕西团省委、太白县政府、太白团县委等多方报道。寒假后开学，任旭联系的社会上爱心人士陆续送来了捐赠的数百只的中性笔、垫板、书籍、国学光盘、玩具等物资，并一一送到孩子们的手上。任旭对每一个孩子都视若珍宝，正如他所努力打造的班级文化——每个孩子都是一颗耀眼的星星，都会散发光芒。只不过他们的明灭在这一年和任旭自己息息相关。

## 爱由心生，个性评语献学生

期末将至，班主任需要为孩子们填写素质报告单，半年多的朝夕相处，他们的顽皮可爱、淳朴善良、真诚友好都定格在任旭的记忆中。他决定认认真真地为他们每个人写下不负这半年时光的“私人定制”评语。“苟××，基础不牢不可怕，可怕的是自己妥协给它，不着急，一个字一个字，一句话一句话，咱们慢慢来！老师对你有信心……”“张××，你是一个充满了正能量的姑娘……记住：爱笑的女生运气总不会太差”，每个孩子的评语中都有肯定、有期许、有激励，他想让他们感受到这是来自“任爸爸”的爱。

## 严管厚爱，旭述芳华自芬芳

不是所有的梦想，都是人云亦云的跟随。研究生毕业后，家人依然鼓励任旭回到山东，但他坚定地选择留在西部，做一名思想政治辅导员。工作以来，他始终围绕思想政治教育这一中心，聚焦所带艺术类学生特点，严管厚爱、深耕精培，结合管理学专业背景，有针对性地将工作落实、落细、落小。他说："工作这几年，苦和乐都是真的，付出的真心和全力以赴是真的，偶发的无奈和无力也是真的。"毕业季，他所带的班级升学率创造了学院之最。其中，他所带的学生徐嘉作为陕西科技大学第二十四届研究生支教团成员赴四川马边彝族自治县开展为期一年的支教工作。任旭在朋友圈开心地写道"从我到我们，这是接续的火炬，既充盈着传承的欣喜，更饱含对未来的期许。"时代新人的"出场"需要因时而进思政工作的"入场"。再出发，今年他又开始带2022级新生，他笑着说自己一如既往充满干劲。为了完成和学生"共同成长，彼此成就"的约定，他会继续努力做一名有温度、有情怀、有格局、有梦想的思想政治辅导员。

在西部的这十余年，他说自己没有辜负时光。也祝愿未来每一个扎根西部的同学们，都能在全面建设社会主义现代化国家新征程上立大志、明大德、成大才、担大任，踔疾步稳写好青春"奋进之笔"。

# 朱恺丽：
# 远赴四川，扎根基层

**编者按**

朱恺丽，女，江苏徐州人，2018年硕士毕业于陕西科技大学广播电视专业。现任职于中共巴中市纪律检查委员会巴中市监察委员会第九纪检监察室，任巴中市巴州区大和乡纪委书记。11年前的那个夏天，朱恺丽在机缘巧合下与陕西科技大学结缘。自称“假小子”的她有着超乎寻常女孩的率真与直爽，从科大设艺学院研究生学生会副主席、校学工部自管会主席再到工作后的纪委书记，这些年她始终保持着她的坦诚。彼时彼刻，那个尚且身处大学校园的女孩在科大享受了最美的七年，此时此刻，在四川巴山的热土上朱恺丽正无悔付出着她的青春时光。一腔孤勇入川的朱恺丽，正用脚步丈量着人生的价值。

## 在迷茫中找到前进的方向

江苏素有鱼米之乡的美誉，江南女子素有温婉、柔情似水的气质。与江南女子气质特点不符乃至大相径庭的是，出生于江苏徐州的朱恺丽有着豪放洒脱的“假小子”个性。家族式的成长环境使朱恺丽从小便与哥哥、弟弟、堂哥、堂弟等男孩一同成长，也逐渐形成了偏男孩子的性格，或许这份性格让她失去了女孩的温婉可人，却也带给了她直截了当、不过于纠结的洒脱。这份潇洒也影响着她日后的选择，在很多看似没有必然理由的选择背后，这份潇洒支撑着她乘风破浪、勇往直前。

朱恺丽的爷爷在她的成长中有着不可替代的地位和作用，他曾无数次引导朱恺丽等后辈，教他们堂堂正正做人。“他是名副其实的伟大的农民，爷爷把生命奋笔疾书在东部沿海的故土。”朱恺丽在2022年缅怀爷爷的文章中如此写道。朱恺丽的爷爷将土地情结镌刻在了她的血脉中，或许当朱恺丽奔走在巴中的土地上时，也曾在当地勤劳耕作的农民身上恍惚地看见她爷爷的影子。

高一那年，本该是朱恺丽尽情享受青春与成长美好的时期，却不幸遭遇了家庭的多重变故，原本成绩优异的她渐渐无心学习，成绩也时好时坏。她挣扎着度过了艰难的高中三年，最终选择了陕西科技大学设计与艺术学院的艺播专业。

“西安是一个有着深厚文化底蕴的城市，未央区听上去便让我感到美好和向往。”2006年，陕西科技大学主体东迁至西安。2011年是其迁至西安的第五年，这一年，朱恺丽成为一名科大人，同年，学校入选陕西省省属高水平大学建设高校。

初到大学的朱恺丽并未从高中的状态中走出来，她的社交也在一定程度上停留在了高中时期为数不多的几个朋友圈，“那段时间经常是某个高中同学来找我玩，然后我又去找她玩，所以在玩上面着实荒废了不少时间。”那时的朱恺丽时常游离于学习生活的边缘，迷失在了自己构建的玩乐生活里。有了大一第一学期一次挂科的经历后，她在学习上彻底放纵了自己。

336路公共汽车、尚在建设的时代广场、后街、拿着热水壶排队接水的那些日子构成了朱恺丽刚入大学的记忆。时间慢慢地流走，这样随心所欲的生活却并没有给她带来多少快乐，大二快结束时，朱恺丽突然从自己狭小的世界中走出来了，辅导员和老师们讲的那些道理慢慢渗入她的脑袋。青春不应是这样，不应只有吃喝玩乐和志趣相投的朋友，她想在美丽的科大校园继续读书，她想给自己的青春留下一些拼搏奋斗的印记，她想让自己的人生有更多更好的可能性。

迷茫过、失落过、思索过，重新振作的朱恺丽和好朋友商定一起备战考研并相互鼓励。别看大一大二时的朱恺丽懒散惯了，但一旦确立了目标，她就像一头拉不回来的犟牛。很快，她渐渐适应了快节奏的学习生活，一边是难度增加的专业课，另一边是备战考研的枯燥生活，她很快便平衡了两者的关系，找到了大学生活中新的乐趣。她发现了科大校园中很多以前未曾发现的美好。晨光照耀下波光粼粼的科大湖、小树林里不时传来的读书声、夕阳映照在图书馆时的光和影、随风起舞的嫩绿的柳条、至博大道上步履匆匆的脚步……这些都给予了备考中的朱恺丽莫名的希望与鼓励，这些奋斗的美好是科大对她的无私馈赠。

## 飞速成长的研究生时代

2015 年，朱恺丽正式成为陕西科技大学一名研究生。新的人生向她铺开了美好的画卷，这一时期的朱恺丽格外珍惜时间，就像她自己说的那样，研究生期间的自己才称得上真正的自己。事隔数年，曾经迷茫的雏雁终于找到了飞翔的正确方向，尔后雏翅新展，一飞冲天。

在老师的鼓励下，朱恺丽加入了院学生会与学工部共同管理下的自管会，也就是在学生公寓成立的学生宿舍自我管理委员会，目的是激发同学们在学习生活上自我管理、自我教育的一个学生组织。认真、付出、服务、奉献，这些成了老师和同学们对朱恺丽新的认识、新的定位。通过个人努力，她随后成功当选了院学生会副主席与自管会主席，在学生工作中贡献着自己的力量，不断锤炼着个人能力。虽然由于一些原因，自己仿佛顿悟得非常晚，但所幸她被科大善良优秀的老师和浓厚的学习氛围感化了，研究生时期的自己在工作中学会了服务，享受着付出和奉献带来的自我价值实现的快感，她飞速成长了起来。

在学生工作中，她从学长学姐们的工作中学会了很多东西，取其精华去其糟粕，她逐渐形成了自己的工作理念和模式。“对于每一位学生而言，都将面临走向社会进入职场的那一天，学生会之类的学生组织无疑是一个让你能更好地适应社会、锻炼个人能力的平台。”朱恺丽如是说道。“读万卷书，行万里路。”在学校这一象牙塔庇护下的我们，或许对于社会现实暂时缺乏应有的认知，但在大学期间，我们可以通过不断锤炼个人综合能力，当踏入社会的那一天，便能更加从容地面对一切。

“千金易求，良师难得”，在朱恺丽的研究生时期乃至整个大学 7 年中，她的导师马立军老师始终是她心目中最尊敬、最感激的人。在她心里，马立军老师教会了她独立思考、表里如一、保持本心，使她避免了随波逐流。因为有了马老师，母校的回忆更加让人动情，马老师身上的睿智、博学，以及对学生倾尽全力的引导和无微不至的关怀都成了朱恺丽此生永远的温暖和动力。

钻研学术、热衷于工作实习、为职业目标做准备等，研究生期间大部分人都明确了个人的目标与追求，为了各自期许的未来而努力地奋斗着。朱恺丽也不例外，在一边前行一边寻找的过程中，机缘巧合之下她顺利地考上了选调生。2018 年的夏天，照片定格下了朱恺丽硕士毕业时“蓝袍加身”的青春身影，离开科大后的她一腔热血地远赴了四川巴中。

## 在基层锤炼中寻找新的坐标

四川巴中北接陕西汉中，作为全国第二大苏区，红色遗址、遗迹数量众多，被誉为“中国革命的露天博物馆”。“每个人心里一亩田，每个人心里一个梦，种桃种李种春风。”在这样一片红色沃土上，朱恺丽开始了新的人生旅程，她从一名基层公务员做起，从村上副书记到第一书记再到现如今的乡镇纪委书记，朱恺丽始终奔波在基层的最前线，用脚步不断丈量着巴中的每一寸土地。

朱恺丽的本科专业与研究生期间就读的专业均为播音主持，看似与其工作毫不相关，实则息息相关，“毫不夸张地说，我的专业所学成了我最大的优势，占据了我职场能力的半壁江山。”朱恺丽说道。播音专业出身的她，拥有着较为突出的沟通表达能力，因此朱恺丽经常代表全区在市委发言，代表市委去省委发言，甚至代表四川省前往中央组织部发言。

过硬的综合能力让朱恺丽在单位中渐渐露出了头脚，也因此收获了更多的发展机会。“一个人的语音、语气、身体语言，在一定程度上反映了一个人的修养和素质，直接影响其在他人心中的印象。”“活到老学到老”是朱恺丽的人生态度，在每日工作之余，她习惯于读书学习。目前，朱恺丽作为乡镇纪委书记主要职责是纪检监察、党风廉政建设和反腐败工作。

在村里担任副书记和第一书记的那段时间，在朱恺丽的人生中留下了浓墨重彩的一笔。村书记的工作很杂也很多，对于村民的各种事情都需要关注，在外人眼里辛苦劳累的工作在朱恺丽心里却是一份满足与充实。“因为有很多人与你并肩同行。”朱恺丽庆幸道。工作中的自我提升与眼界的不断拓展，让朱恺丽成就感、幸福感倍增。

对于这份工作，朱恺丽深知肩上责任重大。无数次与村民们并肩作战地奔走在乡村土地上，无数次沉醉于乡村繁星满天的夜晚。清晨时不时被泥土青草的新鲜气味所唤醒，这样的日子虽然质朴却也充满感动。2021 年 6 月 21 日，正值朱恺丽履职乡镇纪委书记月余时光，一次下农村深入调研的工作让她印象极为深刻。她和同事来到一个农户家里，这里的主人是一位 70 多岁的老婆婆，她的房子又破又旧。“那真是一处危房，开裂出几条从屋顶到地面的宽大缝隙，从裂缝看去，小屋杂乱地堆放着农具。”这是朱恺丽在工作日记中对阿婆那处危房的描述。在朱恺丽眼里，老婆婆很不容易，古稀之年不能颐养天年还需要下地劳作。她忽然联想到别的地方还有不少这样的孤寡老人，他们体弱多病，有的家庭变故，有的完全丧失或者部分丧失了劳动力，只能通过政府的低保和救济为生。朱恺丽看着房屋附近农田里躬身劳作的老人，心酸感慨之余，更多的是感到任重而道远，在为老百姓服务的道路上，她明白自己还有很长的路要走。

从村子里走出来的朱恺丽，皮肤黝黑了，手变粗糙了，但目光更坚定了。在巴中乡村的土地上，朱恺丽觉得乡村处处是风景，她要以年轻的热血写就自己的人生价值，融入新时代的滚滚洪流中。

# 朱林鹏：
# 前路虽远，愿赤忱永在心间

**编者按**

朱林鹏，男，陕西西安人，2022年硕士毕业于陕西科技大学马克思主义理论专业。曾担任陕西科技大学“红色基因·薪火传承”党史学习教育研究生宣讲团团长、马克思主义学院2019级研究生党支部宣传委员；曾获全国蒲公英公益组织西北爱心支教“优秀志愿者”、陕西省第三届团干部素质能力大赛三等奖、第二届陕西科技大学微党课大赛一等奖、第十三届陕西科技大学“复兴杯”大学生科技创新大赛金奖、陕西科技大学“优秀共产党员”荣誉称号、第六届中国“互联网+”大学生创新创业大赛校级铜奖校内校外荣誉等20余项。目前工作于西安培华学院人文与国际教育学院，任辅导员兼团委书记。

## 心中有信仰，脚下有力量

“从前风的巴掌是小小的叶脉，山和它悄悄握了手，就拥有了整片森林。”找到自己真正热爱的事物，不是件容易的事，但从自身所有的经历来看，其实一切都有迹可循。朱林鹏从小就与思想政治教育有着不解之缘。

小时候，每晚7点，朱林鹏都会和爷爷一起坐在电视机前准时收看《新闻联播》，在其他小孩看动画片的年纪，他已经跟着《新闻联播》了解了这个世界的方方面面了。也许是受爷爷的影响，对于政治新闻，他从小就有着强烈且特别的感情，这也为他日后政治科目的学习打下了坚实的基础。高中文理分科，他毫不犹豫地选择了文科，一如既往地喜欢关注时事热点，政治科目的成绩也相当突出。最终他选择了马克思主义理论方向的思想政治教育作为自己提升能力的下一站。

心若没有栖息的地方到哪里都是流浪，前进的方向与未来的目标在大学中不可或缺且极为重要。朱林鹏是一个严于律己并且擅于规划的人，大一伊始，他就为自己制定了清晰的目标与计划，例如，未来工作的方向是什么？要怎样去做才能达到这个目标？从年到月，从月到天，再从天到小时，每一个阶段做什么，他都会提前规划好，并且把大目标量化成一个个小目标。4年的时间里他一直在朝着自己的目标不断努力奋进，不给自己留迷茫的机会，也少了很多其他人在学习或是择业上的彷徨。

作为一名马克思主义理论专业的研究生，朱林鹏有着坚定的政治立场，在思想上始终与党中央保持一致，与学校人才培养方针保持高度一致。2019年9月，朱林鹏考入马克思主义学院，他努力学习专业课，认真钻研汲取专业知识，坚持研读专业相关原著，提升自身政治素养与理论水平。自担任2019级研究生党支部宣传委员起，朱林鹏通过学院官微定期推送并更新相关内容，在不断的实践中逐步提升自己的政治敏锐感和微信公众号运营能力，努力紧跟网络思想政治教育的新时代。2020年8月起，朱林鹏担任了教育学院兼职辅导员，主要负责2019级、2020级研究生日常管理工作及学院党建专项工作，带领并指导大家开展了“求职大赛”“简历大赛”和“研究生微党课大赛”等多项活动。

奋斗的脚步一旦迈出，向上的决心一旦打响，就毫无退路可言。2021年3月，朱林鹏担任校易班发展中心兼职指导教师，负责校易班队伍建设，定期开展校级特色活动，例如“最美毕业季”“欢迎2021级新同学”等活动，各项活动的开展进一步提升了他的组织管理能力。在学习和工作中，他积极发挥主观能动性，将理论与实践相结合，先后荣获第二届校研究生微党课大赛一等奖，担任“四史”知识竞赛、第一届微党课大赛校级决赛的主持人，承办校级党史知识竞赛。只要是想做的事，他便会立刻付诸实际行动，对于自己的专业领域，也变得更加自信，更有学习研究的动力。在无数次的磨炼中，他愈发坚定了自己的信念，那就是立志做一名政治素养高、育人情怀深、专业理论强的思想政治教育辅导员，成为青年大学生的人生导师和知心朋友。

2021年4月，正逢喜迎中国共产党成立100周年之际，作为马克思主义理论专业的研究生，朱林鹏深知应该在如此重要的时间节点上作出力所能及的贡献，影响和带动更多的年轻人学习党史，滋养初心、坚定信念。于是在党委研究生工作部及马克思主义学院的支持下，他自发组建了研究生宣讲团，从0到1做起，带着为数不多的成员展开招募宣讲员、制定团队指导思想、精心准备选题、起草规章制度、设计团徽队服等一系列工作。2021年4月15日，陕西科技大学"红色基因·薪火传承"党史学习教育研究生宣讲团正式成立，并于同年4月30日成功加入"陕西高校青年爱国奋斗宣讲联盟"。经过他与成员们一丝不苟、夜以继日、充满热情的战斗，宣讲队伍逐渐发展壮大起来，完成了从1到n的蜕变。

"信仰有力量，也可以使其万丈光芒。"朱林鹏说到信仰，眼里充满了光。2021年5月，朱林鹏代表宣讲团参加陕西大学生"青春向党"党史学习教育微宣讲团暨"学党史 强信念 跟党走"青年先锋队培训班，在这过程中他不断汲取优秀的做法和经验，运用到实际团队建设中，在实践中不断尝试、不断改进、不断总结提高。既夯实了理论基础，加强了政治素养，也提升了自身的大局意识。而后，他带领宣讲团深入校内各院系、校外基层党组织、企业、社区、高校、中小学等单位，累计开展宣讲60场次，受众师生达7000余人，反响热烈。2021年7—8月，他组织宣讲团开展暑期线上社会实践活动30余场次，并荣获全国大学生2021"千人千项"优秀团队。

## 唯有热爱可抵岁月漫长

辅导员是高校思想政治工作队伍中的一支专门力量，是大学生思想政治教育工作的一线教师，担负着高校学生思想政治教育的重要任务。每个辅导员都要负责好约200名学生的思想引导、党团和班级建设、学业指导、日常事务管理、心理健康教育与咨询、网络思想政治教育等职责与任务。

优秀的朱林鹏毕业后其实有很多种选择，但最终他还是选择了自己的热爱，愿意用自己的一生致力于青年学生的成长成才，用自己的知识和力量更好更专业地引导学生、教育学生、服务学生，诚如斯言："这世间唯有热爱可抵岁月漫长!"朱林鹏目前在西安培华学院人文与国际教育学院担任团委书记和辅导员一职。在他看来，选择一份工作，最重要的是对这个职业的认可程度，因为热爱，才会不顾一切，想尽办法把它做好。

来到西安培华学院后，他始终是那个一身正能量的辅导员，始终是和学生在一起的朱老师，学生的喜爱、信任和支持是他永远的精神动力。以学生为中心的朱林鹏，仿佛天生就是一个通晓思想政治教育秘诀的人，他工作第一个月就记住了所有学生的姓名、家庭所在地、宿舍号，很快便通过谈心谈话了解了学生的兴趣爱好和个性特点，成为学生口中那个“俺的朱老师”。有了热爱、有了努力工作的态度和高度的责任心，很快便有了学生的团结和支持，他带领学生获得了2022年西安培华学院“五四红旗团委”称号，学院学生工作精神面貌为之一振。同时，他还不放松个人的学习提升和理论研究，他代表学校参加2022年陕西高校团委书记培训班及陕西省第三届团干部素质能力大赛(专职团干组)，通过初赛、复赛和决赛，最终荣获三等奖。他指导的两支“三下乡”社会实践队伍获团中央立项。后来他还带领学生共同成立了一个网络文化工作室，获得校级网络思想政治课题。看似顺风顺水的奋斗之旅，其实饱含着无数次心酸与无奈。在工作中也时常会遇到困难，这个时候他通常和同事或者领导积极沟通交流，寻求解决办法。

当被问道：“不停歇地做这么多事，劳累时有想过放弃吗？”他的回答是：“在易逝的青春路上，就应该不停歇地奋斗；在人生长河中，就应该为热爱而献身!”身为一名共产党员，朱林鹏时刻提醒自己，要把学生发展和集体利益放在首位。在录制宣讲团《党史·青年说》课程过程中，他牺牲掉个人的所有休息时间，为16名宣讲员逐一审阅讲稿、PPT、录制、剪辑，毫无怨言，甚至乐此不疲，经过了数日的打磨，课程已陆续在校级网络平台上线。当兼职辅导员时，他会利用晚自习时间，为学生精心辅导英语四六级，印刷试卷、监考、批阅、讲解试卷，一条龙服务，不求别的，只希望学生能顺利通过英语等级考试。无数个夜晚，辅导完学生后他依旧会回到办公室，处理其他工作，当整个教学区的灯一盏一盏熄灭陷入沉寂时，他依然坚守在岗，冲上一杯咖啡，或是工作或是读书。身兼数职的他从未放松过对任何一个学生的教育引导，从未懈怠过任何一份工作。作为指导老师，他会定期组织召开干部培训会议，深入学生一线和学生宿舍，了解学生所需，纾解学生困惑。作为老师，他是学生的引路人，而作为研究生，他也是导师的得力助手。在日常学习生活中，朱林鹏无私奉献的精神和积极乐观的品质，更为广大青年学子树立了榜样。

有人曾这样评价他：朱林鹏作为时代新青年，肩负起了历史的使命，坚守初心，以积极乐观的心态去奋斗新的生活，以实际行动践行了时代的重任，是广大学生学习的榜样，是青年人奋进的“第二课堂”。朱林鹏也回应，将在今后学习生活中，不断提升自我，在追梦与圆梦征程中，涵养激情和理想，不懈奋斗和奉献，与新时代共同奋进，绽放无悔青春。

## 刻在心中的陕科大印记

朱林鹏最初选择陕科大，经过了很长时间的了解，学到了许多陕科大珍贵的历史。陕科大的“三创两迁”大学精神对他深有启发，尤其是在他担任学校研究生宣讲团团长以后，需要经常为同学们做宣讲，一次又一次宣讲中，他对陕科大的发展历程和大学精神理解得更加透彻了，也对陕科大前辈们充满深深的敬意。他始终坚信，作为年轻人，就应该趁年轻多吃苦，从基层开始，一步一个脚印，踏踏实实向前走，最终才能达到想要的高度。

陕科大三年的研究生学习生活，朱林鹏过得充实且快乐，留下了很多宝贵的回忆。师恩难忘，贵人难求，他也想借此机会，特别感谢帮助和引领过他的三位老师。“第一位是我的导师白清平教授，在学业上给予了我很大的帮助与支持，导师对我的负责、关心和牵挂，深深感动着我。第二位是我的辅导员孔庆金老师，是他指引着我，大力支持我开展喜欢的工作，他的鼓励支持，才有了陕科大宣讲团的蒸蒸日上。第三位是校网络思政中心李萌主任，他的细心、耐心和关心使我不断获得新的成长和进步，也让我更加成熟。”诸多优秀学子成功的背后，都离不开老师的帮助，陕科大老师对于学生的辛勤的教导、悉心的栽培和无私的奉献，在每一位懂得感恩的学生的心中、口中及作品里，都能深切感受到。

再回首看曾经的点点滴滴，朱林鹏感慨万千。“陕科大给予了我很多很多，给我提供了很多展现自己的舞台，也让我变得更加自信，感谢遇见那么多可爱的人儿!”

“悟以往之不谏，知来者之可追。”越来越多优秀的科大学子在社会的各个领域大放异彩。关于陕科大的回忆，可能会随着时间慢慢淡化，但刻在每一位科大学子心中的科大印记却始终不会褪去。

# 附录：采编人员信息

| 姓名 | 单位 |
| --- | --- |
| 郭　强 | 陕西科技大学 |
| 田少宁 | 陕西科技大学学生就业指导中心 |
| 郑美红 | 陕西科技大学设计与艺术学院 |
| 张凯凯 | 陕西科技大学党委学工部 |
| 殷立雄 | 陕西科技大学校友总会办公室 |
| 李　鹏 | 共青团陕西科技大学委员会 |
| 张　科 | 陕西科技大学材料科学与工程学院 |
| 郭道冉 | 陕西科技大学党委学工部 |
| 刘　飞 | 长安大学心理健康教育中心 |

## 采访团队学生基本信息

| 序号 | 姓名 | 学院 | 专业 | 班级 |
| --- | --- | --- | --- | --- |
| 1 | 王云云 | 陕西科技大学设计与艺术学院 | 工业设计工程 | 研 22 |
| 2 | 张康康 | 陕西科技大学经济与管理学院 | 会计学 | 会计 202 |
| 3 | 丁世峰 | 陕西科技大学材料科学与工程学院 | 纳米科学与技术 | 纳米 171 |
| 4 | 耿嘉楠 | 陕西科技大学轻工科学与工程学院 | 印刷工程 | 印刷 212 |
| 5 | 刘苏文 | 陕西科技大学经济与管理学院 | 工商管理 | 工管 213 |
| 6 | 单晓然 | 陕西科技大学设计与艺术学院 | 播音与主持艺术 | 艺播 212 |
| 7 | 刘文轩 | 陕西科技大学经济与管理学院 | 人力资源管理 | 人力 202 |
| 8 | 白寒冰 | 陕西科技大学经济与管理学院 | 人力资源管理 | 人力 202 |
| 9 | 张永卉 | 陕西科技大学经济与管理学院 | 人力资源管理 | 人力 201 |
| 10 | 储　旭 | 陕西科技大学设计与艺术学院 | 广播电视编导 | 编导 212 |
| 11 | 许蕙心 | 陕西科技大学设计与艺术学院 | 产品设计 | 产品设计 211 |
| 12 | 胡艺馨 | 陕西科技大学设计与艺术学院 | 广播电视编导 | 编导 212 |
| 13 | 宁亚婷 | 陕西科技大学材料科学与工程学院 | 材料科学与工程 | 博 22 |
| 14 | 宁菁雨 | 长安大学人文学院 | 新闻学 | 新闻学 21 |
| 15 | 刘雨婷 | 厦门大学马克思主义学院 | 马克思主义理论 | 马理论 22 硕 |